Les croisades
vues par les Arabes

D0695737

AMIN MAALOUF

LES CROISADES VUES PAR LES ARABES
LÉON L'AFRICAIN
SAMARCANDE

J'ai lu 1916/4*

Amin Maalouf

Les croisades
vues par
les Arabes

Éditions J'ai lu

A Andrée

AVANT-PROPOS

Ce livre part d'une idée simple : raconter l'histoire des croisades telles qu'elles ont été vues, vécues et relatées dans « l'autre camp », c'est-à-dire du côté arabe. Son contenu repose, à peu près exclusivement, sur les témoignages des historiens et chroniqueurs arabes de l'époque.

Ces derniers ne parlent pas de croisades, mais de guerres ou d'invasions franques. Le mot qui désigne les Francs est transcrit différemment selon les régions, les auteurs et les périodes : Faranj, Faranjat, Ifranj, Ifranjat... Pour unifier, nous avons choisi la forme la plus concise, celle surtout qui sert aujourd'hui encore dans le parler populaire à nommer les Occidentaux, et plus particulièrement les Français : Franj.

Soucieux de ne pas alourdir le récit avec les nombreuses notes qui s'imposent — bibliographiques, historiques ou autres — nous avons préféré les garder pour la fin, où elles sont groupées par chapitre. Ceux qui veulent en savoir plus les liront utilement, mais elles ne sont nullement indispensables à la compréhension du récit, qui se veut accessible à tous. Plus qu'un nouveau livre d'histoire, en effet, nous avons voulu écrire, à partir d'un point de vue jusqu'ici négligé, « le roman vrai » des croisades, de ces deux siècles mouvementés qui ont façonné l'Occident et le monde arabe, et qui déterminent aujourd'hui encore leurs rapports.

PROLOGUE

Baghdad, août 1099.

Sans turban, la tête rasée en signe de deuil, le vénérable cadi Abou-Saad al-Harawi pénètre en criant dans le vaste diwan du calife al-Moustazhir-billah. A sa suite, une foule de compagnons, jeunes et vieux. Ils approuvent bruyamment chacun de ses mots et offrent, comme lui, le spectacle provocant d'une barbe abondante sous un crâne nu. Quelques dignitaires de la cour tentent de le calmer, mais, les écartant d'un geste dédaigneux, il avance résolument vers le milieu de la salle, puis, avec l'éloquence véhémente d'un prédicateur du haut de sa chaire, il sermonne tous les présents, sans égard pour leur rang :

— Osez-vous somnoler à l'ombre d'une heureuse sécurité, dans une vie frivole comme la fleur du jardin, alors que vos frères de Syrie n'ont plus pour demeure que les selles des chameaux ou les entrailles des vautours ? Que de sang versé ! Que de belles jeunes filles ont dû, de honte, cacher leur doux visage dans leurs mains ! Les valeureux Arabes s'accommodent-ils de l'offense et les preux Persans acceptent-ils le déshonneur ?

« C'était un discours à faire pleurer les yeux et émouvoir les cœurs », diront les chroniqueurs arabes. Toute l'assistance est secouée par les gémissements et les lamentations. Mais al-Harawi ne veut pas de leurs sanglots.

— La pire arme de l'homme, lance-t-il, c'est de verser des larmes quand les épées attisent le feu de la guerre.

S'il a fait le voyage de Damas à Baghdad, trois lon-

7

gues semaines d'été sous l'imparable soleil du désert syrien, ce n'est pas pour mendier la pitié mais pour avertir les plus hautes autorités de l'islam de la calamité qui vient de s'abattre sur les croyants et pour leur demander d'intervenir sans délai afin d'arrêter le carnage. « Jamais les musulmans n'ont été humiliés de la sorte, répète al-Harawi, jamais auparavant leurs contrées n'ont été aussi sauvagement dévastées. » Les hommes qui l'accompagnent se sont tous enfuis des villes saccagées par l'envahisseur; certains d'entre eux comptent parmi les rares rescapés de Jérusalem. Il les a emmenés avec lui pour qu'ils puissent raconter, de leur propre voix, le drame qu'ils ont vécu un mois plus tôt.

C'est en effet le vendredi 22 chaaban de l'an 492 de l'hégire, le 15 juillet 1099, que les Franj se sont emparés de la ville sainte après un siège de quarante jours. Les exilés tremblent encore chaque fois qu'ils en parlent, et leur regard se fige comme s'ils voyaient encore devant leurs yeux ces guerriers blonds bardés d'armures qui se répandent dans les rues, sabre au clair, égorgeant hommes, femmes et enfants, pillant les maisons, saccageant les mosquées.

Quand la tuerie s'est arrêtée, deux jours plus tard, il n'y avait plus un seul musulman dans les murs. Quelques-uns ont profité de la confusion pour se glisser au-dehors, à travers les portes que les assaillants avaient enfoncées. Les autres gisaient par milliers dans les flaques de sang au seuil de leurs demeures ou aux abords des mosquées. Parmi eux, un grand nombre d'imams, d'ulémas et d'ascètes soufis qui avaient quitté leurs pays pour venir vivre une pieuse retraite en ces lieux saints. Les derniers survivants ont été forcés d'accomplir la pire des besognes : porter sur leur dos les cadavres des leurs, les entasser sans sépulture dans des terrains vagues, puis les brûler, avant d'être, à leur tour, massacrés ou vendus comme esclaves.

Le sort des juifs de Jérusalem a été tout aussi atroce. Aux premières heures de la bataille, plusieurs d'entre eux ont participé à la défense de leur quartier, la Juiverie, situé au nord de la ville. Mais lorsque le pan de muraille qui surplombait leurs maisons s'est écroulé et que les chevaliers blonds ont commencé à envahir les rues, les juifs se sont affolés. La communauté entière, reproduisant un geste ancestral, s'est rassemblée dans la synagogue principale pour prier. Les Franj ont bloqué alors toutes les issues, puis, empilant des fagots de bois tout autour, ils y ont mis le feu. Ceux qui tentaient de sortir étaient achevés dans les ruelles avoisinantes. Les autres étaient brûlés vifs.

Quelques jours après le drame, les premiers réfugiés de Palestine sont parvenus à Damas, portant avec d'infinies précautions le Coran d'Othman, l'un des plus vieux exemplaires du livre sacré. Puis les rescapés de Jérusalem se sont approchés à leur tour de la métropole syrienne. Apercevant de loin la silhouette des trois minarets de la mosquée omayyade qui se détachent au-dessus de l'enceinte carrée, ils ont étendu leurs tapis de prière et se sont prosternés pour remercier le Tout-Puissant d'avoir ainsi prolongé leur vie qu'ils croyaient arrivée à son terme. En tant que grand cadi de Damas, Abou-Saad al-Harawi a accueilli les réfugiés avec bienveillance. Ce magistrat d'origine afghane est la personnalité la plus respectée de la ville; aux Palestiniens il a prodigué conseils et réconfort. Selon lui, un musulman ne doit pas rougir d'avoir dû fuir sa maison. Le premier réfugié de l'islam ne fut-il pas le prophète Mahomet lui-même, qui avait dû quitter sa ville natale, La Mecque, dont la population lui était hostile, pour chercher refuge à Médine, où la nouvelle religion était mieux accueillie ? Et n'est-ce pas à partir de son lieu d'exil qu'il avait lancé la guerre sainte, le jihad, pour libérer sa patrie de l'idolâtrie ? Les réfugiés doivent donc bien se savoir les combattants de la guerre sainte, les moujahidines par excellence, si honorés dans l'islam que l'émigration du Prophète, l'hégire, a été choisie comme point de départ de l'ère musulmane.

Pour beaucoup de croyants, l'exil est même un devoir impératif en cas d'occupation. Le grand voyageur Ibn Jobair, un Arabe d'Espagne qui visitera la Palestine près d'un siècle après le début de l'invasion franque, sera scandalisé de voir que certains musulmans, « subjugués par l'amour du pays natal », acceptent de vivre en territoire occupé. « Il n'y a, dira-t-il, pour un musulman, aucune excuse devant Dieu à son séjour dans une ville d'incroyance, sauf s'il est simplement de passage. En terre d'islam, il se trouve à l'abri des peines et des maux auxquels on est soumis dans les pays des chrétiens; comme entendre, par exemple, des paroles écœurantes au sujet du Prophète, particulièrement dans la bouche des plus sots, être dans l'impossibilité de se purifier et vivre au milieu des porcs et de tant de choses illicites. Gardez-vous, gardez-vous de pénétrer dans leurs contrées! Il faut demander à Dieu pardon et miséricorde pour une telle faute. L'une des horreurs qui frappent les yeux de quiconque habite le pays des chrétiens est le spectacle des prisonniers musulmans qui trébuchent dans les fers, qui sont employés à de durs travaux et traités en esclaves, ainsi que la vue des captives musulmanes portant aux pieds des anneaux de fer. Les cœurs se brisent à leur vue, mais la pitié ne leur sert à rien. »

Excessifs du point de vue de la doctrine, les propos d'Ibn Jobair reflètent bien toutefois l'attitude de ces milliers de réfugiés de Palestine et de Syrie du Nord rassemblés à Damas en ce mois de juillet 1099. Car, si c'est évidemment la mort dans l'âme qu'ils ont abandonné leurs demeures, ils sont déterminés à ne jamais revenir chez eux avant le départ définitif de l'occupant et résolus à réveiller la conscience de leurs frères dans toutes les contrées de l'islam.

Autrement, pourquoi seraient-ils venus à Bagdad sous la conduite d'al-Harawi? N'est-ce pas vers le calife, le successeur du Prophète, que doivent se tourner les musulmans aux heures difficiles? N'est-ce pas vers le prince des croyants que doivent s'élever leurs plaintes et leurs doléances?

A Baghdad, la déception des réfugiés sera à la mesure de leurs espoirs. Le calife al-Moustazhir-billah commence par leur exprimer sa profonde sympathie et son extrême compassion, avant de charger six hauts dignitaires de la cour d'effectuer une enquête sur ces fâcheux événements. Faut-il préciser qu'on n'entendra plus jamais parler de ce comité de sages ?

Le sac de Jérusalem, point de départ d'une hostilité millénaire entre l'Islam et l'Occident, n'aura provoqué, sur le moment, aucun sursaut. Il faudra attendre près d'un demi-siècle avant que l'Orient arabe ne se mobilise face à l'envahisseur, et que l'appel au jihad lancé par le cadi de Damas au diwan du calife ne soit célébré comme le premier acte solennel de résistance.

Au début de l'invasion, peu d'Arabes mesurent d'emblée, à l'instar d'al-Harawi, l'ampleur de la menace venue de l'Ouest. Certains s'adaptent même par trop vite à la nouvelle situation. La plupart ne cherchent qu'à survivre, amers mais résignés. Quelques-uns se posent en observateurs plus ou moins lucides, essayant de comprendre ces événements aussi imprévus que nouveaux. Le plus attachant d'entre eux est le chroniqueur de Damas, Ibn al-Qalanissi, une jeune lettré issu d'une famille de notables. Spectateur de la première heure, il a vingt-trois ans, en 1096, lorsque les Franj arrivent en Orient et il s'applique à consigner régulièrement par écrit les événements dont il a connaissance. Sa chronique raconte fidèlement, sans passion excessive, la marche des envahisseurs, telle qu'elle est perçue dans sa ville.

Pour lui, tout a commencé en ces journées d'angoisse où parviennent à Damas les premières rumeurs...

PREMIÈRE PARTIE

L'INVASION (1096-1100)

Regardez les Franj! Voyez avec quel
acharnement ils se battent pour leur
religion, alors que nous, les musul-
mans, nous ne montrons aucune
ardeur à mener la guerre sainte.

SALADIN

CHAPITRE PREMIER

LES FRANJ ARRIVENT

Cette année-là, les informations commencèrent à se succéder sur l'apparition de troupes de Franj venant de la mer
de Marmara en une multitude innombrable. Les gens prirent peur. Ces renseignements furent confirmés par le roi
Kilij Arslan, dont le territoire était le plus proche de ces
Franj.

« Le roi Kilij Arslan » dont parle, ici, Ibn al-Qalanissi
n'a pas encore dix-sept ans à l'arrivée des envahisseurs.
Premier dirigeant musulman à être informé de leur
approche, ce jeune sultan turc aux yeux légèrement bri-
dés sera à la fois le premier à leur infliger une défaite
et le premier à se faire battre par les redoutables chevaliers.
Dès juillet 1096, Kilij Arslan apprend qu'une
immense foule de Franj est en route vers Constantinople. D'emblée, il craint le pire. Bien entendu, il n'a
aucune idée des buts réels poursuivis par ces gens,

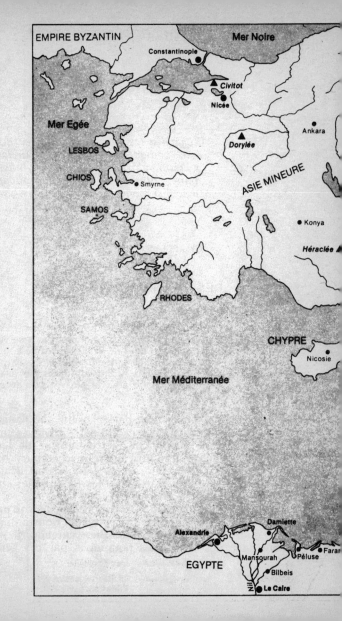

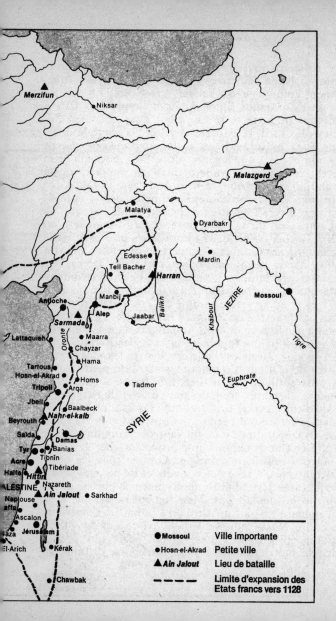

Merzifun

Niksar

Malazgerd

Malatya

Dyarbakr

Edesse
Tell Bacher
Mardin
Harran

Manbij
JEZIRE
Mossoul

Antioche
Alep
Jaabar

Sarmada

Oronte
Lattaquieh
Maarra

Chayzar

Hama

Balikh

Khabour

Tigre

Tartous
Hosn-el-Akrad
Homs

Tripoli
Arqa
Tadmor

Euphrate

Jbeil
Baalbeck

Beyrouth
Nahr-el-kalb

SYRIE

Salda
Damas

Tyr
Banias

Acre
Tibnîn

Haïfa
Hitîn
Tibériade

PALESTINE
Nazareth

Naplouse
Ain Jalout
Sarkhad

Jaffa

Ascalon

Gaza
Jérusalem

El-Arich
Kérak

Chawbak

● Mossoul	Ville importante
● Hosn-el-Akrad	Petite ville
▲ *Ain Jalout*	Lieu de bataille
– – –	Limite d'expansion des Etats francs vers 1128

mais leur venue en Orient ne présage pour lui rien de bon.

Le sultanat qu'il gouverne s'étend sur une grande partie de l'Asie Mineure, un territoire que les Turcs viennent tout juste d'arracher aux Grecs. En fait, le père de Kilij Arslan, Suleiman, a été le premier Turc à s'emparer de cette terre qui allait s'appeler, bien des siècles plus tard, la Turquie. A Nicée, la capitale de ce jeune Etat musulman, les églises byzantines restent plus nombreuses que les mosquées. Si la garnison de la cité est formée de cavaliers turcs, la majorité de la population est grecque, et Kilij Arslan ne se fait guère d'illusions sur les véritables sentiments de ses sujets : pour eux, il sera toujours un chef de bande barbare. Le seul souverain qu'ils reconnaissent, celui dont le nom revient, à voix basse, dans toutes leurs prières, c'est le basileus Alexis Comnène, empereur des Romains. En réalité, Alexis serait plutôt empereur des Grecs, lesquels se proclament héritiers de l'Empire romain. Cette qualité leur est d'ailleurs reconnue par les Arabes, qui — au XI\ :superscript{e} siècle comme au XX\ :superscript{e} — désignent les Grecs par le terme de *Roum,* « Romains ». Le domaine conquis par le père de Kilij Arslan aux dépens de l'Empire grec est même appelé le sultanat des Roum.

A l'époque, Alexis est l'une des figures les plus prestigieuses de l'Orient. Ce quinquagénaire de petite taille, aux yeux pétillants de malice, à la barbe soignée, aux manières élégantes, toujours paré d'or et de riches draperies bleues, exerce une véritable fascination sur Kilij Arslan. C'est lui qui règne sur Constantinople, la fabuleuse Byzance, située à moins de trois jours de marche de Nicée. Une proximité qui provoque chez le jeune sultan des sentiments mitigés. Comme tous les guerriers nomades, il rêve de conquête et de pillage. Sentir les richesses légendaires de Byzance à portée de sa main ne lui déplaît pas. Mais, en même temps, il se sent menacé : il sait qu'Alexis n'a jamais désespéré de reprendre Nicée, non seulement parce que la ville a toujours été grecque, mais surtout parce que la présence de guerriers turcs à une aussi courte distance de

Constantinople constitue un danger permanent pour la sécurité de l'Empire.

Quand bien même l'armée byzantine, déchirée depuis des années par des crises internes, serait incapable de se lancer seule dans une guerre de reconquête, nul n'ignore qu'Alexis peut toujours faire appel à des auxiliaires étrangers. Les Byzantins n'ont jamais hésité à avoir recours aux services de chevaliers venus d'Occident. Mercenaires aux lourdes armures ou pèlerins en route pour la Palestine, les Franj sont nombreux à visiter l'Orient. Et, en 1096, ce ne sont nullement des inconnus pour les musulmans. Une vingtaine d'années plus tôt — Kilij Arslan n'était pas encore né, mais les vieux émirs de son armée le lui ont raconté — un de ces aventuriers aux cheveux blonds, un certain Roussel de Bailleul, qui avait réussi à établir un Etat autonome en Asie Mineure, a même marché sur Constantinople. Affolés, les Byzantins n'avaient eu d'autre choix que de faire appel au père de Kilij Arslan, qui n'en avait pas cru ses oreilles lorsqu'un envoyé spécial du basileus l'avait supplié de voler à son secours. Les cavaliers turcs s'étaient alors effectivement dirigés vers Constantinople et avaient réussi à battre Roussel. Ce dont Suleiman avait été généreusement récompensé en or, en chevaux et en terres.

Depuis, les Byzantins se méfient des Franj, mais les armées impériales, constamment à court de soldats expérimentés, sont tenues de recruter des mercenaires. Pas uniquement des Franj, d'ailleurs : les guerriers turcs sont nombreux sous les drapeaux de l'empire chrétien. Précisément, c'est grâce à des congénères engagés dans l'armée byzantine que Kilij Arslan apprend, en juillet 1096, que des milliers de Franj s'approchent de Constantinople. Le tableau que lui brossent ses informateurs le laisse perplexe. Ces Occidentaux ressemblent fort peu aux mercenaires qu'on a l'habitude de voir. Il y a bien parmi eux quelques centaines de chevaliers et un nombre important de fantassins armés, mais aussi des milliers de femmes, d'enfants, de vieillards en guenilles : on dirait une peuplade chassée de ses terres par un envahisseur. On raconte aussi qu'ils portent tous, cousues sur le dos, des bandes de tissu en forme de croix.

Le jeune sultan, qui a du mal à mesurer le danger, demande à ses agents de redoubler de vigilance et de le tenir constamment au courant des faits et gestes de ces nouveaux envahisseurs. A tout hasard, il fait vérifier les fortifications de sa capitale. Les murailles de Nicée, qui ont plus d'un farsakh (six mille mètres) de long, sont surplombées de deux cent quarante tours. Au sud-ouest de la ville, les eaux calmes du lac Ascanios constituent une excellente protection naturelle.

Pourtant, aux premiers jours d'août, la menace se précise. Les Franj traversent le Bosphore, convoyés par des navires byzantins et, en dépit d'un soleil écrasant, avancent le long de la côte. Partout, et bien qu'on les ait vus piller sur leur passage plus d'une église grecque, on les entend clamer qu'ils viennent exterminer les musulmans. Leur chef serait un ermite du nom de Pierre. Les informateurs évaluent leur nombre à quelques dizaines de milliers, mais nul ne sait dire où leurs pas les portent. Il semble que l'empereur Alexis ait décidé de les installer à Civitot, un camp qu'il a fait aménager précédemment pour des mercenaires, à moins d'une journée de marche de Nicée.

Le palais du sultan connaît une folle effervescence. Tandis que les cavaliers turcs se tiennent prêts, à tout instant, à sauter sur leurs destriers, on assiste à un va-et-vient continuel d'espions et d'éclaireurs qui rapportent les moindres mouvements des Franj. On raconte que, chaque matin, ces derniers quittent leur camp en hordes de plusieurs milliers d'individus pour aller fourrager dans les environs, qu'ils pillent quelques fermes et en incendient quelques autres, avant de s'en retourner à Civitot où leurs clans se disputent les fruits de la razzia. Rien là qui puisse vraiment choquer les soldats du sultan. Rien non plus qui puisse inquiéter leur maître. Un mois durant, la même routine se poursuit.

Mais voilà qu'un jour, vers la mi-septembre, les Franj modifient brusquement leurs habitudes. N'ayant sans doute plus rien à glaner dans leur voisinage, ils ont pris, dit-on, la direction de Nicée, traversé quelques villages, tous chrétiens, et mis la main sur les récoltes qui venaient d'être engrangées en cette période de moisson, massacrant sans pitié les paysans qui tentaient de leur résister. Des enfants en bas âge auraient même été brûlés vifs.

Kilij Arslan se sent pris au dépourvu. Quand les premières nouvelles lui parviennent, les assaillants sont déjà sous les murs de sa capitale, et le soleil n'a pas encore atteint l'horizon que les citadins voient monter la fumée des incendies. Aussitôt, le sultan dépêche une patrouille de cavaliers qui se heurtent aux Franj. Ecrasés sous le nombre, les Turcs sont taillés en pièces. Seuls quelques rares survivants reviennent ensanglantés vers Nicée. Estimant son prestige menacé, Kilij Arslan voudrait engager la bataille sur l'heure, mais les émirs de son armée l'en dissuadent. La nuit va bientôt tomber, et les Franj refluent déjà à la hâte vers leur camp. La vengeance devra attendre.

Pas pour longtemps. Enhardis, semble-t-il, par leur succès, les Occidentaux récidivent deux semaines plus tard. Cette fois, le fils de Suleiman, averti à temps, suit pas à pas leur progression. Une troupe franque, comprenant quelques chevaliers mais surtout des milliers de pillards dépenaillés, emprunte la route de Nicée, puis, contournant l'agglomération, se dirige vers l'est et s'empare par surprise de la forteresse de Xérigordon.

Le jeune sultan se décide. A la tête de ses hommes, il chevauche à vive allure vers la petite place forte où, pour célébrer leur victoire, les Franj s'enivrent, incapables d'imaginer que leur destin est déjà scellé. Car Xérigordon offre un piège que les soldats de Kilij Arslan connaissent bien mais que ces étrangers sans expérience n'ont pas su déceler : son approvisionnement en eau se trouve à l'extérieur, assez loin des murailles, et les Turcs ont vite fait d'en interdire l'accès. Il leur suffit de prendre position tout autour de la forteresse, et de n'en plus bouger. La soif se bat à leur place.

Pour les assiégés commence un supplice atroce : ils en arrivent à boire le sang de leurs montures et leur propre urine. On les aperçoit qui, en ces premiers jours d'octobre, regardent désespérément le ciel, quêtant quelques gouttes de pluie. En vain. Au bout d'une semaine, le meneur de l'expédition, un chevalier nommé Renaud, accepte de capituler si on lui accorde la vie sauve. Kilij Arslan, qui a exigé que les Franj renoncent publiquement à leur religion, n'est pas peu surpris quand Renaud se dit prêt non seulement à se convertir à l'islam mais aussi à se battre aux côtés des Turcs contre ses propres compagnons. Plusieurs de ses amis, qui se sont prêtés aux mêmes exigences, sont envoyés en captivité vers les villes de Syrie ou en Asie centrale. Les autres sont passés au fil de l'épée.

Le jeune sultan est fier de son exploit, mais il garde la tête froide. Après avoir accordé à ses hommes un répit pour le traditionnel partage du butin, il les rappelle à l'ordre dès le lendemain. Certes, les Franj ont perdu près de six mille hommes, mais ceux qui restent sont six fois plus nombreux, et c'est l'occasion ou jamais de s'en débarrasser. Pour y parvenir, il choisit la ruse : dépêcher deux espions, des Grecs, au camp de Civitot, pour annoncer que les hommes de Renaud sont en excellente condition, qu'ils ont réussi à s'emparer de Nicée elle-même, dont ils sont bien décidés à ne pas se laisser disputer les richesses par leurs coreligionnaires. Pendant ce temps, l'armée turque préparera une gigantesque embuscade.

De fait, les rumeurs, soigneusement propagées, suscitent dans le camp de Civitot l'effervescence prévue. On s'attroupe, on injurie Renaud et ses hommes, déjà la décision est prise de se mettre en route sans délai pour participer au pillage de Nicée. Mais voilà que soudain, on ne sait trop comment, un rescapé de l'expédition de Xérigordon arrive, dévoilant la vérité sur le sort de ses compagnons. Les espions de Kilij Arslan pensent avoir échoué dans leur mission, puisque les plus sages parmi les Franj prêchent le calme. Mais, le premier moment de consternation passé, l'excitation reprend. La foule s'agite et hurle : elle veut partir sur-le-champ, non plus pour participer au pillage mais pour « venger les martyrs ». Ceux qui hésitent sont traités de lâches.

Finalement, les plus enragés obtiennent gain de cause et le départ est fixé pour le lendemain. Les espions du sultan, dont la ruse a été éventée mais l'objectif atteint, triomphent. Ils envoient dire à leur maître de se préparer au combat.

Le 21 octobre 1096, à l'aube, les Occidentaux quittent donc leur camp. Kilij Arslan n'est pas loin. Il a passé la nuit dans les collines proches de Civitot. Ses hommes sont en place, bien dissimulés. Lui-même, d'où il est, peut apercevoir au loin la colonne des Franj qui soulève un nuage de poussière. Quelques centaines de chevaliers, la plupart sans armure, avancent en tête, suivis d'une foule de fantassins en désordre. Ils marchent depuis moins d'une heure quand le sultan entend leur clameur qui s'approche. Le soleil qui se lève derrière lui les frappe en plein visage. Retenant son souffle, il fait signe à ses émirs de se tenir prêts. L'instant fatidique arrive. Un geste à peine perceptible, quelques ordres chuchotés çà et là, et voici les archers qui bandent lentement leurs arcs. Brusquement, mille flèches jaillissent en un seul et long sifflement. La plupart des chevaliers s'écroulent dès les premières minutes. Puis les fantassins sont décimés à leur tour.

Quand le corps à corps s'engage, les Franj sont déjà en déroute. Ceux qui étaient à l'arrière sont revenus en courant vers le camp où les non-combattants sont à peine réveillés. Un vieux prêtre célèbre une messe matinale, quelques femmes préparent à manger. L'arrivée des fugitifs avec les Turcs à leurs trousses jette l'effroi. Les Franj fuient dans toutes les directions. Certains, qui ont tenté d'atteindre les bois voisins, sont vite rattrapés. D'autres, mieux inspirés, se barricadent dans une forteresse désaffectée qui présente l'avantage d'être adossée à la mer. Ne voulant pas prendre de risques inutiles, le sultan renonce à les assiéger. La flotte byzantine, rapidement prévenue, viendra les récupérer. Deux à trois mille hommes s'échapperont ainsi. Pierre l'Ermite, qui se trouve depuis quelques jours à Constantinople, a de ce fait, lui aussi, la vie sauve. Mais ses partisans ont moins de chance. Les femmes les plus jeunes ont été enlevées par les cavaliers du sultan pour être distribuées aux émirs ou vendues sur les marchés d'esclaves. Quelques jeunes garçons connaissent le même sort. Les autres Franj, près de vingt mille sans doute, sont exterminés.

Kilij Arslan jubile. Il vient d'anéantir cette armée franque que l'on disait si redoutable, et les pertes de ses propres troupes sont insignifiantes. Contemplant l'immense butin amassé à ses pieds, il croit vivre son plus beau triomphe.

Et, pourtant, rarement dans l'Histoire une victoire aura coûté aussi cher à ceux qui l'ont remportée.

Grisé par le succès, Kilij Arslan veut ignorer les renseignements qui se succèdent l'hiver suivant sur l'arrivée de nouveaux groupes de Franj à Constantinople. Pour lui, et même pour les plus sages de ses émirs, il n'y a là plus rien d'inquiétant. Si d'autres mercenaires d'Alexis osaient encore franchir le Bosphore, ils seraient taillés en pièces comme ceux qui les ont précédés. Dans l'esprit du sultan, il est temps de revenir aux préoccupations majeures de l'heure, autrement dit à la lutte sans merci qu'il mène depuis toujours contre les princes turcs, ses voisins. C'est là, et nulle part ailleurs, que se décidera son sort et celui de son domaine. Les affrontements avec les Roum ou leurs étranges auxiliaires franj ne seront jamais qu'un intermède.

Le jeune sultan est bien placé pour le savoir. N'est-ce pas dans l'un de ces interminables combats de chefs que son père Suleiman a laissé la vie en 1086 ? Kilij Arslan avait alors à peine sept ans, et il aurait dû prendre la succession sous la régence de quelques émirs fidèles, mais il avait été écarté du pouvoir et conduit en Perse sous prétexte que sa vie était en danger. Adulé, entouré d'égards, servi par une nuée d'esclaves attentionnés, mais étroitement surveillé, avec interdiction formelle de visiter son royaume. Ses hôtes, c'est-à-dire ses geôliers, n'étaient autres que les membres de son propre clan : les Seldjoukides.

S'il y a, au xie siècle, un nom que nul n'ignore, des abords de la Chine au lointain pays des Franj, c'est bien celui-là. Venus d'Asie centrale avec des milliers de cavaliers nomades aux longs cheveux tressés, les Turcs seldjoukides se sont emparés en quelques années de toute la région qui s'étend de l'Afghanistan à la Méditerranée. Depuis 1055, le calife de Baghdad, successeur du Prophète et héritier du prestigieux empire abbasside, n'est qu'une marionnette docile entre leurs mains. D'Ispahan à Damas, de Nicée à Jérusalem, leurs émirs font la loi. Pour la première fois depuis trois siècles, tout l'Orient musulman est réuni sous l'autorité d'une dynastie unique qui proclame sa volonté de redonner à l'islam sa gloire passée. Les Roum, écrasés par les Seldjoukides en 1071, ne se sont jamais relevés. L'Asie Mineure, la plus grande de leurs provinces, a été envahie; leur capitale elle-même n'est plus en sécurité; leurs empereurs, dont Alexis lui-même, ne cessent d'envoyer des délégations au pape de Rome, chef suprême de l'Occident, le suppliant d'appeler à la guerre sainte contre cette résurgence de l'islam.

Kilij Arslan n'est pas peu fier de son appartenance à une famille aussi prestigieuse, mais il n'est pas dupe non plus de l'apparente unité de l'empire turc. Entre cousins seldjoukides, on ne connaît nulle solidarité : il faut tuer pour survivre. Son père a conquis l'Asie Mineure, la vaste Anatolie, sans l'aide de ses frères, et c'est pour avoir voulu s'étendre au sud, vers la Syrie, qu'il a été tué par l'un de ses cousins. Et, pendant que Kilij Arslan était retenu de force à Ispahan, le domaine paternel a été dépecé. Quand, fin 1092, l'adolescent a été relâché à la faveur d'une querelle entre ses geôliers, son autorité ne s'exerçait guère au-delà des remparts de Nicée. Il n'avait que treize ans.

Ensuite, c'est grâce aux conseils des émirs de l'armée qu'il a pu, par la guerre, par le meurtre ou par la ruse, récupérer une partie de l'héritage paternel. Aujourd'hui, il peut se vanter d'avoir passé plus de temps sur la selle de son cheval que dans son palais. Pourtant, à l'arrivée des Franj, rien n'est encore joué. En Asie Mineure, ses rivaux restent puissants, même si, fort heureusement pour lui, ses cousins seldjoukides de Syrie et de Perse sont absorbés par leurs propres querelles.

A l'est notamment, sur les hauteurs désolées du plateau anatolien, règne en ces temps d'incertitude un étrange personnage qu'on appelle Danishmend, « le Sage », un aventurier d'origine obscure qui, à l'inverse des autres émirs turcs, pour la plupart analphabètes, est instruit dans les sciences les plus diverses. Il va bientôt devenir le héros d'une épopée célèbre, intitulée précisément *la Geste du roi Danishmend*, qui décrit la conquête de Malatya, une ville arménienne située au sud-est d'Ankara, et dont la chute est considérée par les auteurs du récit comme le tournant décisif de l'islamisation de la future Turquie. Aux premiers mois de 1097, lorsque l'arrivée à Constantinople d'une nouvelle expédition franque est signalée à Kilij Arslan, la bataille de Malatya est déjà engagée. Danishmend assiège la ville, et le jeune sultan refuse l'idée que ce rival, qui a profité de la mort de son père pour occuper tout le nord-est de l'Anatolie, puisse remporter une victoire aussi prestigieuse. Déterminé à l'en empêcher, il se dirige, à la tête de ses cavaliers, vers les environs de Malatya et installe son camp à proximité de celui de Danishmend pour l'intimider. La tension monte, les escarmouches se multiplient, de plus en plus meurtrières.

En avril 1097, l'affrontement semble inévitable. Kilij Arslan s'y prépare. L'essentiel de son armée est rassemblé sous les murs de Malatya lorsque arrive devant sa tente un cavalier exténué. Il débite son message en haletant : les Franj sont là; de nouveau, ils ont franchi le Bosphore, plus nombreux que l'année précédente. Kilij Arslan reste calme. Rien ne justifie pareille inquiétude. Les Franj, il les a déjà pratiqués, il sait à quoi s'en tenir. Finalement, ce n'est que pour rassurer les habitants de Nicée, et en particulier son épouse, la jeune sultane, qui doit bientôt accoucher, qu'il demande à quelques détachements de cavalerie d'aller renforcer la garnison de la capitale. Lui-même sera de retour dès qu'il en aura fini avec Danishmend.

Kilij Arslan est à nouveau engagé, corps et âme, dans la bataille de Malatya, quand, aux premiers jours de mai, arrive un nouveau messager, tremblant de fatigue et de peur. Ses propos jettent l'effroi dans le camp du sultan. Les Franj sont aux portes de Nicée, qu'ils commencent à assiéger. Ce ne sont plus, comme en été, des bandes de pillards dépenaillés, mais de véritables armées de milliers de chevaliers lourdement équipés. Et, cette fois, les soldats du basileus les accompagnent. Kilij Arslan tente de calmer ses hommes mais lui-même est torturé par l'angoisse. Doit-il abandonner Malatya à son rival pour revenir vers Nicée? Est-il sûr de pouvoir encore sauver sa capitale? Ne va-t-il pas perdre sur les deux fronts? Après avoir longuement consulté ses plus fidèles émirs, une solution se dégage, une forme de compromis : aller voir Danishmend, qui est homme d'honneur, le mettre au courant de la tentative de conquête entreprise par les Roum et leurs mercenaires ainsi que de la menace qui pèse sur tous les musulmans d'Asie Mineure, et lui proposer de cesser les hostilités. Avant même que Danishmend ne donne sa réponse, le sultan a dépêché une partie de son armée vers la capitale.

De fait, une trêve est conclue au bout de quelques jours, et Kilij Arslan prend sans tarder le chemin de l'ouest. Mais, au moment où il atteint les hauteurs proches de Nicée, le spectacle qui s'offre à ses yeux lui glace le sang dans les veines. La superbe cité que lui a léguée son père est encerclée de toutes parts; une multitude de soldats sont là, s'affairant à mettre en place tours mobiles, catapultes et mangonneaux qui doivent servir pour l'assaut final. Les émirs sont formels : il n'y a plus rien à faire. Il faut se replier vers l'intérieur du pays avant qu'il ne soit trop tard. Le jeune sultan n'arrive pourtant pas à se résigner à abandonner ainsi sa capitale. Il insiste pour tenter une dernière percée au sud, là où les assiégeants semblent le moins solidement retranchés. La bataille est engagée le 21 mai à l'aube. Kilij Arslan se jette avec fureur dans la mêlée, et le combat fait rage jusqu'à la tombée du jour. Les pertes sont aussi lourdes des deux côtés, mais chacun a conservé ses positions. Le sultan n'insiste pas. Il a compris que rien ne lui permettra plus de desserrer l'étau. S'entêter à lancer toutes ses forces dans une bataille si mal engagée pourrait prolonger le siège de quelques semaines, voire de quelques mois, mais risquerait de mettre en jeu l'existence même du sultanat. Issu d'un peuple essentiellement nomade, Kilij Arslan sait que la source de son pouvoir réside dans les quelques milliers de guerriers qui lui obéissent, non dans la possession d'une ville, si attachante soit-elle. Il aura d'ailleurs bientôt choisi pour nouvelle capitale la ville de Konya, nettement plus à l'est, que ses descendants vont garder jusqu'au début du XIVe siècle. Il ne reverra plus jamais Nicée...

Avant de s'éloigner, il envoie un message d'adieu aux défenseurs de la ville pour les avertir de sa doulou- reuse décision et leur recommander d'agir « conformé- ment à leurs intérêts ». La signification de ces mots est claire, aussi bien pour la garnison turque que pour la population grecque : il faut livrer la ville à Alexis Com- nène et non à ses auxiliaires francs. Des négociations s'engagent donc avec le basileus qui, à la tête de ses troupes, a pris position à l'ouest de Nicée. Les hommes du sultan essaient de gagner du temps, espérant sans doute que leur maître pourra revenir avec des renforts. Mais Alexis est pressé : les Occidentaux, menace-t-il, s'apprêtent à donner l'assaut final, et alors il ne répon- dra plus de rien. Se souvenant des agissements des Franj l'année précédente aux environs de Nicée, les négociateurs sont terrorisés. Ils voient déjà leur ville pillée, les hommes massacrés, les femmes violées. Sans plus hésiter, ils acceptent de remettre leur sort entre les mains du basileus, qui fixe lui-même les modalités de la reddition.

Dans la nuit du 18 au 19 juin, des soldats de l'armée byzantine, turcs pour la plupart, sont introduits dans la cité au moyen de barques qui traversent en silence le lac Ascanios : la garnison capitule sans combat. Aux premières lueurs du jour, les bannières bleu et or de l'empereur flottent déjà sur les murailles. Les Franj renoncent à donner l'assaut. Dans son infortune, Kilij Arslan recevra ainsi une consolation : les dignitaires du sultanat seront épargnés et la jeune sultane, accompa- gnée de son nouveau-né, sera même reçue à Constanti- nople avec les honneurs royaux, au plus grand scandale des Franj.

La jeune femme de Kilij Arslan est la fille de Tchaka, un aventurier de génie, un émir turc fort célèbre à la veille de l'invasion franque. Emprisonné par les Roum tandis qu'il effectuait une razzia en Asie Mineure, il avait impressionné ses geôliers par sa facilité à apprendre le grec, qu'au bout de quelques mois il parlait à la perfection. Brillant, habile, beau parleur, il était devenu un visiteur régulier du palais impérial qui l'avait même gratifié d'un titre de noblesse. Mais cette étonnante promotion ne lui suffisait pas. Il visait plus haut, bien plus haut : il voulait devenir empereur de Byzance !

L'émir Tchaka avait à cet effet un plan fort cohérent. Ainsi, il était parti s'installer dans le port de Smyrne, sur la mer Egée, où, avec l'aide d'un armateur grec, il s'était constitué une véritable flotte de guerre comprenant des brigantins légers, des vaisseaux à rames, dromons, birèmes ou trirèmes, au total près d'une centaine de bâtiments. Dans une première étape, il avait occupé de nombreuses îles, notamment Rhodes, Chios et Samos, et étendu son autorité sur l'ensemble de la côte égéenne. S'étant ainsi taillé un empire maritime, il s'était proclamé basileus, organisant son palais de Smyrne sur le modèle de la cour impériale, et avait lancé sa flotte à l'assaut de Constantinople. Il avait fallu d'énormes efforts à Alexis pour parvenir à repousser l'attaque et à détruire une partie des vaisseaux turcs.

Nullement découragé, le père de la future sultane avait repris avec détermination la construction de ses navires de guerre. C'était vers la fin de l'année 1092, au moment où Kilij Arslan revenait d'exil, et Tchaka s'était dit que le jeune fils de Suleiman serait un excellent allié contre les Roum. Il lui avait offert la main de sa fille. Mais les calculs du jeune sultan étaient bien différents de ceux de son beau-père. La conquête de Constantinople lui apparaissait comme un projet absurde; en revanche, nul n'ignorait dans son entourage qu'il cherchait l'élimination des émirs turcs qui tentaient de se tailler un fief en Asie Mineure, c'est-à-dire au premier chef Danishmend et le trop ambitieux Tchaka. Le sultan n'avait donc pas hésité : quelques mois avant l'arrivée des Franj, il avait invité son beau-père à un banquet et, l'ayant enivré, l'avait poignardé, de sa propre main, semble-t-il. Tchaka avait un fils qui avait pris alors la succession, mais il n'avait ni l'intelligence ni l'ambition de son père. Le frère de la sultane s'était contenté de gérer son émirat marin jusqu'à cette journée de l'été 1097 où la flotte des Roum était arrivée inopinément au large de Smyrne avec, à son bord, un messager inattendu : sa propre sœur.

Celle-ci a tardé à comprendre les raisons de la sollicitude de l'empereur à son égard, mais tandis qu'on la convoie vers Smyrne, la ville où elle a passé son enfance, tout lui apparaît clairement. Elle est chargée d'expliquer à son frère qu'Alexis a pris Nicée, que Kilij Arslan est battu et qu'une puissante armée de Roum et de Franj va bientôt attaquer Smyrne avec l'aide d'une immense flotte. Pour avoir la vie sauve, le fils de Tchaka est invité à conduire sa sœur auprès de son époux, quelque part en Anatolie.

La proposition n'ayant pas été refusée, l'émirat de Smyrne cesse d'exister. Au lendemain de la chute de Nicée, toute la côte de la mer Egée, toutes les îles, toute la partie occidentale de l'Asie Mineure échappent donc désormais aux Turcs. Et les Roum, aidés par leurs auxiliaires francs, semblent décidés à aller plus loin.

Mais, dans son refuge montagneux, Kilij Arslan ne désarme pas.

Passé la surprise des premiers jours, le sultan prépare activement sa riposte. *Il se mit à recruter des troupes, à enrôler des volontaires et à proclamer le jihad,* note Ibn al-Qalanissi. Le chroniqueur de Damas ajoute que Kilij Arslan *demanda à tous les Turcs de lui venir en aide, et ils répondirent nombreux à son appel.*

De fait, le premier objectif du sultan est de sceller une alliance avec Danishmend. Une simple trêve ne suffit plus; il est impérieux maintenant que les forces turques d'Asie Mineure soient unies, comme s'il s'agissait d'une seule armée. Kilij Arslan est sûr de la réponse de son rival. Musulman fervent tout autant que stratège réaliste, Danishmend s'estime menacé par la progression des Roum et de leurs alliés francs. Il préfère les affronter sur les terres de son voisin plutôt que sur les siennes, et, sans plus attendre, il arrive avec des milliers de cavaliers au camp du sultan. On fraternise, on se consulte, on élabore des plans. La vue de cette multitude de guerriers et de chevaux couvrant les collines redonne confiance aux chefs. Ils s'attaqueront à l'ennemi dès qu'ils en auront l'occasion.

Kilij Arslan guette sa proie. Ses informateurs infiltrés chez les Roum lui ont fait parvenir de précieux renseignements. Les Franj clament tout haut qu'ils sont déterminés à poursuivre leur chemin au-delà de Nicée et veulent arriver jusqu'en Palestine. On connaît même leur itinéraire : descendre vers le sud-est, en direction de Konya, la seule ville importante qui soit encore aux mains du sultan. Tout au long de cette zone montagneuse qu'ils devront traverser, les Occidentaux prêteront donc le flanc aux attaques. Le tout est de choisir le lieu de l'embuscade. Les émirs qui connaissent bien la région n'hésitent pas. Il y a, près de la ville de Dorylée, à quatre jours de marche de Nicée, un endroit où la route s'enfonce dans une vallée peu profonde. Si les guerriers turcs se rassemblent derrière les collines, ils n'auront plus qu'à attendre.

Aux derniers jours de juin 1097, lorsque Kilij Arslan apprend que les Occidentaux, accompagnés d'une petite troupe de Roum, ont quitté Nicée, le dispositif de l'embuscade est déjà en place. Le 1er juillet à l'aube, les Franj sont à l'horizon. Chevaliers et fantassins avancent tranquillement, ne semblant nullement se douter de ce qui les attend. Le sultan avait peur que son stratagème ne soit découvert par les éclaireurs ennemis. Apparemment il n'en est rien. Autre sujet de satisfaction pour le monarque seldjoukide, les Franj semblent moins nombreux que ce qui avait été annoncé. Une partie d'entre eux serait-elle restée à Nicée ? Il l'ignore. En tout cas, à première vue, il dispose de la supériorité numérique. Si on y ajoute l'avantage de la surprise, la journée devrait lui être favorable. Kilij Arslan est nerveux mais confiant. Le sage Danishmend, qui a vingt ans d'expérience de plus que lui, l'est aussi.

Le soleil vient tout juste d'apparaître derrière les collines lorsque l'ordre d'attaquer est lancé. La tactique des guerriers turcs est bien rodée. C'est elle qui leur a assuré, depuis un demi-siècle, la suprématie militaire en Orient. Leur armée est constituée presque totalement de cavaliers légers qui manient l'arc admirablement. Ils s'approchent, déversent sur leurs ennemis une pluie de flèches meurtrières, puis s'éloignent à toute allure, pour céder la place à une nouvelle rangée d'assaillants. Généralement quelques vagues successives mettent leur proie à l'agonie. C'est alors qu'ils engagent le corps à corps final.

Mais, le jour de cette bataille de Dorylée, le sultan, installé avec son état-major sur un promontoire, constate avec inquiétude que les vieilles méthodes turques n'ont plus leur efficacité habituelle. Les Franj n'ont, il est vrai, aucune agilité et ils ne semblent pas pressés de riposter aux attaques répétées. Mais ils maîtrisent parfaitement l'art de la défensive. La force principale de leur armée réside dans ces épaisses armures dont les chevaliers couvrent tout leur corps, et même parfois celui de leur monture. Si leur avancée est lente, pesante, les hommes sont magnifiquement protégés contre les flèches. Après plusieurs heures de combats, ce jour-là, les archers turcs ont certes fait de nombreuses victimes, surtout parmi les fantassins, mais le gros de l'armée franque reste intact. Faut-il engager le corps à corps ? Cela semble hasardeux : au cours des nombreuses escarmouches qui se sont produites autour du champ de bataille, les cavaliers des steppes n'ont nullement fait le poids face à ces véritables forteresses humaines. Faut-il prolonger indéfiniment la phase de harcèlement ? Maintenant que l'effet de surprise est passé, l'initiative pourrait bien venir du camp adverse.

Certains émirs conseillent déjà d'opérer un repli lorsque apparaît au loin un nuage de poussière. C'est une nouvelle armée franque qui s'approche, aussi nombreuse que la première. Ceux contre lesquels on se bat depuis le matin ne sont que l'avant-garde. Le sultan n'a pas le choix. Il doit ordonner la retraite. Avant même qu'il n'ait pu le faire, on lui annonce qu'une troisième armée franque est en vue derrière les lignes turques, sur une colline qui domine la tente de l'état-major.

Cette fois, Kilij Arslan cède à la peur. Il saute sur son destrier et galope vers les montagnes, abandonnant jusqu'à ce fameux trésor qu'il transporte toujours avec lui pour payer ses troupes. Danishmend le suit de près, ainsi que la plupart des émirs. Profitant du seul atout qui leur reste, la vitesse, de nombreux cavaliers parviennent à s'éloigner à leur tour sans que les vainqueurs puissent les poursuivre. Mais la plupart des soldats demeurent sur place, encerclés de toutes parts. Comme l'écrira Ibn al-Qalanissi : *Les Franj taillèrent en pièces l'armée turque. Ils tuèrent, pillèrent et prirent beaucoup de prisonniers qu'ils vendirent comme esclaves.*

Dans sa fuite, Kilij Arslan rencontre un groupe de cavaliers qui arrivent de Syrie pour se battre à ses côtés. Il est trop tard, leur avoue-t-il, ces Franj sont trop nombreux et trop forts et il n'y a plus rien à faire pour les arrêter. Joignant l'acte à la parole, et décidé à laisser passer l'ouragan, le sultan vaincu disparaît dans l'immensité du plateau anatolien. Il attendra quatre ans avant de se venger.

Seule la nature semble encore résister à l'envahisseur. L'aridité des sols, l'exiguïté des sentiers de montagne et la chaleur de l'été sur des routes sans ombre retardent quelque peu la progression des Franj. Il leur faudra, après Dorylée, cent jours pour traverser l'Anatolie, alors qu'un mois aurait dû suffire. Entre-temps, les nouvelles de la débâcle turque ont fait le tour de l'Orient. *Quand fut connue cette affaire honteuse pour l'islam, ce fut une véritable panique,* note le chroniqueur de Damas. *La frayeur et l'anxiété prirent d'énormes proportions.*

Des rumeurs circulent sans arrêt sur l'arrivée imminente des redoutables chevaliers. A la fin de juillet, le bruit court qu'ils approchent du village d'al-Balana, à l'extrême nord de la Syrie. Des milliers de cavaliers se rassemblent pour leur faire face. Fausse alerte, les

Franj ne se montrent pas à l'horizon. Les plus optimistes se demandent si les envahisseurs n'ont pas rebroussé chemin. Ibn al-Qalanissi s'en fait l'écho à travers l'une de ces paraboles astrologiques qu'affectionnent ses contemporains : *Cet été-là, une comète apparut du côté de l'ouest, son ascension dura vingt jours, puis elle disparut sans plus se montrer.* Mais les illusions se dissipent vite. Les informations sont de plus en plus précises. Dès la mi-septembre, on peut suivre la progression des Franj de village en village.

Le 21 octobre 1097, des cris retentissent du haut de la citadelle d'Antioche, la plus grande ville de Syrie. « Ils sont là ! » Quelques badauds se pressent vers les remparts, mais ils ne voient qu'un vague nuage de poussière, très loin, au bout de la plaine, près du lac d'Antioche. Les Franj sont encore à une journée de marche, peut-être plus, et tout laisse supposer qu'ils voudront s'arrêter pour prendre quelque repos après leur longue traversée. La prudence exige pourtant de fermer déjà les cinq lourdes portes de la cité.

Dans les souks, la clameur du matin s'est éteinte, marchands et clients se sont immobilisés. Des femmes murmurent quelques prières. La peur s'est emparée de la ville.

CHAPITRE II

UN MAUDIT FABRICANT DE CUIRASSES

Quand le maître d'Antioche, Yaghi Siyan, fut informé de l'approche des Franj, il redouta un mouvement de sédition de la part des chrétiens de la ville. Il décida donc de les expulser.

C'est l'historien arabe Ibn al-Athir qui racontera l'événement, plus d'un siècle après le début de l'invasion franque, sur la foi des témoignages laissés par les contemporains :

Le premier jour, Yaghi Siyan ordonna aux musulmans de sortir pour nettoyer les fossés qui entourent la cité. Le lendemain, pour la même corvée, il n'envoya que les chrétiens. Il les fit travailler jusqu'au soir et, quand ils voulurent rentrer, il les en empêcha en disant : « Antioche est à vous, mais vous devez me la laisser jusqu'à ce que j'aie réglé notre problème avec les Franj. » Ils lui demandèrent : « Qui protégera nos enfants et nos femmes ? » L'émir répondit : « Je m'en occuperai à votre place. » Il protégea effectivement les familles des expulsés et ne permit pas que l'on touchât à un cheveu de leurs têtes.

En ce mois d'octobre 1097, le vieux Yaghi Siyan, serviteur depuis quarante ans des sultans seldjoukides, vit dans la hantise d'une trahison. Il est convaincu que les armées franques qui sont rassemblées devant Antioche ne pourront jamais y pénétrer à moins de s'être assurées de complicités à l'intérieur des murs. Car sa ville ne peut être prise d'assaut, encore moins affamée par un blocus. Les soldats dont dispose cet émir turc à la barbe blanchissante ne sont, il est vrai, que six ou sept mille, alors que les Franj alignent près de trente mille combattants. Mais Antioche est une place forte pratiquement imprenable. Son enceinte a deux farsakh (douze mille mètres) de longueur et ne compte pas moins de trois cent soixante tours construites sur trois niveaux différents. La muraille, solidement bâtie en pierre de taille et en brique sur un blocage en maçonnerie, escalade à l'est le mont Habib-an-Najjar et en couronne la crête par une citadelle inexpugnable. A l'ouest, il y a l'Oronte, que les Syriens appellent al-Assi, « le fleuve rebelle », parce qu'il donne parfois l'impression de couler à contresens, de la Méditerranée vers l'intérieur du pays. Son lit longe les murs d'Antioche, constituant un obstacle naturel peu commode à franchir. Au sud, les fortifications surplombent une vallée dont la pente est si raide qu'elle semble un prolongement de la muraille. De ce fait, il est impossible aux assiégeants d'encercler totalement la ville et les défenseurs n'ont aucun mal à communiquer avec l'extérieur et à se ravitailler.

Les réserves alimentaires de la cité sont d'autant plus abondantes que l'enceinte englobe, outre les bâtiments et les jardins, de vastes terrains cultivés. Avant le « Fath », la conquête musulmane, Antioche était une métropole romaine de deux cent mille habitants; en 1097, elle n'en compte plus que quarante mille, et plusieurs quartiers, autrefois peuplés, ont été convertis en champs et en vergers. Bien qu'elle ait perdu de sa splendeur passée, elle demeure une ville qui impressionne. Tous les voyageurs — viennent-ils même de Baghdad ou de Constantinople — sont éblouis dès le premier regard par le spectacle de cette cité qui s'étend à perte de vue, avec ses minarets, ses églises, ses souks en arcades, ses villas luxueuses incrustées dans les pentes boisées qui montent vers la citadelle.

Yaghi Siyan n'a aucune inquiétude quant à la solidité de ses fortifications ou la sûreté de son approvisionnement. Mais tous ses moyens de défense risquent de devenir inutiles si, à un point quelconque de l'interminable muraille, les assiégeants parviennent à trouver un complice pour leur ouvrir une porte ou leur faciliter l'accès d'une tour, comme cela s'est déjà produit dans le passé. D'où sa décision d'expulser la plupart de ses administrés chrétiens. A Antioche, comme ailleurs, les chrétiens d'Orient — Grecs, Arméniens, Maronites, Jacobites — sont soumis, dès l'arrivée des Franj, à une double oppression : celle de leurs coreligionnaires occidentaux qui les soupçonnent de sympathie envers les Sarrasins et les traitent en sujets de rang inférieur, et celle de leurs compatriotes musulmans qui voient souvent en eux les alliés naturels des envahisseurs. La frontière entre les appartenances religieuses et nationales est, en effet, pratiquement inexistante. Le même vocable, Roum, désigne Byzantins et Syriens de rite grec, qui se disent d'ailleurs toujours sujets du basileus; le mot « arménien » se rapporte à la fois à une église et à un peuple, et quand un musulman parle de « la nation », al-oumma, c'est de la communauté des croyants qu'il s'agit. Dans l'esprit de Yaghi Siyan, l'expulsion des chrétiens est moins acte de discrimination religieuse que mesure frappant, en temps de guerre, les ressortissants d'une puissance ennemie, Constantinople, à laquelle Antioche a longtemps appartenu et qui n'a jamais renoncé à la reprendre.

De toutes les grandes villes de l'Asie arabe, Antioche a été la dernière à tomber sous la domination des Turcs seldjoukides; en 1084, elle dépendait encore de Constantinople. Et, lorsque les chevaliers francs viennent l'assiéger treize ans plus tard, Yaghi Siyan est naturellement convaincu qu'il s'agit d'une tentative de restauration de l'autorité des Roum avec la complicité de la population locale, en majorité chrétienne. Face à ce danger, l'émir ne s'embarrasse d'aucun scrupule. Il expulse donc les « nassara », les adeptes du Nazaréen — ainsi qu'on appelle les chrétiens — puis il prend en main le rationnement du blé, de l'huile et du miel et inspecte quotidiennement les fortifications, punissant sévèrement toute négligence. Cela suffira-t-il? Rien n'est moins certain. Mais les mesures prises devraient permettre de tenir en attendant l'arrivée de renforts. Quand ceux-ci viendront-ils ? Qui vit à Antioche se pose cette question avec insistance, et Yaghi Siyan n'est pas plus à même d'y répondre que l'homme de la rue. Dès l'été, alors que les Franj étaient encore loin, il a dépêché son fils auprès des dirigeants musulmans de Syrie pour les prévenir du danger qui guettait sa cité. A Damas, nous apprend Ibn al-Qalanissi, le fils de Yaghi Siyan a parlé de guerre sainte. Mais, dans la Syrie du XIe siècle, le jihad n'est qu'un slogan que brandissent les princes en difficulté. Pour qu'un émir accepte de secourir l'autre, il faut qu'il y trouve quelque intérêt personnel. Alors seulement il conçoit d'invoquer à son tour les grands principes.

Or, en cet automne 1097, aucun dirigeant, à part Yaghi Siyan lui-même, ne se sent directement menacé par l'invasion franque. Si les mercenaires de l'empereur veulent récupérer Antioche, il n'y a là rien que de normal puisque cette ville a toujours été byzantine. De toute façon, pense-t-on, les Roum n'iront pas plus loin. Et que Yaghi Siyan soit en difficulté n'est pas forcément un mal pour ses voisins. Depuis dix ans, il s'est joué d'eux, semant la discorde, avivant les jalousies, renversant les alliances. Maintenant qu'il leur demande d'oublier leurs querelles pour venir lui porter secours, doit-il s'étonner de ne pas les voir accourir ?

En homme réaliste, Yaghi Siyan sait qu'on le fera languir, qu'on l'obligera à mendier les secours, qu'on lui fera payer ses habiletés, ses manigances, ses trahisons. Il imagine cependant qu'on n'ira pas jusqu'à le livrer pieds et poings liés aux mercenaires du basileus. Après tout, il n'a cherché qu'à survivre dans un guêpier impitoyable. Dans le monde où il évolue, celui des princes seldjoukides, les luttes sanglantes ne s'arrêtent jamais, et le maître d'Antioche, comme tous les autres émirs de la région, est forcé de prendre position. S'il se retrouve du côté du perdant, c'est la mort qui l'attend, ou tout au moins la prison et la disgrâce. S'il a la chance de choisir le camp du gagnant, il savoure un temps sa victoire, reçoit en prime quelques belles captives, avant de se retrouver engagé dans un nouveau conflit où il risque sa vie. Pour durer, on doit miser sur le bon cheval et ne pas s'obstiner à jouer constamment le même. Toute erreur est fatale, et rares sont les émirs qui meurent dans leur lit.

En Syrie, à l'arrivée des Franj, la vie politique est de fait empoisonnée par la « guerre des deux frères », deux étranges personnages qui semblent échappés tout droit de l'imagination d'un conteur populaire : Redwan, roi d'Alep, et son cadet Doukak, roi de Damas, qui se vouent une haine si tenace que rien, même une menace commune, ne peut leur permettre de songer à se réconcilier. En 1097, Redwan a un peu plus de vingt ans, mais il est déjà entouré d'un halo de mystère, et les légendes les plus terrifiantes circulent à son sujet. Petit, maigre, le regard sévère et parfois craintif, il serait tombé, nous dit Ibn al-Qalanissi, sous l'emprise d'un « médecin-astrologue » appartenant à l'ordre des Assassins, une secte qui vient de se créer, et qui va jouer un rôle d'importance tout au long de l'occupation franque. On accuse le roi d'Alep, non sans raison, d'utiliser ces fanatiques pour éliminer ses adversaires. Meurtres, impiété, sorcellerie, Redwan provoque la méfiance de tous, mais c'est au sein de sa propre famille qu'il suscite la haine la plus forte. Lors de son accession au trône, en 1095, il a fait étrangler deux de ses jeunes frères, de peur qu'ils ne lui disputent un jour le pouvoir ; un troisième n'a eu la vie sauve qu'en s'échappant de la citadelle d'Alep la nuit même où les puissantes mains des esclaves de Redwan devaient se refermer sur sa gorge. Ce survivant était Doukak, qui voue depuis à son aîné une haine aveugle. Après sa fuite, il s'est réfugié à Damas, dont la garnison l'a proclamé roi. Ce jeune homme velléitaire, influençable, colérique, à la santé fragile, vit obsédé par l'idée que son frère veut l'assassiner. Pris entre ces deux princes à demi fous, Yaghi Siyan n'a pas la tâche facile. Son voisin immédiat est Redwan, dont la capitale, Alep, l'une des plus vieilles cités du monde, se trouve à moins de trois jours d'Antioche. Deux ans avant l'arrivée des Franj, Yaghi Siyan lui a donné sa fille en mariage. Mais il a vite compris que ce gendre convoitait son domaine et, à son tour, il a commencé à craindre pour sa vie. Comme Doukak, la secte des Assassins l'obsède. Le danger commun ayant naturellement rapproché les deux hommes, c'est d'abord vers le roi de Damas que Yaghi Siyan se tourne lorsque les Franj avancent vers Antioche.

Mais Doukak hésite. Non pas que les Franj lui fassent peur, assure-t-il, mais il n'a pas envie de conduire son armée dans le voisinage d'Alep, donnant ainsi à son frère l'occasion de le prendre à revers. Yaghi Siyan, qui sait combien il est pénible d'arracher une décision à son allié, a tenu à lui envoyer son fils Chams ad-Dawla — « le Soleil de l'Etat » —, un jeune homme brillant, fougueux, passionné, qui ne lâche jamais prise. Sans répit, Chams fait le siège du palais royal, harcelant Doukak et ses conseillers, se faisant tour à tour flatteur ou menaçant. Néanmoins, ce n'est qu'en décembre 1097, deux mois après le début de la bataille d'Antioche, que le maître de Damas accepte, à contrecœur, de prendre avec son armée la direction du nord. Chams l'accompagne. Il sait qu'en une semaine de route Doukak a amplement le temps de changer d'avis. De fait, à mesure qu'il avance, le jeune roi devient nerveux. Le 31 décembre, alors que l'armée de Damas a déjà couvert les deux tiers du trajet, elle rencontre une troupe franque venue fourrager dans le secteur. En dépit de son net avantage numérique et de la relative aisance avec laquelle il a réussi à encercler l'ennemi, Doukak renonce à donner l'ordre d'attaque. C'est laisser aux Franj, un moment désemparés, le temps de reprendre leurs esprits et de se dégager. Quand la journée arrive à sa fin, il n'y a ni vainqueur ni vaincu, mais les Damascains ont perdu plus d'hommes que leurs adversaires : il n'en faut pas davantage pour décourager Doukak, qui, en dépit des supplications désespérées de Chams, ordonne immédiatement à ses hommes de rebrousser chemin.

A Antioche, la défection de Doukak provoque la plus grande amertume, mais les défenseurs ne renoncent pas. En ces premiers jours de 1098, le désarroi est, curieusement, dans le camp des assiégeants. Beaucoup d'espions de Yaghi Siyan ont réussi à s'infiltrer chez l'ennemi. Certains de ces informateurs agissent par haine des Roum, mais la plupart sont des chrétiens de la ville qui espèrent ainsi s'attirer les faveurs de l'émir. Ils ont laissé leurs familles à Antioche et cherchent à assurer leur sécurité. Les renseignements qu'ils rapportent sont réconfortants pour la population : alors que les provisions des assiégés demeurent abondantes, les Franj sont en proie à la famine. On compte déjà parmi eux des centaines de morts et la plupart des montures ont été abattues. L'expédition qui s'est heurtée à l'armée de Damas avait précisément pour but de trouver quelques moutons, quelques chèvres, et de piller les granges. A la faim s'ajoutent d'autres calamités qui sapent chaque jour un peu plus le moral des envahisseurs. La pluie tombe sans arrêt, justifiant le surnom trivial de « pisseuse » que les Syriens donnent à Antioche. Le camp des assiégeants baigne dans la boue. Et puis il y a cette terre qui ne cesse de trembler. Les gens du pays y sont habitués, mais les Franj s'en effraient; on entend monter jusque dans la ville la grande rumeur de leurs prières, lorsqu'ils se réunissent pour invoquer le ciel, croyant être victimes d'une punition divine. On dit que pour calmer la colère du Très-Haut ils ont décidé de chasser les prostituées de leur camp, de fermer les tavernes et d'interdire les jeux de dés. Les désertions sont nombreuses, même parmi leurs chefs.

De telles nouvelles renforcent, bien entendu, la combativité des défenseurs, qui multiplient les sorties audacieuses. Comme le dira Ibn al-Athir, *Yaghi Siyan manifesta un courage, une sagesse et une fermeté admirables.* Et l'historien arabe d'ajouter, porté par son enthousiasme : *La plupart des Franj périrent. S'ils étaient restés aussi nombreux qu'à leur arrivée, ils auraient occupé tous les pays d'islam!* Exagération bouffonne, mais qui rend un hommage mérité à l'héroïsme de la garnison d'Antioche qui va supporter seule, durant de longs mois, le poids de l'invasion.

Car les secours continuent de se faire attendre. En janvier 1098, ulcéré par la veulerie de Doukak, Yaghi

Siyan est contraint de se tourner vers Redwan. A nouveau c'est Chams ad-Dawla qui reçoit la pénible mission de présenter ses plus humbles excuses au roi d'Alep, d'écouter sans broncher tous ses sarcasmes et de le supplier au nom de l'islam et de ses liens de parenté de daigner envoyer ses troupes pour sauver Antioche. Chams sait très bien que son royal beau-frère est totalement insensible à ce genre d'arguments et qu'il préférerait se couper la main plutôt que de la tendre à Yaghi Siyan. Mais les événements sont plus contraignants. Les Franj, dont la situation alimentaire est de plus en plus critique, viennent de lancer une razzia sur les terres du roi seldjoukide, pillant et saccageant les environs même d'Alep, et Redwan, pour la première fois, sent la menace qui pèse sur son propre domaine. Plus pour se défendre que pour aider Antioche, il décide donc d'envoyer son armée contre les Franj. Chams triomphe. Il fait parvenir à son père un message lui indiquant la date de l'offensive alépine et lui demandant d'opérer une sortie en masse pour prendre les assiégeants en tenaille.

A Antioche, l'intervention de Redwan est tellement inattendue qu'elle apparaît comme un cadeau du ciel. Est-ce le tournant décisif de cette bataille qui dure depuis plus de cent jours ?

Le 9 février 1098, en début d'après-midi, les guetteurs postés dans la citadelle signalent l'approche de l'armée d'Alep. Elle compte plusieurs milliers de cavaliers, alors que les Franj ne peuvent en aligner que sept ou huit cents tant la famine a fait de ravages parmi leurs montures. Les assiégés, qui se tiennent sur le qui-vive depuis plusieurs jours, voudraient que le combat s'engage sur-le-champ. Mais les troupes de Redwan s'étant arrêtées et ayant commencé à dresser les tentes, l'ordre de bataille est repoussé au lendemain. Les préparatifs se poursuivent tout au long de la nuit. Chaque soldat sait maintenant avec précision où et quand il doit agir. Yaghi Siyan a confiance en ses hommes qui, il en est sûr, exécuteront leur part du contrat.

Ce que tout le monde ignore, c'est que la bataille est déjà perdue avant même qu'elle ne soit engagée. Terrorisé par ce qu'on raconte sur les qualités guerrières des Franj, Redwan n'ose plus profiter de sa supériorité numérique. Au lieu de déployer ses troupes, il ne cherche qu'à les protéger. Et, pour éviter tout risque d'encerclement, il les cantonne toute la nuit dans une étroite bande de terre enserrée entre l'Oronte et le lac d'Antioche. Lorsque les Franj attaquent à l'aube, les Alépins sont comme paralysés. En raison de l'exiguïté du terrain, tout mouvement leur est interdit. Les montures se cabrent, et ceux qui tombent sont piétinés par leurs frères avant qu'ils ne puissent se relever. Bien entendu, il n'est plus question d'appliquer les tactiques traditionnelles et de lancer contre l'ennemi des vagues successives de cavaliers-archers. Les hommes de Redwan sont acculés à un corps à corps où les chevaliers bardés d'armures acquièrent sans difficulté un avantage écrasant. C'est un véritable carnage. Le roi et son armée, poursuivis par les Franj, ne songent plus qu'à s'enfuir dans un désordre indescriptible.

Sous les murs d'Antioche, la bataille se déroule différemment. Dès les premières lueurs du jour, les défenseurs ont opéré une sortie massive qui a contraint les assiégeants à reculer. Les combats se montrent acharnés, et les soldats de Yaghi Siyan sont en excellente position. Un peu avant midi, ils ont commencé à investir le campement des Franj lorsque parviennent les nouvelles de la débâcle des Alépins. La mort dans l'âme, l'émir ordonne alors à ses hommes de réintégrer la cité. Leur repli est à peine achevé que les chevaliers qui ont écrasé Redwan reviennent, chargés de macabres trophées. Les habitants d'Antioche entendent bientôt d'immenses éclats de rire, quelques sifflements sourds, avant de voir atterrir, projetées par des catapultes, les têtes affreusement mutilées des Alépins. Un silence de mort s'est emparé de la ville.

Yaghi Siyan a beau distribuer autour de lui quelques phrases d'encouragement, il sent pour la première fois que l'étau se resserre autour de sa cité. Après la débâcle des deux frères ennemis, il n'a plus rien à attendre des princes de Syrie. Un seul recours lui reste : le gouverneur de Mossoul, le puissant émir Karbouka, qui a le désavantage de se trouver à plus de deux semaines de marche d'Antioche.

Mossoul, patrie de l'historien Ibn al-Athir, est la capitale de la « Jézira », la Mésopotamie, cette plaine fertile arrosée par les deux grands fleuves que sont le Tigre et l'Euphrate. C'est un centre politique, culturel et économique de première importance. Les Arabes vantent ses fruits succulents, ses pommes, ses poires, ses raisins et ses grenades. Le monde entier associe le nom de Mossoul au tissu fin qu'elle exporte, la « mousseline ». A l'arrivée des Franj, on exploite déjà sur les terres de l'émir Karbouka une autre richesse que le voyageur Ibn Jobair décrira avec émerveillement quelques dizaines d'années plus tard : les sources de naphte. Le précieux liquide brun qui fera un jour la fortune de cette partie du monde s'offre déjà aux yeux des passants :

> Nous traversons une localité appelée al-Qayyara (la bitumière), proche du Tigre. A droite du chemin qui mène à Mossoul, il y a une dépression de terre, noire comme si elle était sous un nuage. Dieu y fait jaillir des sources, grandes et petites, qui donnent du bitume. Parfois l'une d'elles en projette des morceaux, comme en un bouillonnement. On construit des bassins dans lesquels on le récolte. Autour de ces sources, il y a un étang noir à la surface duquel surnage une mousse noire légère qu'il rejette sur les bords et qui s'y coagule en bitume. Ce produit a l'apparence d'une boue très visqueuse, lisse, brillante, dégageant une odeur forte. Nous avons pu ainsi observer de nos propres yeux une merveille dont nous avions entendu parler et dont la description nous avait paru fort extraordinaire. Non loin de là, sur les bords du Tigre, il y a une autre grande source dont nous apercevons de loin la fumée. On nous dit qu'on y met le feu quand on veut en tirer le bitume. La flamme en consume les éléments liquides. On coupe alors le bitume en morceaux et on le transporte. Il est connu dans tous ces pays jusqu'en Syrie, à Acre et dans toutes les régions côtières. Allah crée ce qu'il veut. Qu'Il soit loué !

Les habitants de Mossoul attribuent au liquide brun des vertus curatives et ils viennent s'y plonger quand ils sont malades. Le bitume produit à partir du pétrole sert aussi dans le bâtiment, pour « cimenter » les briques. Grâce à son étanchéité, on l'utilise pour badigeonner les murs des hammams, où il prend l'aspect d'un marbre noir poli. Mais, comme on le verra, c'est dans le domaine militaire que le pétrole est le plus couramment employé.

Indépendamment de ces ressources prometteuses, Mossoul joue au début de l'invasion franque un rôle stratégique essentiel et, ses gouverneurs ayant acquis un droit de regard sur les affaires de Syrie, l'ambitieux Karbouka a l'intention de l'exercer. Pour lui, cet appel à l'aide de Yaghi Siyan est l'occasion rêvée d'étendre son influence. Sans hésiter, il promet de lever une grande armée. Désormais, Antioche ne vit plus que dans l'attente de Karbouka.

Cet homme providentiel est un ancien esclave, ce qui, pour les émirs turcs, n'a rien de dégradant. Les princes seldjoukides ont, en effet, pris l'habitude de désigner leurs esclaves les plus fidèles et les plus doués à des postes de responsabilité. Les chefs de l'armée, les gouverneurs des villes sont souvent des esclaves, des « mamelouks », et leur autorité est telle qu'ils n'ont pas même besoin d'être officiellement affranchis. Avant que ne s'achève l'occupation franque, tout l'Orient musulman sera dirigé par des sultans mamelouks. En 1098 déjà, les hommes les plus influents de Damas, du Caire et de plusieurs autres métropoles sont esclaves ou fils d'esclaves.

Karbouka est l'un des plus puissants. Cet officier autoritaire à la barbe grisonnante porte le titre turc d'atabek, littéralement « père du prince ». Dans l'empire seldjoukide, les membres de la famille régnante connaissent une mortalité abondante — combats, meurtres, exécutions — et ils laissent souvent des héritiers mineurs. Afin de préserver les intérêts de ces derniers, on leur désigne un tuteur qui, pour parfaire son rôle de père adoptif, épouse généralement la mère de son pupille. Ces atabeks deviennent, en toute logique, les véritables détenteurs du pouvoir, qu'ils transmettent souvent à leurs propres fils. Le prince légitime n'est plus alors qu'une marionnette entre leurs mains, parfois même un otage. Mais on respecte scrupuleusement les apparences. Ainsi les armées sont-elles « commandées » officiellement par des enfants de trois ou quatre ans qui ont « délégué » leur pouvoir à leur atabek.

C'est précisément à ce spectacle insolite qu'on assiste aux derniers jours d'avril 1098 quand près de trente mille hommes se rassemblent à la sortie de Mossoul. Le firman officiel y annonce que les vaillants combattants vont accomplir le jihad contre les infidèles sous les ordres d'un obscur rejeton seldjoukide qui, du fond de ses langes, a confié le commandement de l'armée à l'atabek Karbouka.

Selon l'historien Ibn al-Athir, qui passera sa vie au service des atabeks de Mossoul, *les Franj furent saisis de frayeur en entendant que l'armée de Karbouka se dirigeait vers Antioche, car ils étaient très affaiblis et leurs provisions étaient rares.* Les défenseurs, en revanche, reprennent espoir. Une fois de plus, ils s'apprêtent à opérer une sortie dès que les troupes musulmanes se seront approchées. Avec la même ténacité, Yaghi Siyan, efficacement secondé par son fils Chams ad-Dawla, vérifie les réserves de blé, inspecte les fortifications et encourage ses troupes en leur promettant la fin prochaine du siège « avec la permission de Dieu ».

Mais l'assurance qu'il affiche en public n'est que façade. Depuis quelques semaines, la situation s'est sensiblement dégradée. Le blocus de la cité est devenu beaucoup plus rigoureux, le ravitaillement plus difficile et, circonstance plus préoccupante encore, les renseignements sur le camp ennemi se font rares. Les Franj, qui se sont apparemment rendu compte que tout ce qu'ils disaient ou faisaient était rapporté à Yaghi Siyan, ont décidé de sévir. Les agents de l'émir les ont vus tuer un homme, le rôtir sur une broche et manger sa chair en criant tout haut que tout espion qui serait pris subirait le même sort. Terrorisés, les informateurs se sont enfuis et Yaghi Siyan ne sait plus grand-chose des assiégeants. En militaire avisé, il juge la situation extrêmement inquiétante.

Ce qui le rassure, c'est de savoir que Karbouka est en route. Vers la mi-mai, il devrait être là, avec ses dizaines de milliers de combattants. A Antioche, tout le monde guette cet instant. Chaque jour, des rumeurs circulent, propagées par des citadins qui prennent leurs souhaits pour la réalité. On chuchote, on court vers les remparts, les vieilles femmes interrogent maternellement quelques soldats imberbes. La réponse est toujours la même : non, les troupes de secours ne sont pas en vue, mais elles ne sauraient tarder.

En quittant Mossoul, la grande armée musulmane offre un spectacle éblouissant avec les innombrables scintillements de ses lances sous le soleil et ses bannières noires, emblème des Abbassides et des Seldjoukides, qui flottent au milieu d'une mer de cavaliers drapés de blanc. Le pas est soutenu, malgré la chaleur. A ce rythme, elle sera à Antioche en moins de deux semaines. Mais Karbouka est soucieux. Peu avant le départ, il a reçu des nouvelles alarmantes. Une troupe de Franj a réussi à s'emparer d'Edesse, l'ar-Rouha des Arabes; une grande ville arménienne située au nord de la route qui mène de Mossoul à Antioche. Et l'atabek ne peut s'empêcher de songer que lorsqu'il s'approchera de la cité assiégée les Franj d'Edesse seront derrière lui. Ne risque-t-il pas d'être pris en tenaille ? Aux premiers jours de mai, il réunit ses principaux émirs pour leur annoncer qu'il a décidé de modifier sa route. Il se dirigera d'abord vers le nord, réglera en quelques jours le problème d'Edesse, après quoi il pourra affronter sans risque les assiégeants d'Antioche. Certains protestent, lui rappelant le message angoissé de Yaghi Siyan. Mais Karbouka les fait taire. Quand sa décision est prise, il est têtu comme un bouc. Tandis que les émirs obéissent en maugréant, l'armée s'engage dans les sentiers montagneux qui mènent à Edesse.

De fait, la situation de la cité arménienne est préoccupante. Les rares musulmans qui ont pu la quitter ont transmis les nouvelles. Un chef franc nommé Baudouin est arrivé en février à la tête de plusieurs centaines de chevaliers et de plus de deux mille fantassins. C'est à lui que le maître de la ville, Thoros, un vieux prince

45

arménien, a fait appel pour renforcer la garnison de sa ville face aux attaques répétées des guerriers turcs. Mais Baudouin a refusé de n'être qu'un mercenaire. Il a exigé d'être désigné comme héritier légitime de Thoros. Et celui-ci, âgé et sans enfants, a accepté. Une cérémonie officielle d'adoption a eu lieu selon la coutume arménienne. Alors que Thoros était revêtu d'une robe blanche très large, Baudouin, nu jusqu'à la ceinture, est venu se glisser sous l'habit de son « père » pour coller son corps au sien. Puis ce fut le tour de la « mère », c'est-à-dire la femme de Thoros, contre laquelle, entre la robe et la chair nue, Baudouin est venu, là encore, se glisser, sous le regard amusé de l'assistance qui chuchotait que ce rite, conçu pour l'adoption des enfants, était quelque peu déplacé lorsque le « fils » est un grand chevalier poilu !

En imaginant la scène que l'on vient de leur rapporter, les soldats de l'armée musulmane rient haut et fort. Mais la suite du récit les fait frémir : quelques jours après la cérémonie, « père et mère » ont été lynchés par la foule à l'instigation du « fils » qui a assisté, impassible, à leur mise à mort, avant de se proclamer « comte » d'Edesse et de confier à ses compagnons francs tous les postes importants de l'armée et de l'administration.

Voyant ses appréhensions confirmées, Karbouka organise le siège de la ville. Mais ses émirs tentent à nouveau de l'en dissuader. Les trois mille soldats francs d'Edesse n'oseront jamais s'attaquer à l'armée musulmane, qui aligne des dizaines de milliers d'hommes; en revanche, ils sont amplement suffisants pour défendre la ville elle-même et le siège risque de se prolonger pendant des mois. Entre-temps, Yaghi Siyan, abandonné à son sort, pourrait céder à la pression des envahisseurs. L'atabek ne veut rien entendre. Et ce n'est qu'après avoir perdu trois semaines sous les murs d'Edesse qu'il reconnaît son erreur et reprend, à marches forcées, la route d'Antioche.

Dans la ville assiégée, l'espoir des premiers jours de mai a cédé la place au désarroi le plus total. Au palais comme dans la rue, on ne comprend pas pourquoi les troupes de Mossoul tardent tant. Yaghi Siyan est au désespoir.

La tension est à son paroxysme lorsque le 2 juin, peu avant le coucher du soleil, les sentinelles signalent que les Franj ont réuni toutes leurs forces et se dirigent vers le nord-est. Emirs et soldats n'ont qu'une explication : Karbouka est dans le voisinage, et les assiégeants vont à sa rencontre. En quelques minutes, le bouche à oreille a alerté maisons et remparts. La cité respire à nouveau. Dès demain, l'atabek dégagera la ville. Dès demain, le cauchemar prendra fin. La soirée est fraîche et humide. On passe de longues heures à discuter au seuil des maisons, toutes lumières éteintes. Enfin Antioche s'endort, épuisée mais confiante.

Quatre heures du matin : au sud de la ville, le bruit sourd d'une corde qui frotte contre la pierre. Un homme se penche du haut d'une grosse tour pentagonale et fait des signes de la main. Il n'a pas fermé l'œil de la nuit et sa barbe est ébouriffée. Il s'appelle Firouz, *un fabricant de cuirasses préposé à la défense des tours*, dira Ibn al-Athir. Musulman d'origine arménienne, Firouz a longtemps appartenu à l'entourage de Yaghi Siyan, mais celui-ci l'a dernièrement accusé de pratiquer le marché noir, lui infligeant une lourde amende. Cherchant à se venger, Firouz est entré en contact avec les assiégeants. Il contrôle, leur a-t-il dit, l'accès d'une fenêtre donnant sur la vallée, au sud de la ville, et il se montre prêt à les faire entrer. Mieux, pour leur prouver qu'il ne leur tend pas un piège, il leur a envoyé son propre fils en otage. De leur côté, les assiégeants lui ont promis de l'or et des terres. Le plan a été arrêté : on agira le 3 juin à l'aube. La veille, pour tromper la vigilance de la garnison, les assiégeants ont fait semblant de s'éloigner.

Quand l'accord fut conclu entre les Franj et ce maudit fabricant de cuirasses, *racontera Ibn al-Athir*, ils grimpèrent vers cette petite fenêtre, l'ouvrirent et firent monter beaucoup d'hommes à l'aide de cordes. Quand ils furent plus de cinq cents, ils se mirent à sonner de la trompette à l'aube, alors que les défenseurs étaient épuisés par leur longue veillée. Yaghi Siyan se leva et demanda ce qui se passait. On lui répondit que le son des trompettes venait de la citadelle qui avait sûrement été prise.

Les bruits viennent de la tour des Deux-Sœurs. Mais Yaghi Siyan ne prend pas la peine de vérifier. Il croit que tout est perdu. Cédant à l'épouvante, il ordonne d'ouvrir l'une des portes de la ville et, accompagné de quelques gardes, s'enfuit. Hagard, il s'en va chevaucher ainsi pendant des heures, incapable de reprendre ses esprits. Après deux cents jours de résistance, le maître d'Antioche s'est effondré. Tout en lui reprochant sa faiblesse, Ibn al-Athir évoquera sa fin avec émotion.

Il se mit à pleurer pour avoir abandonné sa famille, ses fils et les musulmans et, de douleur, il tomba de cheval sans connaissance. Ses compagnons essayèrent de le remettre en selle, mais il ne tenait plus debout. Il était mourant. Ils le laissèrent donc et s'éloignèrent. Un bûcheron arménien qui passait par là le reconnut. Il lui coupa la tête et la porta aux Franj à Antioche.

La ville elle-même est à feu et à sang. Hommes, femmes et enfants tentent de s'enfuir à travers les ruelles boueuses, mais les chevaliers les rattrapent sans peine et les égorgent sur place. Peu à peu, les cris d'horreur des derniers survivants s'étouffent, bientôt remplacés par les voix fausses de quelques pillards francs déjà ivres. La fumée monte des nombreuses maisons incendiées. A midi, un voile de deuil enveloppe la ville.

Au milieu de cette folie sanguinaire du 3 juin 1098, un seul homme a su garder la tête froide. C'est l'infatigable Chams ad-Dawla. Aussitôt la cité envahie, le fils de Yaghi Siyan s'est barricadé avec un groupe de combattants dans la citadelle. Les Franj tentent à plusieurs reprises de l'en déloger, mais ils sont chaque fois repoussés, non sans avoir subi de lourdes pertes. Le plus grand des chefs francs, Bohémond, un géant aux longs cheveux blonds, est lui-même blessé au cours de l'une de ces attaques. Instruit par sa mésaventure, il envoie un message à Chams pour lui proposer de quitter la citadelle en échange d'un sauf-conduit. Mais le jeune émir refuse avec hauteur. Antioche est le fief dont il a toujours pensé hériter un jour : il se battra jusqu'à son dernier souffle. Ni les provisions ni les flèches acérées ne lui font défaut. Trônant majestueusement au sommet du mont Habib-an-Najjar, la citadelle peut défier les Franj pendant des mois. Ceux-ci perdraient des milliers d'hommes s'ils s'obstinaient à en escalader les murailles.

La détermination des derniers résistants s'avère payante. Les chevaliers renoncent à attaquer la citadelle, se contentant de l'entourer d'un cordon de sécurité. Et c'est par les hurlements de joie de Chams et de ses compagnons qu'ils apprennent, trois jours après la chute d'Antioche, que l'armée de Karbouka est à l'horizon. Pour Chams et sa poignée d'irréductibles, l'apparition des cavaliers de l'islam a quelque chose d'irréel. Ils se frottent les yeux, ils pleurent, ils prient, ils s'embrassent. Les cris d' « Allahou Akbar ! » (« Dieu est grand ! ») parviennent à la citadelle en un grondement ininterrompu. Les Franj se terrent derrière les murs d'Antioche. D'assiégeants, ils sont devenus des assiégés.

Chams est heureux, mais sur un fond d'amertume. Dès que les premiers émirs de l'expédition de secours l'ont rejoint dans son réduit, il les harcèle de mille questions. Pourquoi venir si tard ? Pourquoi avoir laissé aux Franj le temps d'occuper Antioche et de massacrer ses habitants ? A son grand étonnement, tous ses interlocuteurs, loin de justifier l'attitude de leur armée, accusent Karbouka de tous les maux; Karbouka l'arrogant, le prétentieux, l'incapable, le lâche.

Il ne s'agit pas seulement d'antipathies personnelles, mais d'une véritable conspiration dont l'instigateur n'est autre que le roi Doukak, de Damas, qui a rejoint les troupes de Mossoul dès leur entrée en Syrie. L'armée musulmane n'est décidément pas une force homogène, mais une coalition de princes aux intérêts souvent contradictoires. Les ambitions territoriales de l'atabek ne sont un secret pour personne, et Doukak n'a eu aucune difficulté à convaincre ses pairs que leur véritable ennemi est Karbouka lui-même. S'il sort vic-

49

torieux de la bataille contre les infidèles, il s'érigera en sauveur et aucune ville de Syrie ne pourra alors échapper à son autorité. Si, en revanche, Karbouka est battu, le danger qui pèse sur les villes syriennes sera écarté. Face à cette menace, le péril franc est un moindre mal. Que les Roum veuillent, avec l'aide de leurs mercenaires, reprendre leur ville d'Antioche, il n'y a là rien de dramatique, à partir du moment où il reste impensable que les Franj créent leurs propres Etats en Syrie. Comme le dira Ibn al-Athir, « l'atabek indisposa tellement les musulmans par sa prétention qu'ils décidèrent de le trahir au moment le plus décisif de la bataille ».

Cette superbe armée n'est donc qu'un colosse aux pieds d'argile, prêt à s'écrouler à la première chiquenaude ! Prêt à oublier qu'on a décidé l'abandon d'Antioche, Chams tente encore de triompher de toutes ces mesquineries. L'heure, lui semble-t-il, n'est pas aux règlements de comptes. Ses espoirs seront de courte durée. Dès le lendemain de son arrivée, Karbouka le convoque pour lui signifier que le commandement de la citadelle lui est retiré. Chams s'indigne. Ne s'est-il pas battu comme un brave ? N'a-t-il pas tenu tête à tous les chevaliers francs ? N'est-il pas l'héritier du maître d'Antioche ? L'atabek refuse toute discussion. C'est lui le chef, et il exige qu'on lui obéisse.

Le fils de Yaghi Siyan est maintenant convaincu que l'armée musulmane, malgré sa dimension imposante, est incapable de vaincre. Sa seule consolation est de savoir que la situation dans le camp ennemi n'est guère meilleure. Selon Ibn al-Athir, « après avoir conquis Antioche, les Franj sont restés douze jours sans rien manger. Les nobles se nourrissaient de leurs montures et les pauvres de charognes et de feuilles ». Les Franj ont connu d'autres famines ces derniers mois, mais ils se savaient alors libres d'aller razzier les environs pour rapporter quelques provisions. Leur nouvelle condition d'assiégés le leur interdit. Et les réserves de Yaghi Siyan, sur lesquelles ils comptaient, sont pratiquement épuisées. Les désertions reprennent de plus belle.

Entre ces deux armées épuisées, démoralisées, qui

s'affrontent en juin 1098 autour d'Antioche, le ciel ne semblait savoir vers laquelle pencher, lorsqu'un événement extraordinaire vint forcer la décision. Les Occidentaux crieront au miracle, mais le récit qu'en fera Ibn al-Athir ne laisse aucune place au merveilleux.

Parmi les Franj il y avait Bohémond, leur chef à tous, mais il y avait aussi un moine extrêmement rusé qui leur assura qu'une lance du Messie, paix soit sur Lui, était enterrée dans le Koussyan, un grand édifice d'Antioche. Il leur dit : « Si vous la trouvez, vous vaincrez; sinon, c'est la mort certaine. » Auparavant, il avait enterré une lance dans le sol du Koussyan et effacé toutes les traces. Il leur ordonna de jeûner et de faire pénitence pendant trois jours; le quatrième, il les fit entrer dans l'édifice avec leurs valets et leurs ouvriers, qui creusèrent partout et trouvèrent la lance. Alors le moine s'écria : « Réjouissez-vous, car la victoire est certaine! » Le cinquième jour, ils sortirent par la porte de la ville en petits groupes de cinq ou six. Les musulmans dirent à Karbouka : « Nous devrions nous mettre près de la porte et abattre tous ceux qui sortent. C'est facile puisqu'ils sont dispersés! » Mais il répondit : « Non! Attendez qu'ils soient tous dehors et nous les tuerons jusqu'au dernier! »

Le calcul de l'atabek est moins absurde qu'il n'en a l'air. Avec des troupes aussi indisciplinées, avec des émirs qui attendent la première occasion pour déserter, il ne peut prolonger le siège. Si les Franj veulent engager la bataille, il ne faut pas les effrayer par une attaque trop massive, au risque de les voir réintégrer la cité. Ce que Karbouka n'a pas prévu, c'est que sa décision de temporiser va être immédiatement exploitée par ceux qui cherchent sa perte. Pendant que les Franj poursuivent leur déploiement, les désertions commencent dans le camp musulman. On s'accuse de lâcheté et de trahison. Sentant que le contrôle de ses troupes lui échappe et qu'il a sans doute sous-estimé les effectifs des assiégés, Karbouka sollicite de ces derniers une trêve. C'est achever de se déconsidérer aux yeux des siens et ne faire que renforcer l'assurance de ses ennemis : les Franj chargent sans même répondre à son offre, le forçant à son tour à lâcher sur eux une vague de cavaliers-archers. Mais déjà Doukak et la plupart des émirs s'éloignent tranquillement avec leurs troupes. Se voyant de plus en plus isolé, l'atabek ordonne une retraite générale qui dégénère immédiatement en déroute.

La puissante armée musulmane s'est ainsi désintégrée « sans avoir donné un coup d'épée ou de lance, ni tiré une flèche ». L'historien de Mossoul exagère à peine. « Les Franj eux-mêmes craignaient une ruse, car il n'y avait pas encore eu de combat qui justifie une telle fuite. Aussi préférèrent-ils renoncer à poursuivre les musulmans ! » Karbouka peut ainsi regagner Mossoul sain et sauf avec les lambeaux de ses troupes. Toutes ses ambitions se sont à jamais dissipées devant Antioche, la ville qu'il s'était juré de sauver est maintenant solidement tenue par les Franj. Et pour fort longtemps.

Mais le plus grave après cette journée de la honte, c'est qu'il n'y a plus en Syrie aucune force capable d'enrayer l'avance des envahisseurs.

CHAPITRE III

LES CANNIBALES DE MAARA

Je ne sais pas si c'est un pâturage de bêtes sauvages ou ma maison, ma demeure natale !

Ce cri d'affliction d'un poète anonyme de Maara n'est pas une simple figure de style. Nous sommes malheureusement tenus de prendre ses mots au pied de la lettre et de nous demander avec lui : que s'est-il donc passé de si monstrueux dans la ville syrienne de Maara en cette fin d'année 1098 ?

Jusqu'à l'arrivée des Franj, les habitants vivaient paisiblement à l'abri de leur muraille circulaire. Leurs vignobles, comme leurs champs d'oliviers et de figuiers, leur procuraient une modeste prospérité. Quant aux affaires de leur cité, elles étaient gérées par de braves notables locaux sans grande ambition, sous la suzeraineté nominale de Redwan d'Alep. La fierté de Maara, c'était d'être la patrie de l'une des plus grandes figures de la littérature arabe, Aboul-Ala al-Maari, mort en 1057. Ce poète aveugle, libre penseur, avait osé s'en prendre aux mœurs de son époque, sans égard pour les interdits. Il fallait de l'audace pour écrire :

Les habitants de la terre se divisent en deux,
Ceux qui ont un cerveau, mais pas de religion,
Et ceux qui ont une religion, mais pas de cerveau.

Quarante ans après sa mort, un fanatisme venu de loin allait donner apparemment raison au fils de Maara, tant pour son irréligion que pour son pessimisme légendaire :

Le destin nous démolit comme si nous étions de verre,
Et nos débris ne se ressoudent plus jamais.

Sa ville sera, en effet, réduite à un amas de ruines, et cette méfiance que le poète avait si souvent exprimée à l'égard de ses semblables trouvera là sa plus cruelle illustration.

Dans les premiers mois de 1098, les habitants de Maara ont suivi avec inquiétude la bataille d'Antioche qui se déroulait à trois jours de marche au nord-ouest de chez eux. Puis, après leur victoire, les Franj sont venus razzier quelques villages voisins et Maara a été épargnée, mais certaines de ses familles ont préféré la quitter pour des lieux plus sûrs, Alep, Homs ou Hama. Leurs craintes s'avèrent justifiées lorsque, vers la fin de novembre, des milliers de guerriers francs viennent encercler la ville. Si quelques citadins parviennent encore à s'enfuir, la plupart sont pris au piège. Maara n'a pas d'armée, mais une simple milice urbaine que rejoignent rapidement quelques centaines de jeunes gens sans expérience militaire. Pendant deux semaines, ils résistent courageusement aux redoutables chevaliers, allant même jusqu'à jeter sur les assiégeants, du haut des murailles, des ruches remplies d'abeilles.

En les voyant si tenaces, *racontera Ibn al-Athir*, les Franj construisirent une tour de bois qui arrivait à la hauteur des remparts. Certains musulmans, saisis de frayeur et démoralisés, se dirent qu'ils pourraient mieux se défendre en se fortifiant dans les édifices les plus élevés de la ville. Ils quittèrent donc les murs, dégarnissant ainsi les postes qu'ils tenaient. D'autres suivirent leur exemple et un autre point de l'enceinte fut abandonné. Bientôt toute la muraille resta sans défenseurs. Les Franj grimpèrent avec des échelles et, quand les musulmans les virent au sommet de l'enceinte, ils perdirent courage.

Arrive le soir du 11 décembre. Il fait très sombre et les Franj n'osent pas encore pénétrer dans la cité. Les notables de Maara entrent en contact avec Bohémond, le nouveau maître d'Antioche, qui se trouve à la tête des assaillants. Le chef franc promet aux habitants la vie sauve s'ils cessent le combat et se retirent de certains bâtiments. S'accrochant désespérément à sa parole, les familles se regroupent dans les maisons et les caves de la ville et, toute la nuit, attendent en tremblant.

A l'aube, les Franj arrivent : c'est le carnage. *Pendant trois jours, ils passèrent les gens au fil de l'épée, tuant plus de cent mille personnes et faisant beaucoup de prisonniers.* Les chiffres d'Ibn al-Athir sont évidemment fantaisistes, car la population de la cité à la veille de sa chute était probablement inférieure à dix mille habitants. Mais l'horreur ici réside moins dans le nombre des victimes que dans le sort à peine imaginable qui leur a été réservé.

A Maara, les nôtres faisaient bouillir des païens adultes dans les marmites, ils fixaient les enfants sur des broches et les dévoraient grillés. Cet aveu du chroniqueur franc Raoul de Caen, les habitants des localités proches de Maara ne le liront pas, mais jusqu'à la fin de leur vie ils se rappelleront ce qu'ils ont vu et entendu. Car le souvenir de ces atrocités, propagé par les poètes locaux ainsi que par la tradition orale, fixera dans les esprits une image des Franj difficile à effacer. Le chroniqueur Oussama Ibn Mounqidh, né trois ans avant ces événements dans la ville voisine de Chayzar, écrira un jour :

> Tous ceux qui se sont renseignés sur les Franj ont vu en eux des bêtes qui ont la supériorité du courage et de l'ardeur au combat, mais aucune autre, de même que les animaux ont la supériorité de la force et de l'agression.

Un jugement sans complaisance qui résume bien l'impression produite par les Franj à leur arrivée en Syrie : un mélange de crainte et de mépris, bien compréhensible de la part d'une nation arabe très supérieure par la culture, mais qui a perdu toute combativité. Jamais les Turcs n'oublieront le cannibalisme des Occidentaux. A travers toute leur littérature épique, les Franj seront invariablement décrits comme des anthropophages.

Cette vision des Franj est-elle injuste ? Les envahisseurs occidentaux ont-ils dévoré les habitants de la ville martyre dans le seul but de survivre ? Leurs chefs l'affirmeront l'année suivante dans une lettre officielle au pape : *Une terrible famine assaillit l'armée à Maara et la mit dans la cruelle nécessité de se nourrir des cadavres des Sarrasins.* Mais cela semble bien vite dit. Car les habitants de la région de Maara assistent, durant ce sinistre hiver, à des comportements que la faim ne suffit pas à expliquer. Ils voient, en effet, des bandes de Franj fanatisés, les Tafurs, qui se répandent dans les campagnes en clamant tout haut qu'ils veulent croquer la chair des Sarrasins, et qui se rassemblent le soir autour du feu pour dévorer leurs proies. Cannibales par nécessité ? Cannibales par fanatisme ? Tout cela paraît irréel, et pourtant les témoignages sont accablants, aussi bien par les faits qu'ils décrivent que par l'atmosphère morbide qu'on y ressent. A cet égard, une phrase du chroniqueur franc Albert d'Aix, qui a participé personnellement à la bataille de Maara, reste inégalable dans l'horreur : *Les nôtres ne répugnaient pas à manger non seulement les Turcs et les Sarrasins tués mais aussi les chiens !*

Le supplice de la ville d'Aboul-Ala ne prendra fin que le 13 janvier 1099, lorsque des centaines de Franj armés de torches parcourront les ruelles, mettant le feu à chaque maison. Déjà, l'enceinte aura été démolie pierre par pierre.

L'épisode de Maara va contribuer à creuser entre les Arabes et les Franj un fossé que plusieurs siècles ne suffiront pas à combler. Dans l'immédiat, toutefois, les populations, paralysées par la terreur, ne résistent plus, à moins d'y être acculées. Et lorsque les envahisseurs, ne laissant derrière eux que des ruines fumantes, reprennent leur marche vers le sud, les émirs syriens s'empressent de leur envoyer des émissaires chargés de

56

présents pour les assurer de leur bonne volonté, leur proposer toute l'aide dont ils auraient besoin.

Le premier est Soultan Ibn Mounqidh, oncle du chroniqueur Oussama, qui règne sur le petit émirat de Chayzar. Les Franj atteignent son territoire le lendemain même de leur départ de Maara. Ils ont à leur tête Saint-Gilles, l'un de leurs chefs les plus souvent cités par les chroniques arabes. L'émir lui ayant dépêché une ambassade, un accord est rapidement conclu : non seulement Soultan s'engage à approvisionner les Franj, mais il les autorise à venir acheter des chevaux au marché de Chayzar et il leur fournira des guides pour leur permettre de traverser sans encombre le reste de la Syrie.

La région n'ignore plus rien de la progression des Franj, on connaît désormais leur itinéraire. Ne clament-ils pas tout haut que leur objectif ultime est Jérusalem, où ils veulent prendre possession du tombeau de Jésus ? Tous ceux qui se trouvent sur la route de la ville sainte tentent de se prémunir contre le fléau qu'ils représentent. Les plus pauvres se cachent dans les bois avoisinants, pourtant hantés par les fauves, lions, loups, ours et hyènes. Ceux qui en ont les moyens émigrent vers l'intérieur du pays. D'autres se réfugient dans la forteresse la plus proche. C'est cette dernière solution qu'ont choisie les paysans de la riche plaine de la Boukaya quand, durant la dernière semaine de janvier 1099, leur est signalée à proximité la présence de troupes franques. Rassemblant leur bétail et leurs réserves d'huile et de blé, ils montent vers Hosn-el-Akrad, « la citadelle des Kurdes », qui, du haut d'un piton à l'accès difficile, domine toute la plaine jusqu'à la Méditerranée. Bien que la forteresse soit depuis longtemps désaffectée, ses murailles sont solides, et les paysans espèrent y être à l'abri. Mais les Franj, toujours à court de provisions, viennent les assiéger. Le 28 janvier, leurs guerriers commencent à escalader les murs de Hosn-el-Akrad. Se sentant perdus, les paysans imaginent un stratagème. Ils ouvrent subitement les portes de la citadelle et laissent échapper une partie de leurs troupeaux. Oubliant le combat, tous les Franj se ruent sur les bêtes pour s'en emparer. Dans leurs rangs la pagaille est telle que les défenseurs, enhardis, opèrent une sortie et atteignent la tente de Saint-Gilles, où le chef franc, abandonné de ses gardes qui veulent eux aussi leur part du bétail, échappe de justesse à la capture.

Nos paysans ne sont pas peu satisfaits de leur exploit. Mais ils savent que les assiégeants vont revenir se venger. Le lendemain, quand Saint-Gilles lance ses hommes à l'assaut des murailles, ils ne se montrent pas. Les attaquants se demandent quelle nouvelle ruse les paysans ont inventée. C'est en fait la plus sage de toutes : ils ont profité de la nuit pour sortir sans bruit et disparaître au loin. C'est à l'emplacement de Hosn-el-Akrad que, quarante ans plus tard, les Franj construiront l'une de leurs forteresses les plus redoutables. Le nom changera peu : « Akrad » sera déformé par « Krat » puis en « Krak ». Le « Krak des chevaliers », avec sa silhouette imposante, domine encore, au XXᵉ siècle, la plaine de la Boukaya.

En février 1099, la citadelle devient, pour quelques jours, le quartier général des Franj. On y assiste à un spectacle déconcertant. De toutes les villes voisines, et même de certains villages, des délégations arrivent, traînant derrière elles des mulets chargés d'or, de draperies, de provisions. Le morcellement politique de la Syrie est tel que le plus petit bourg se comporte comme un émirat indépendant. Chacun sait qu'il ne peut compter que sur ses propres forces pour se défendre et traiter avec les envahisseurs. Aucun prince, aucun cadi, aucun notable ne peut esquisser le moindre geste de résistance sans mettre l'ensemble de sa communauté en danger. On laisse donc ses sentiments patriotiques de côté, pour venir, avec un sourire forcé, présenter cadeaux et hommages. *Le bras que tu ne peux pas casser, embrasse-le et prie Dieu pour qu'il le casse,* dit un proverbe local.

C'est cette sagesse de la résignation qui va dicter la conduite de l'émir Janah ad-Dawla, maître de la ville de Homs. Ce guerrier réputé pour sa bravoure était, il y a sept mois à peine, le plus fidèle allié de l'atabek Karbouka. Ibn al-Athir précise que *Janah ad-Dawla a été le dernier à s'enfuir* devant Antioche. Mais l'heure n'est plus au zèle guerrier ou religieux, et l'émir se montre particulièrement attentionné à l'égard de Saint-Gilles, lui offrant, en plus des présents habituels, un grand nombre de chevaux, car, précisent les ambassadeurs de Homs sur un ton doucereux, Janah ad-Dawla a appris que les chevaliers en manquaient.

De toutes les délégations qui défilent dans les immenses pièces sans meubles de Hosn-el-Akrad, la plus généreuse est celle de Tripoli. En sortant un à un les splendides bijoux fabriqués par les artisans juifs de la cité, ses ambassadeurs souhaitent aux Franj la bienvenue au nom du prince le plus respecté de la côte syrienne, le cadi Jalal el-Moulk. Celui-ci appartient à la famille des Banou Ammar qui a fait de Tripoli le joyau de l'Orient arabe. Il ne s'agit nullement d'un de ces innombrables clans militaires qui se sont taillé des fiefs par la seule force des armes, mais d'une dynastie de lettrés, ayant pour fondateur un magistrat, un cadi, titre que les souverains de la cité ont conservé.

A l'approche des Franj, Tripoli et sa région connaissent, grâce à la sagesse des cadis, un âge de paix et de prospérité que leurs voisins leur envient. La fierté des citadins, c'est leur immense « maison de la culture », Dar-el-Ilm, qui renferme une bibliothèque de cent mille volumes, l'une des plus importantes de ce temps. La ville est entourée de champs d'oliviers, de caroubiers, de canne à sucre, de fruits de toutes sortes aux récoltes abondantes. Son port connaît un trafic animé.

C'est précisément cette opulence qui va valoir à la cité ses premiers ennuis avec les envahisseurs. Dans le message qu'il fait parvenir à Hosn-el-Akrad, Jalal el-Moulk invite Saint-Gilles à envoyer une délégation à Tripoli pour négocier une alliance. Erreur impardonnable. Les émissaires francs sont en effet si émerveillés par les jardins, les palais, le port et le souk des orfèvres qu'ils n'écoutent plus les propositions du cadi. Déjà ils songent à tout ce qu'ils pourraient piller s'ils s'emparaient de la ville. Et il semble bien qu'en revenant chez leur chef ils aient tout fait pour attiser sa convoitise.

Jalal el-Moulk, qui attend naïvement la réponse de Saint-Gilles à son offre d'alliance, n'est pas peu surpris d'apprendre que les Franj ont mis le siège, le 14 février, devant Arqa, seconde ville de la principauté de Tripoli. Déçu, il l'est, mais surtout terrifié, convaincu que l'opération menée par les envahisseurs n'est qu'un premier pas vers la conquête de sa capitale. Comment s'empêcher alors de songer au sort d'Antioche ? Jalal el-Moulk se voit déjà à la place du malheureux Yaghi Siyan, chevauchant honteusement vers la mort ou vers l'oubli. A Tripoli, on accumule des réserves en prévision d'un long siège. Les habitants se demandent avec angoisse combien de temps les envahisseurs seront retenus devant Arqa. Chaque jour qui passe est un sursis inespéré.

Février s'écoule, puis mars et avril. Comme tous les ans, les senteurs des vergers fleuris enveloppent Tripoli. Il y fait d'autant plus beau que les nouvelles sont réconfortantes : les Franj n'ont toujours pas réussi à prendre Arqa dont les défenseurs ne sont pas moins étonnés que les assiégeants. Il est vrai que les remparts sont solides, mais pas plus que ceux d'autres villes, plus importantes, dont les Franj ont pu s'emparer. Ce qui fait la force d'Arqa c'est que ses habitants ont été convaincus, dès le premier instant de la bataille, que, si une seule brèche était ouverte, ils seraient tous égorgés comme l'avaient été leurs frères de Maara ou d'Antioche. Jour et nuit ils veillent, repoussant toutes les attaques, empêchant la moindre infiltration. Les envahisseurs finissent par se lasser. Les bruits de leurs disputes arrivent jusqu'à la ville assiégée. Le 13 mai 1099, ils lèvent enfin leur camp et s'éloignent la tête basse. Après trois mois de lutte épuisante, la ténacité des résistants a été récompensée. Arqa exulte.

Les Franj ont repris leur marche vers le sud. Ils passent devant Tripoli avec une lenteur inquiétante. Jalal el-Moulk, qui les sait irrités, s'empresse de leur transmettre ses meilleurs vœux pour la continuation de leur voyage. Il prend soin d'y joindre des vivres, de l'or, quelques chevaux ainsi que des guides qui leur feront traverser l'étroite route côtière menant jusqu'à Beyrouth. Aux éclaireurs tripolitains s'ajoutent bientôt des chrétiens maronites de la montagne libanaise qui, à l'instar des émirs musulmans, viennent proposer leur concours aux guerriers occidentaux.

Sans plus s'en prendre aux possessions des Banou Ammar, tel Jbeil, l'antique Byblos, les envahisseurs atteignent Nahr-el-Kalb, le « Fleuve du chien ».

En le franchissant, ils se mettent en état de guerre avec le califat fatimide d'Egypte.

L'homme fort du Caire, le puissant et corpulent vizir al-Afdal Chahinchah, n'avait pas caché sa satisfaction lorsque les émissaires d'Alexis Comnène étaient venus lui annoncer, en avril 1097, l'arrivée massive des chevaliers francs à Constantinople et le début de leur offensive en Asie Mineure. Al-Afdal, « le Meilleur », un ancien esclave de trente-cinq ans qui dirige sans partage une nation égyptienne de sept millions d'habitants, avait transmis à l'empereur ses vœux de succès et demandé à être informé, en tant qu'ami, des progrès de l'expédition.

Certains disent que, lorsque les maîtres de l'Egypte virent l'expansion de l'empire seldjoukide, ils furent pris de peur et demandèrent aux Franj de marcher sur la Syrie et d'établir un tampon entre eux et les musulmans. Dieu seul connaît la vérité.

Cette singulière explication émise par Ibn al-Athir sur l'origine de l'invasion franque en dit long sur la division qui règne au sein du monde islamique entre les sunnites, qui se réclament du califat abbasside de Baghdad, et les chiites, qui se reconnaissent dans le califat fatimide du Caire. Le schisme, qui date du VIIᵉ siècle et d'un conflit au sein de la famille du Prophète, n'a jamais cessé de provoquer des luttes acharnées chez les musulmans. Même pour les hommes d'Etat comme Saladin, la lutte contre les chiites semblera au moins aussi importante que la guerre contre les Franj. Les « hérétiques » sont régulièrement accusés de tous les maux qui frappent l'islam, et il n'est pas étonnant que l'invasion franque soit elle-même attribuée à leurs manigances. Cela dit, si l'appel des Fatimides aux Franj est purement imaginaire, la joie des dirigeants du Caire à l'arrivée des guerriers occidentaux est réelle.

A la chute de Nicée, le vizir al-Afdal a chaleureusement félicité le basileus, et trois mois avant que les envahisseurs ne s'emparent d'Antioche, une délégation égyptienne chargée de présents a visité le camp des Franj pour leur souhaiter une victoire prochaine et leur proposer une alliance. Militaire d'origine arménienne, le maître du Caire n'a aucune sympathie pour les Turcs, et ses sentiments personnels rejoignent en cela les intérêts de l'Egypte. Depuis le milieu du siècle, les progrès des Seldjoukides ont rogné le territoire du califat fatimide en même temps que celui de l'empire byzantin. Pendant que les Roum voyaient Antioche et l'Asie Mineure échapper à leur contrôle, les Egyptiens perdaient Damas et Jérusalem qui leur avaient appartenu pendant un siècle. Entre Le Caire et Constantinople, ainsi qu'entre al-Afdal et Alexis, une solide amitié s'est établie. On se consulte régulièrement, on échange des renseignements, on élabore des projets communs. Peu avant l'arrivée des Franj, les deux hommes ont constaté avec satisfaction que l'empire seldjoukide était miné par des querelles internes. Aussi bien en Asie Mineure qu'en Syrie, de nombreux petits Etats rivaux se sont installés. L'heure de la revanche contre les Turcs aurait-elle sonné? N'est-ce pas le moment pour les Egyptiens comme pour les Roum de récupérer leurs possessions perdues? Al-Afdal rêve d'une opération concertée des deux puissances alliées, et lorsqu'il apprend que le basileus a reçu des pays des Franj un grand renfort de troupes il sent la revanche à portée de main.

La délégation qu'il a envoyée aux assiégeants d'Antioche ne parlait pas de traité de non-agression. Pour le vizir, cela allait de soi. Ce qu'il proposait aux Franj, c'était un partage en bonne et due forme : à eux la Syrie du Nord, à lui la Syrie du Sud, c'est-à-dire la

Palestine, Damas et les villes de la côte jusqu'à Beyrouth. Il tenait à présenter son offre le plus tôt possible, à un moment où les Franj n'étaient pas sûrs encore de prendre Antioche. Sa conviction était qu'ils allaient s'empresser d'accepter.

Curieusement, leur réponse avait été évasive. Ils demandaient des explications, des précisions, notamment sur le sort futur de Jérusalem. Ils se montraient amicaux, certes, à l'égard des diplomates égyptiens, allant même jusqu'à leur offrir en spectacle les têtes coupées de trois cents Turcs tués près d'Antioche. Mais ils refusaient de conclure quelque accord. Al-Afdal ne comprend pas. Sa proposition n'était-elle pas réaliste, et même généreuse ? Les Roum et leurs auxiliaires francs auraient-ils sérieusement l'intention de s'emparer de Jérusalem comme ses envoyés en avaient eu l'impression ? Alexis lui aurait-il menti ?

L'homme fort du Caire hésitait encore sur la politique à suivre, lorsqu'en juin 1098 la nouvelle de la chute d'Antioche lui parvint, suivie, à moins de trois semaines d'intervalle, de celle de la défaite humiliante de Karbouka. Le vizir est alors décidé à agir immédiatement pour prendre de vitesse adversaires et alliés. *En juillet*, rapporte Ibn al-Qalanissi, *on annonça que le généralissime, émir des armées, al-Afdal avait quitté l'Egypte à la tête d'une armée nombreuse et avait mis le siège devant Jérusalem, où se trouvaient les émirs Sokman et Ilghazi, fils d'Ortok. Il attaqua la ville et mit en batterie des mangonneaux.* Les deux frères turcs qui dirigeaient Jérusalem venaient tout juste d'arriver du nord, où ils avaient participé à la malheureuse expédition de Karbouka. Au bout de quarante jours de siège, la ville avait capitulé. *Al-Afdal traita généreusement les deux émirs et les mit en liberté, eux et leur suite.*

Pendant plusieurs mois, les événements semblèrent donner raison au maître du Caire. Tout se passait en effet comme si les Franj, mis devant le fait accompli, avaient renoncé à aller plus loin. Les poètes de la cour fatimide ne trouvaient plus de mots suffisamment élogieux pour célébrer l'exploit de l'homme d'Etat qui avait arraché la Palestine aux « hérétiques » sunnites. Mais lorsqu'en janvier 1099 les Franj reprennent résolument leur marche vers le sud, al-Afdal s'inquiète.

Il dépêche l'un de ses hommes de confiance à Constantinople pour consulter Alexis, qui lui fait alors, dans une lettre célèbre, l'aveu le plus bouleversant qui soit : le basileus n'exerce plus aucun contrôle sur les Franj. Aussi incroyable que cela puisse paraître, ces gens-là agissent pour leur propre compte, ils cherchent à établir leurs propres Etats, refusant de rendre Antioche à l'empire, contrairement à ce qu'ils avaient juré de faire, et semblent résolus à prendre Jérusalem par tous les moyens. Le pape les a appelés à la guerre sainte pour s'emparer du tombeau du Christ, et rien ne pourra les détourner de leur objectif. Alexis ajoute que, pour sa part, il désavoue leur action et s'en tient strictement à son alliance avec Le Caire.

Malgré cette dernière précision, al-Afdal a l'impression d'être pris dans un engrenage mortel. Etant lui-même d'origine chrétienne, il n'a aucun mal à comprendre que les Franj, qui ont la foi ardente et naïve, soient déterminés à aller jusqu'au bout de leur pèlerinage armé. Il regrette maintenant de s'être lancé dans son aventure palestinienne. N'aurait-il pas mieux valu laisser les Franj et les Turcs se battre pour Jérusalem au lieu de se mettre lui-même, gratuitement, en travers de la route de ces chevaliers aussi courageux que fanatiques ?

Sachant qu'il lui faut plusieurs mois pour lever une armée capable d'affronter les Franj, il écrit à Alexis, le conjurant de faire tout ce qui serait en son pouvoir pour ralentir la marche des envahisseurs. De fait, le basileus leur envoie, en avril 1099, pendant le siège d'Arqa, un message leur demandant de retarder leur départ vers la Palestine, car, prétexte-t-il, il va bientôt arriver en personne pour se joindre à eux. De son côté, le maître du Caire fait parvenir aux Franj de nouvelles propositions d'accord. Outre le partage de la Syrie, il précise sa politique à l'égard de la Ville sainte : une liberté du culte strictement respectée et la possibilité pour les pèlerins de s'y rendre chaque fois qu'ils le désireront, à condition, bien entendu, d'y aller en petits groupes et sans armes. La réponse des Franj est cinglante : « Nous irons à Jérusalem tous ensemble, en ordre de combat, les lances levées ! »

C'est une déclaration de guerre. Le 19 mai 1099, joignant l'acte à la parole, les envahisseurs franchissent sans hésiter Nahr-el-Kalb, la limite nord du domaine fatimide.

Mais le « Fleuve du chien » est une frontière fictive, car al-Afdal s'est borné à renforcer la garnison de Jérusalem, abandonnant à leur sort les possessions égyptiennes du littoral. Aussi, toutes les villes côtières, à une exception près, s'empressent-elles de pactiser avec l'envahisseur.

La première est Beyrouth, à quatre heures de marche de Nahr-el-Kalb. Ses habitants dépêchent une délégation au-devant des chevaliers, promettant de leur fournir or, provisions et guides, à condition de respecter les récoltes de la plaine environnante. Les Beyrouthins ajoutent qu'ils seraient prêts à reconnaître l'autorité des Franj si ceux-ci parvenaient à prendre Jérusalem. Saïda, l'antique Sidon, réagit différemment. Sa garnison effectue plusieurs sorties audacieuses contre les envahisseurs, qui se vengent en dévastant ses vergers et en pillant les villages voisins. Ce sera le seul cas de résistance. Les ports de Tyr et d'Acre, pourtant faciles à défendre, suivent l'exemple de Beyrouth. En Palestine, la plupart des villes et des villages sont évacués par leurs habitants avant même l'arrivée des Franj. A aucun moment, ces derniers ne rencontrent de vraie résistance et, dès la matinée du 7 juin 1099, les habitants de Jérusalem les voient apparaître au loin, là-bas, sur la colline, près de la mosquée du prophète Samuel. On entend presque leur clameur. En fin d'après-midi, ils campent déjà sous les murs de la cité.

Le général Iftikhar ad-Dawla, « Fierté de l'Etat », commandant de la garnison égyptienne, les observe avec sérénité du haut de la tour de David. Depuis plusieurs mois, il a pris toutes les dispositions nécessaires pour soutenir un long siège. Il a réparé un pan de muraille endommagé au cours de l'assaut d'al-Afdal contre les Turcs, l'été précédent. Il a rassemblé d'énormes provisions pour éviter tout risque de pénurie, en attendant qu'arrive le vizir qui a promis de venir avant la fin de juillet pour dégager la ville. Pour plus de prudence il a suivi l'exemple de Yaghi Siyan et expulsé les habitants chrétiens susceptibles de collaborer avec leurs coreligionnaires francs. Ces derniers jours, il a même fait empoisonner les sources et les puits des environs pour empêcher l'ennemi de les utiliser. Sous le soleil de juin, dans ce paysage montagneux, aride, parsemé çà et là de quelques oliviers, la vie des assiégeants ne sera pas facile.

Pour Iftikhar, le combat semble donc s'engager dans de bonnes conditions. Avec ses cavaliers arabes et ses archers soudanais, solidement retranchés dans ces fortifications épaisses qui escaladent les collines et s'enfoncent dans les ravins, il se sent capable de tenir. Il est vrai que les chevaliers d'Occident sont réputés pour leur bravoure, mais leur comportement sous les murs de Jérusalem est quelque peu déconcertant aux yeux d'un militaire expérimenté. Iftikhar s'attendait à les voir construire, dès leur arrivée, des tours mobiles et divers instruments de siège, creuser des tranchées pour se préserver contre les sorties de la garnison. Or, loin de se livrer à ces aménagements, ils ont commencé par organiser une procession autour des murs, conduite par des prêtres qui prient et chantent à tue-tête, avant de se lancer comme des enragés à l'assaut des remparts sans disposer de la moindre échelle. Al-Afdal a beau lui avoir expliqué que ces Franj voulaient s'emparer de la ville pour des raisons religieuses, un fanatisme aussi aveuglant le surprend. Lui-même est un musulman croyant, mais, s'il se bat en Palestine, c'est pour défendre les intérêts de l'Egypte, et puis, pourquoi le nier, pour promouvoir sa propre carrière militaire.

Il le sait, cette cité n'est pas comme les autres, Iftikhar l'a toujours appelée par son nom courant, Iliya, mais les ulémas, les docteurs de la loi, la surnomment al-Quds, Beit-el-Maqdess ou al-Beit al-Mouqaddass, « le lieu de la sainteté ». Ils disent que c'est la troisième

66

ville sainte de l'islam après La Mecque et Médine, car c'est ici que Dieu a conduit le Prophète, au cours d'une nuit miraculeuse, pour lui faire rencontrer Moïse et Jésus, fils de Marie. Depuis, al-Quds est, pour tout musulman, le symbole de la continuité du message divin. Beaucoup de dévots viennent se recueillir dans la mosquée al-Aqsa, sous l'immense coupole scintillante qui domine majestueusement les maisons carrées de la ville.

Même si le ciel est présent ici à chaque coin de rue, Iftikhar a, quant à lui, les pieds bien sur terre. Les techniques militaires, estime-t-il, sont les mêmes, quelle que soit la ville. Ces processions chantantes des Franj l'agacent, mais elles ne l'inquiètent pas. Ce n'est qu'au bout de la deuxième semaine de siège qu'il commence à sentir naître l'inquiétude, quand l'ennemi s'attelle avec ardeur à la construction de deux immenses tours en bois. Début juillet, elles sont déjà debout, prêtes à transporter des centaines de combattants jusqu'au sommet des remparts. Leurs silhouettes s'élèvent menaçantes au milieu du camp adverse.

Les consignes d'Iftikhar sont strictes : si l'un de ces engins fait le moindre mouvement en direction des murs, il faut l'inonder d'une pluie de flèches. Si ensuite la tour parvient à se rapprocher, il faut utiliser le feu grégeois, un mélange de pétrole et de soufre qu'on verse dans des cruches et qu'on lance, allumé, sur les assaillants. En se répandant, le liquide provoque des incendies difficiles à éteindre. Cette arme redoutable va permettre aux soldats d'Iftikhar de repousser plusieurs attaques successives au cours de la deuxième semaine de juillet, bien que, pour se prémunir des flammes, les assiégeants aient tapissé les tours mobiles de peaux de bêtes fraîchement écorchées et imbibées de vinaigre. Pendant ce temps, des rumeurs circulent annonçant l'arrivée imminente d'al-Afdal. Les assiégeants, qui craignent d'être pris entre deux feux, redoublent d'efforts.

Des deux tours mobiles construites par les Franj, *racontera Ibn al-Athir*, l'une était du côté de Sion, au sud, et

l'autre au nord. Les musulmans parvinrent à brûler la première en tuant tous ceux qui étaient dedans. Mais à peine
avaient-ils fini de la détruire qu'un messager arriva en appelant à l'aide, car la ville était envahie de l'autre côté. De fait,
elle a été prise par le nord, un vendredi matin, sept jours
avant la fin de chaaban 492.

En cette terrible journée de juillet 1099, Iftikhar est
retranché dans la tour de David, une citadelle octogo-
nale dont les fondations ont été soudées au plomb et
qui constitue le point fort de l'enceinte. Il peut y tenir
plusieurs jours encore, mais il sait que la bataille est
perdue. Le quartier juif est envahi, les rues sont jon-
chées de cadavres, et on se bat déjà aux abords de la
grande mosquée. Bientôt, lui et ses hommes seront
encerclés de toutes parts. Pourtant, il continue à se
battre. Que pourrait-il faire d'autre? Dans l'après-midi,
les combats ont pratiquement cessé dans le centre de
la cité. La bannière blanche des Fatimides ne flotte
plus que sur la tour de David.

Soudain, les assauts des Franj s'arrêtent et un messager s'approche. Il vient de la part de Saint-Gilles proposer au général égyptien et à ses hommes de les laisser partir sains et saufs s'ils acceptent de lui livrer la
tour. Iftikhar hésite. Plus d'une fois déjà, les Franj ont
trahi leurs engagements et rien ne dit que Saint-Gilles
soit décidé à agir autrement. On le décrit pourtant
comme un sexagénaire aux cheveux blancs que tout le
monde salue avec respect, ce qui accréditerait chez lui
un sens de la parole donnée. En tout cas, on sait qu'il a
besoin de traiter avec la garnison, car sa tour de bois a
été détruite et tous ses assauts ont été repoussés. De
fait, il piétine sous les murs depuis le matin alors que
ses frères, les autres chefs francs, sont déjà en train de
piller la ville et de se disputer ses maisons. Pesant le
pour et le contre, Iftikhar finit par se déclarer prêt à
capituler à la condition que Saint-Gilles promette, sur
l'honneur, d'assurer sa sécurité et celle de tous ses
hommes.

*Les Franj respectèrent leur parole, et les laissèrent
partir de nuit vers le port d'Ascalon où ils s'établirent,*

notera consciencieusement Ibn al-Athir. Avant d'ajouter : *La population de la ville sainte fut passée au fil de l'épée, et les Franj massacrèrent les musulmans pendant une semaine. Dans la mosquée al-Aqsa, ils tuè-rent plus de soixante-dix mille personnes.* Et Ibn al-Qalanissi, qui évite de manipuler des chiffres invérifia-bles, précise : *Bien des gens furent tués. Les juifs furent rassemblés dans leur synagogue et les Franj les y brûlèrent vifs. Ils détruisirent aussi les monuments des saints et le tombeau d'Abraham − la paix soit sur lui !*

Parmi les monuments saccagés par les envahisseurs se trouve la mosquée d'Omar, érigée à la mémoire du second successeur du Prophète, le calife Omar Ibn al-Khattab, qui avait pris Jérusalem aux Roum en février 638. Et, par la suite, les Arabes ne manqueront pas d'évoquer souvent cet événement dans l'intention de faire ressortir la différence entre leur comporte-ment et celui des Franj. Ce jour-là, Omar avait fait son entrée sur son célèbre chameau blanc, tandis que le patriarche grec de la ville sainte s'avançait à sa rencon-tre. Le calife avait commencé par lui assurer que la vie et les biens de tous les habitants seraient respectés, avant de lui demander de lui faire visiter les lieux sacrés du christianisme. Pendant qu'ils se trouvaient dans l'église de la Qyama, le Saint-Sépulcre, l'heure de la prière étant arrivée, Omar avait demandé à son hôte où il pourrait étendre son tapis pour se prosterner. Le patriarche l'avait invité à rester sur place, mais le calife avait répondu : « Si je le fais, les musulmans voudront demain s'approprier ce lieu en disant : Omar a prié ici. » Et, emportant son tapis, il était allé s'agenouiller à l'extérieur. Il avait vu juste, car c'est à cet endroit même que l'on allait construire la mosquée qui porte son nom. Les chefs francs n'ont pas, hélas ! cette magnanimité. Ils fêtent leur triomphe par une tuerie indescriptible, puis saccagent sauvagement la ville qu'ils prétendent vénérer.

Leurs coreligionnaires eux-mêmes ne sont pas épargnés : l'une des premières mesures prises par les Franj est d'expulser de l'église du Saint-Sépulcre tous les prêtres des rites orientaux — Grecs, Géorgiens, Arméniens, Coptes et Syriens — qui y officiaient ensemble en vertu d'une ancienne tradition que tous les conquérants avaient respectée jusqu'alors. Abasourdis par tant de fanatisme, les dignitaires des communautés chrétiennes orientales décident de résister. Ils refusent de révéler à l'occupant le lieu où ils ont caché la vraie croix sur laquelle le Christ est mort. Pour ces hommes, la dévotion religieuse à l'égard de la relique est doublée de fierté patriotique. Ne sont-ils pas, en effet, les concitoyens du Nazaréen ? Mais les envahisseurs ne se laissent nullement impressionner. Arrêtant les prêtres qui ont la garde de la croix et les soumettant à la torture pour leur arracher leur secret, ils parviennent à enlever par la force aux chrétiens de la Ville sainte la plus précieuse de leurs reliques.

Alors que les Occidentaux achèvent de massacrer quelques survivants embusqués et font main basse sur toutes les richesses de Jérusalem, l'armée rassemblée par al-Afdal avance lentement à travers le Sinaï. Elle n'atteint la Palestine que vingt jours après le drame. Le vizir, qui la conduit en personne, hésite à marcher directement sur la Ville sainte. Bien qu'il dispose de près de trente mille hommes, il ne s'estime pas en position de force, car il manque de matériel de siège, et la détermination des chevaliers francs l'effraie. Il décide donc de s'installer avec ses troupes dans les environs d'Ascalon et d'envoyer une ambassade à Jérusalem pour sonder les intentions de l'ennemi. Dans la ville occupée, les émissaires égyptiens sont conduits auprès d'un grand chevalier aux cheveux longs et à la barbe blonde qu'on leur présente comme Godefroi de Bouillon, nouveau maître de Jérusalem. C'est à lui qu'ils transmettent le message du vizir accusant les Franj d'avoir abusé de sa bonne foi et leur proposant un arrangement s'ils promettent de quitter la Palestine. Pour toute réponse, les Occidentaux rassemblent leurs forces et se lancent sans délai sur la route d'Ascalon.

Leur avance est si rapide qu'ils arrivent à proximité du camp musulman sans que les éclaireurs les aient *même signalés. Et, dès le premier engagement, l'armée égyptienne lâcha pied et reflua vers le port d'Ascalon, relate Ibn al-Qalanissi. Al-Afdal s'y retira aussi. Les sabres des Franj triomphèrent des musulmans. La tuerie n'épargna ni les fantassins, ni les volontaires, ni les gens de la ville. Dix mille âmes environ périrent et le camp fut pillé.*

C'est sans doute quelques jours après la débâcle des Egyptiens qu'arrive à Baghdad le groupe de réfugiés conduit par Abou-Saad al-Harawi. Le cadi de Damas ignore encore que les Franj viennent de remporter une nouvelle victoire, mais il sait déjà que les envahisseurs sont maîtres de Jérusalem, d'Antioche et d'Edesse, qu'ils ont battu Kilij Arslan et Danishmend, qu'ils ont traversé toute la Syrie du nord au sud, massacrant et pillant à leur guise sans être inquiétés. Il sent que son peuple et sa foi sont bafoués, humiliés, et il a envie de le crier haut pour que les musulmans se réveillent enfin. Il veut secouer ses frères, les provoquer, les scandaliser.

Le vendredi 19 août 1099, il a emmené ses compagnons à la grande mosquée de Baghdad et, à midi, lorsque les croyants affluent de toutes parts pour la prière, il se met à manger ostensiblement, alors qu'on est en ramadan, le mois du jeûne obligatoire. En quelques instants, une foule en colère se presse autour de lui, des soldats s'approchent pour l'arrêter. Mais Abou-Saad se lève et demande calmement à ceux qui l'entourent comment ils peuvent se montrer si bouleversés par une rupture de jeûne alors que le massacre de milliers de musulmans et la destruction des lieux saints de l'islam les laissent dans une complète indifférence. Ayant ainsi imposé le silence à la foule, il décrit alors en détail les malheurs qui accablent la Syrie, « Bilad-ech-Cham », et surtout ceux qui viennent de frapper Jérusalem. *Les réfugiés ont pleuré, et ils ont fait pleurer,* dira Ibn al-Athir.

Quittant la rue, c'est dans les palais qu'al-Harawi porte le scandale. « Je vois qu'ils sont faibles, les soutiens de la foi! » s'écrie-t-il au diwan du prince des croyants, al-Moustazhir-billah, un jeune calife de vingt-deux ans. Le teint clair, la barbe courte, le visage arrondi, c'est un souverain jovial et débonnaire, dont les accès de colère sont brefs et les menaces rarement suivies d'exécution. A une époque où la cruauté semble être le premier attribut des dirigeants, ce jeune calife arabe se vante de n'avoir jamais causé de tort à quiconque. *Il éprouvait une véritable joie quand on lui disait que le peuple était heureux,* notera candidement Ibn al-Athir. Sensible, raffiné, de commerce agréable, al-Moustazhir a le goût des arts. Passionné d'architecture, il a supervisé lui-même la construction d'une enceinte tout autour de son quartier de résidence, le Harem, situé à l'est de Baghdad. Et, à ses heures perdues, qui sont nombreuses, il compose des poèmes d'amour : *Quand j'ai tendu la main pour dire adieu à ma bien-aimée, l'ardeur de ma flamme a fait fondre la glace.*

Malheureusement pour ses sujets, cet *homme de bien, éloigné de tout geste de tyrannie,* comme le définit Ibn al-Qalanissi, ne dispose d'aucun pouvoir, bien qu'il soit entouré, à chaque instant, d'un cérémonial compliqué de vénération et que les chroniqueurs évoquent son nom avec déférence. Les réfugiés de Jérusalem, qui ont placé tous leurs espoirs en lui, semblent oublier que son autorité ne s'exerce pas au-delà des murs de son palais, et que, de toute manière, la politique l'ennuie.

Il a pourtant derrière lui une histoire glorieuse. Les califes, ses prédécesseurs, ont été pendant les deux siècles qui ont suivi la mort du Prophète (632-833) les chefs spirituels et temporels d'un immense empire qui, à son apogée, s'étendait de l'Indus aux Pyrénées, et qui a même poussé une pointe en direction des vallées du Rhône et de la Loire. Et la dynastie abbasside, à laquelle appartient al-Moustazhir, a fait de Baghdad la ville fabuleuse des Mille et Une Nuits. Au début du IXᵉ siècle, du temps où régnait son ancêtre Haroun-al-Rachid, le califat était l'Etat le plus riche et le plus puissant de la terre, et sa capitale le centre de la civilisation la plus avancée. Elle avait mille médecins diplômés, un grand hôpital gratuit, un service postal régulier, plusieurs banques dont certaines avaient des succursales en Chine, d'excellentes canalisations d'eau, le tout-à-l'égout ainsi qu'une papeterie — les Occidentaux, qui n'utilisaient encore que le parchemin à leur arrivée en Orient, apprendront en Syrie l'art de fabriquer le papier à partir de la paille de blé.

Mais en cet été sanglant de 1099 où al-Harawi est venu annoncer au diwan d'al-Moustazhir la chute de Jérusalem, cet âge d'or est depuis longtemps révolu. Haroun est mort en 809. Un quart de siècle plus tard, ses successeurs ont perdu tout pouvoir réel, Baghdad est à moitié détruite et l'empire s'est désintégré. Il ne reste plus que ce mythe d'une ère d'unité, de grandeur et de prospérité qui hantera à jamais les rêves des Arabes. Les Abbassides régneront encore, il est vrai, pendant quatre siècles. Mais ils ne gouverneront plus. Ils ne seront plus que des otages entre les mains de leurs soldats turcs ou perses, capables de faire et de défaire les souverains à leur guise, en ayant le plus souvent recours au meurtre. Et c'est pour échapper à un tel sort que la plupart des califes renonceront à toute activité politique. Cloîtrés dans leur harem, ils s'adonneront désormais exclusivement aux plaisirs de l'existence, se faisant poètes ou musiciens, collectionnant les jolies esclaves parfumées.

Le prince des croyants, qui a longtemps été l'incarnation de la gloire des Arabes, est devenu le symbole vivant de leur décadence. Et al-Moustazhir, dont les réfugiés de Jérusalem attendent un miracle, est le représentant même de cette race de califes fainéants. Le voudrait-il, il serait bien incapable de voler au secours de la Ville sainte, n'ayant, pour toute armée, qu'une garde personnelle de quelques centaines d'eunuques noirs et blancs. Ce ne sont pourtant pas les soldats qui manquent à Baghdad. Ils sont des milliers à déambuler sans arrêt, souvent ivres, dans les rues. Pour se protéger contre leurs exactions, les citadins ont pris l'habitude de bloquer chaque nuit l'accès de tous les quartiers à l'aide de lourdes barrières de bois ou de fer.

Bien entendu, ces fléaux en uniforme, qui ont condamné les souks à la ruine par leur pillage systématique, n'obéissent pas aux ordres d'al-Moustazhir. Leur chef ne parle pratiquement pas l'arabe. Car, à l'instar de toutes les villes de l'Asie musulmane, Baghdad est tombée depuis plus de quarante ans sous la coupe des Turcs seldjoukides. L'homme fort de la capitale abbasside, le jeune sultan Barkyaruq, un cousin de Kilij Arslan, est théoriquement le suzerain de tous les princes de la région. Mais, dans la réalité, chaque province de l'empire seldjoukide est pratiquement indépendante, et les membres de la famille régnante sont totalement absorbés par leurs querelles dynastiques.

Et quand, en septembre 1099, al-Harawi quitte la capitale abbasside, il n'a pas réussi à rencontrer Barkyaruq, car le sultan mène campagne, au nord de la Perse, contre son propre frère Mohammed, une lutte qui tourne d'ailleurs à l'avantage de ce dernier puisque c'est Mohammed qui, dès octobre, s'empare de Baghdad elle-même. Ce conflit absurde n'est pas terminé pour autant. Il va même prendre, sous le regard ébahi des Arabes, qui ne cherchent plus à comprendre, une tournure proprement burlesque. Qu'on en juge! En janvier 1100, Mohammed quitte Baghdad à la hâte et Barkyaruq y entre en triomphateur. Pas pour longtemps, car, au printemps, il la perd à nouveau, pour y revenir en force en avril 1101, après un an d'absence, et écraser son frère; dans les mosquées de la capitale abbasside, on recommence à prononcer son nom dans le sermon du vendredi, mais en septembre la situation se renverse une fois de plus. Battu par une coalition de deux de ses frères, Barkyaruq semble définitivement hors de combat. C'est mal le connaître : malgré sa défaite, il revient inopinément à Baghdad et en prend possession pour quelques jours, avant d'être à nouveau évincé en octobre. Mais, cette fois encore, son absence est brève, car dès décembre un accord intervient qui lui restitue la ville. Celle-ci aura changé de mains huit fois en trente mois : elle aura eu un maître tous les cent jours! Cela pendant que les envahisseurs occidentaux consolident leur présence dans les territoires conquis.

Les sultans ne s'entendaient pas, dira Ibn al-Athir en une belle litote, *et c'est pour cela que les Franj ont pu s'emparer du pays.*

DEUXIÈME PARTIE

L'OCCUPATION (1100-1128)

*Chaque fois que les Franj s'empa-
rent d'une forteresse, ils s'attaquent à
une autre. Leur puissance va conti-
nuer à s'accroître jusqu'à ce qu'ils
occupent la Syrie tout entière et exi-
lent les musulmans de ce pays.*

FAKHR-EL-MOULK IBN AMMAR,
maître de Tripoli

CHAPITRE IV

LES DEUX MILLE JOURS DE TRIPOLI

Après tant de défaites successives, tant de déceptions, tant d'humiliations, les trois nouvelles inatten-
dues qui atteignent Damas en cet été de 1100 suscitent
bien des espoirs. Non seulement parmi les militants
religieux qui entourent le cadi al-Harawi, mais aussi
dans les souks, sous les arcades de la rue Droite où les
marchands de soie grège, de brocarts dorés, de linge
damassé ou de meubles damasquinés, assis à l'ombre
des vignes grimpantes, s'interpellent d'une échoppe à
l'autre par-delà la tête des passants, avec la voix des
jours fastes.

Début juillet, une première rumeur, bientôt vérifiée :
le vieux Saint-Gilles, qui n'a jamais caché ses visées sur
Tripoli, Homs et l'ensemble de la Syrie centrale, s'est
embarqué subitement pour Constantinople à la suite

d'un conflit avec les autres chefs francs. On murmure qu'il ne reviendra plus.

Fin juillet, arrive une seconde nouvelle, plus extraordinaire encore, qui se propage en quelques minutes de mosquée en mosquée, de ruelle en ruelle. *Pendant qu'il assiégeait la ville d'Acre, Godefroi, maître de Jérusalem, fut atteint d'une flèche qui le tua*, relate Ibn al-Qalanissi. On parle aussi de fruits empoisonnés qu'un notable palestinien aurait offerts au chef franc. Certains croient à une mort naturelle, causée par une épidémie. Mais c'est la version rapportée par le chroniqueur de Damas qui a la faveur du public : Godefroi serait tombé sous les coups des défenseurs d'Acre. Venant un an après la chute de Jérusalem, une telle victoire n'indiquerait-elle pas que le vent commence à tourner ?

Cette impression semble confirmée quelques jours plus tard lorsqu'on apprend que Bohémond, le plus redoutable des Franj, vient d'être capturé. C'est Danishmend « le Sage » qui a eu raison de lui. Comme il l'avait déjà fait trois ans plus tôt, au moment de la bataille de Nicée, le chef turc est venu encercler la ville arménienne de Malatya. *A cette nouvelle,* dit Ibn al-Qalanissi, *Bohémond, roi des Franj et maître d'Antioche, rassembla ses hommes et marcha contre l'armée musulmane.* Entreprise téméraire car, pour atteindre la cité assiégée, le chef franc doit chevaucher pendant une semaine à travers un territoire montagneux solidement tenu par les Turcs. Informé de son approche, Danishmend lui tend une embuscade. Bohémond et les cinq cents chevaliers qui l'accompagnent sont accueillis par un barrage de flèches qui s'abattent sur eux dans un étroit passage où ils ne parviennent pas à se déployer. *Dieu donna la victoire aux musulmans qui tuèrent un grand nombre de Franj. Bohémond et quelques-uns de ses compagnons furent capturés.* On les conduit, enchaînés, vers Niksar, au nord de l'Anatolie.

L'élimination successive de Saint-Gilles, de Godefroi et de Bohémond, les trois principaux artisans de l'invasion franque, apparaît à tous comme un signe du ciel. Ceux qui étaient anéantis par l'apparente invincibilité des Occidentaux reprennent courage. N'est-ce pas le moment de leur assener un coup décisif ? Un homme, en tout cas, le souhaite vivement. C'est Doukak.

Qu'on ne s'y trompe pas, le jeune roi de Damas n'a rien d'un défenseur zélé de l'islam. N'a-t-il pas amplement prouvé lors de la bataille d'Antioche qu'il était prêt à trahir les siens pour servir ses ambitions locales ? Ce n'est d'ailleurs qu'au printemps de 1100 que le Seldjoukide a découvert subitement la nécessité d'une guerre sainte contre les infidèles. L'un de ses vassaux, un chef bédouin du plateau du Golan, s'étant plaint des incursions répétées des Franj de Jérusalem qui pillaient ses récoltes et volaient ses troupeaux, Doukak a décidé de les intimider. Un jour de mai, tandis que Godefroi et son bras droit Tancrède, un neveu de Bohémond, revenaient avec leurs hommes d'une razzia particulièrement fructueuse, l'armée de Damas les a attaqués. Alourdis par le butin, les Franj ont été incapables d'engager le combat. Ils ont préféré s'enfuir, laissant derrière eux plusieurs morts. Tancrède lui-même s'est échappé de justesse.

Pour se venger, il a organisé un raid de représailles dans les environs mêmes de la métropole syrienne. Les vergers ont été dévastés, les villages pillés et incendiés. Pris au dépourvu par l'ampleur et la rapidité de la riposte, Doukak n'a pas osé intervenir. Avec sa versatilité habituelle, regrettant déjà amèrement son opération au Golan, il est allé jusqu'à proposer à Tancrède de lui payer une forte somme s'il consentait à s'éloigner. Bien entendu, cette offre n'a fait que renforcer la détermination du prince franc. Estimant, en toute logique, que le roi était aux abois, il lui a envoyé une délégation de six personnes pour le sommer de se convertir au christianisme ou de lui livrer Damas. Rien de moins. Outré de tant d'arrogance, le Seldjoukide a ordonné d'arrêter les émissaires et, en bégayant de colère, leur enjoint, à son tour, d'embrasser l'islam. L'un d'eux a accepté. Les cinq autres ont eu, sur-le-champ, la tête tranchée.

A peine la nouvelle était-elle connue que Godefroi venait se joindre à Tancrède et, avec tous les hommes dont ils disposaient, ils s'adonnèrent, pendant dix jours, à une entreprise de destruction systématique des alentours de la métropole syrienne. La riche plaine de la Ghouta, qui *entoure Damas comme le halo entoure la lune,* selon l'expression d'Ibn Jobair, offrait un spectacle de désolation. Doukak ne bougeait pas. Enfermé dans son palais de Damas, il attendait que l'ouragan passe. D'autant que son vassal du Golan rejetait sa suzeraineté et que désormais c'était aux maîtres de Jérusalem qu'il paierait le tribut annuel. Plus grave encore, la population de la métropole syrienne commençait à se plaindre de l'incapacité de ses dirigeants à la protéger. Elle maugréait contre tous ces soldats turcs qui se pavanaient comme des paons dans les souks mais qui disparaissaient sous terre dès que l'ennemi était aux portes de la ville. Doukak n'avait plus qu'une obsession : se venger, et le plus tôt possible, ne serait-ce que pour se réhabiliter aux yeux de ses propres sujets.

On imagine aisément que dans ces conditions la mort de Godefroi ait causé une immense joie au Seldjoukide, qui, trois mois auparavant, y serait resté à peu près indifférent. Survenue quelques jours plus tard, la capture de Bohémond l'encourage à entreprendre une action d'éclat.

L'occasion se présente en octobre. *Lorsque Godefroi fut tué,* raconte Ibn al-Qalanissi, *son frère le comte Baudouin, maître d'Edesse, se mit en route pour Jérusalem avec cinq cents chevaliers et fantassins. A la nouvelle de son passage, Doukak rassembla ses troupes et marcha contre lui. Il le rencontra près de la place côtière de Beyrouth.* Baudouin cherche visiblement à prendre la succession de Godefroi. C'est un chevalier réputé pour sa brutalité et son absence de scrupules, comme l'assassinat de ses « parents adoptifs » à Edesse l'a démontré, mais c'est aussi un guerrier courageux et rusé dont la présence à Jérusalem constituerait une menace permanente pour Damas et l'ensemble de la Syrie musulmane. Le tuer ou le capturer en ce moment critique, c'est décapiter en fait l'armée d'invasion et remettre en cause la présence des Franj en

Orient. Et si la date est bien choisie, le lieu de l'attaque ne l'est pas moins.

Arrivant du nord, le long de la côte méditerranéenne, Baudouin doit atteindre Beyrouth vers le 24 octobre. Auparavant, il lui faut traverser Nahr-el-Kalb, l'ancienne frontière fatimide. Près de l'embouchure du « Fleuve du chien », la route se rétrécit, s'entourant de falaises et de monts abrupts. Le lieu est idéal pour une embuscade. C'est précisément là que Doukak a décidé d'attendre les Franj, dissimulant ses hommes dans les grottes ou sur les pentes boisées. Régulièrement, ses éclaireurs l'informent de la progression de l'ennemi.

Depuis la plus lointaine antiquité, Nahr-el-Kalb est la hantise des conquérants. Quand l'un d'eux parvient à forcer le passage, il en est si fier qu'il fixe sur la falaise le récit de son exploit. A l'époque de Doukak, on peut déjà admirer plusieurs de ces vestiges, des hiéroglyphes du pharaon Ramsès II et des cunéiformes du Babylonien Nabuchodonosor aux louanges latines que l'empereur romain d'origine syrienne, Septime Sévère, avait adressées à ses valeureux légionnaires gaulois. Mais, face à cette poignée de vainqueurs, que de guerriers ont vu leurs rêves brisés sur ces rochers sans laisser de traces ! Pour le roi de Damas, il ne fait aucun doute que « le maudit Baudouin » va bientôt rejoindre cette cohorte de vaincus. Doukak a toutes raisons d'être optimiste. Ses troupes sont six ou sept fois plus nombreuses que celles du chef franc et, surtout, il bénéficie de l'effet de surprise. Il ne va pas seulement réparer l'affront qui lui a été infligé, il va reprendre sa place prépondérante parmi les princes de Syrie et exercer à nouveau une autorité que l'irruption des Franj a sapée.

S'il y a un homme à qui l'enjeu de la bataille n'a pas échappé, c'est le nouveau maître de Tripoli, le cadi Fakhr el-Moulk, qui a succédé un an plus tôt à son frère Jalal el-Moulk. Sa ville ayant été convoitée par le maître de Damas avant l'arrivée des Occidentaux, il ne manque pas de raisons de craindre la défaite de Baudouin, car Doukak voudra alors s'ériger en champion de l'islam et en libérateur de la terre syrienne, dont il faudra reconnaître la suzeraineté et subir les caprices.

Pour l'éviter, Fakhr el-Moulk ne s'embarrasse d'aucun scrupule. Quand il apprend que Baudouin s'approche de Tripoli en route pour Beyrouth puis Jérusalem, il lui fait envoyer du vin, du miel, du pain, de la viande, ainsi que de riches présents en or et en argent, et jusqu'à un messager qui insiste pour le voir en privé et le met au courant de l'embuscade tendue par Doukak, lui fournissant nombre de détails sur la disposition des troupes de Damas, lui prodiguant des conseils sur les meilleures tactiques à utiliser. Le chef franc, ayant remercié le cadi pour sa collaboration aussi précieuse qu'inattendue, reprend sa route vers Nahr-el-Kalb.

Ne se doutant de rien, Doukak s'apprête à fondre sur les Franj dès qu'ils se seront engagés dans l'étroite bande côtière que ses archers tiennent en joue. De fait, les Franj font leur apparition du côté de la localité de Jounieh et avancent en affichant une totale insouciance. Encore quelques pas et ils seront pris au piège. Mais soudain, les voilà qui s'immobilisent, puis, lentement, commencent à reculer. Rien n'est encore joué, mais voyant que l'ennemi n'a pas donné dans son piège Doukak perd tous ses moyens. Harcelé par ses émirs, il finit par ordonner à ses archers de lâcher quelques salves de flèches, sans oser pour autant lancer ses cavaliers contre les Franj. A la nuit tombée, le moral des troupes musulmanes est au plus bas. Arabes et Turcs s'accusent mutuellement de lâcheté. Quelques rixes éclatent. Le lendemain matin, après un court affrontement, les troupes de Damas refluent vers la montagne libanaise, tandis que les Franj poursuivent tranquillement leur route vers la Palestine.

Délibérément, le cadi de Tripoli a choisi de sauver Baudouin, jugeant que la principale menace contre sa ville vient de Doukak, qui lui-même avait agi ainsi à l'encontre de Karbouka deux ans plus tôt. Pour l'un comme pour l'autre, la présence franque est apparue, au moment décisif, comme un moindre mal. Mais le mal va se propager très vite. Trois semaines après l'embuscade ratée de Nahr-el-Kalb, Baudouin se proclame roi de Jérusalem et se lance dans une double entreprise d'organisation et de conquête afin de consolider les acquis de l'invasion. En tentant, près d'un siècle plus tard, de comprendre ce qui a poussé les Franj à venir en Orient, Ibn al-Athir attribuera l'initiative du mouvement au roi Baudouin, « al-Bardawil », qu'il considérait en quelque sorte comme le chef de l'Occident. Ce n'est pas faux, car si ce chevalier n'a été que l'un des nombreux responsables de l'invasion, l'historien de Mossoul a raison de le désigner comme le principal artisan de l'occupation. Face au morcellement irrémédiable du monde arabe, les Etats francs vont apparaître d'emblée, par leur détermination, leurs qualités guerrières et leur relative solidarité, comme une véritable puissance régionale.

Les musulmans disposent toutefois d'un atout considérable : l'extrême faiblesse numérique de leurs ennemis. Au lendemain de la chute de Jérusalem, la plupart des Franj sont repartis vers leur pays. Baudouin ne peut compter, lors de son accession au trône, que sur quelques centaines de chevaliers. Mais cette faiblesse apparente disparaît lorsqu'on apprend, au printemps 1101, que de nouvelles armées franques, bien plus nombreuses que celles que l'on a connues jusqu'ici, se sont rassemblées à Constantinople.

Les premiers à s'alarmer sont évidemment Kilij Arslan et Danishmend, qui se souviennent encore du dernier passage des Franj en Asie Mineure. Sans hésiter, ils décident d'unifier leurs forces pour essayer de barrer la route à la nouvelle invasion. Les Turcs n'osent plus s'aventurer du côté de Nicée ou de Dorylée, désormais fermement tenues par les Roum. Ils préfèrent tenter une nouvelle embuscade beaucoup plus loin, au sud-est de l'Anatolie. Kilij Arslan, qui a gagné en âge et en expérience, fait empoisonner tous les points d'eau le long de la route empruntée par la précédente expédition.

En mai 1101, le sultan apprend que près de cent mille hommes ont franchi le Bosphore, commandés par Saint-Gilles, qui séjournait depuis un an à Byzance. Il essaie de suivre leurs mouvements pas à pas pour savoir à quel moment les surprendre. Leur première étape devrait être Nicée. Mais, curieusement, les éclaireurs postés près de l'ancienne capitale du sultan ne les voient pas venir. Du côté de la mer de Marmara, et même à Constantinople, on ne sait rien d'eux. Kilij Arslan ne retrouve leur trace que fin juin, lorsqu'ils font soudain irruption sous les murs d'une ville qui lui appartient, Ankara, située au centre de l'Anatolie, en plein territoire turc et dont, à aucun moment, il n'a prévu l'attaque. Avant même qu'il ait eu le temps d'arriver, les Franj l'ont déjà prise. Kilij Arslan se croit revenu quatre ans en arrière, au moment de la chute de Nicée. Mais l'heure n'est pas aux lamentations, car les Occidentaux menacent désormais le cœur même de son domaine. Il décide de leur tendre une embuscade dès qu'ils sortiront d'Ankara pour reprendre leur route vers le sud. Mais, une fois de plus, c'est commettre une erreur : les envahisseurs, tournant le dos à la Syrie, marchent résolument vers le nord-est, en direction de Niksar, la puissante citadelle où Danishmend retient Bohémond. C'est donc cela ! Les Franj cherchent à délivrer le maître d'Antioche !

Le sultan et son allié commencent seulement à comprendre, en y croyant à peine, le curieux itinéraire des envahisseurs. En un sens, ils sont rassurés, car maintenant ils peuvent choisir le lieu de l'embuscade. Ce sera le village de Merzifun que les Occidentaux atteindront aux premiers jours d'août, abrutis par un soleil de plomb. Leur armée n'est guère impressionnante. Quelques centaines de chevaliers qui avancent pesamment, ployant sous des armures brûlantes, et, derrière eux, une foule bigarrée qui compte plus de femmes et d'enfants que de vrais combattants. Dès que la première vague des cavaliers turcs est lancée, les Franj lâchent pied. Ce n'est pas une bataille, mais une boucherie, qui se poursuit une journée entière. A la nuit tombée, Saint-Gilles s'enfuit avec ses proches sans même avertir le gros de l'armée. Le lendemain, les derniers survivants sont achevés. Des milliers de jeunes femmes sont capturées qui iront peupler les harems d'Asie.

A peine le massacre de Merzifun est-il terminé que des messagers viennent alerter Kilij Arslan : une nouvelle expédition franque avance déjà à travers l'Asie Mineure. Cette fois, l'itinéraire ne recèle aucune surprise. Les guerriers à la croix se sont engagés sur la route du sud, et c'est après plusieurs jours de marche qu'ils se rendent compte que leur chemin est piégé. Quand, fin août, le sultan arrive du nord-est avec ses cavaliers, les Franj, torturés par la soif, agonisent déjà. Ils sont décimés sans aucune résistance.

Ce n'est pas fini. Une troisième expédition franque suit la seconde, sur la même route, à une semaine d'intervalle. Chevaliers, fantassins, femmes et enfants arrivent, complètement déshydratés, près de la ville d'Héraclée. Déjà, ils aperçoivent le scintillement d'une rivière, vers laquelle ils se précipitent tous, dans le désordre. Mais c'est précisément au bord de ce cours d'eau que Kilij Arslan les attend...

Jamais les Franj ne se remettront de ce triple massacre. Avec la volonté d'expansion qui les anime en ces années décisives, l'apport d'un aussi grand nombre de nouveaux arrivants, combattants ou pas, leur aurait sans doute permis de coloniser l'ensemble de l'Orient arabe avant qu'il n'ait eu le temps de se ressaisir. Et pourtant, c'est bien cette pénurie d'hommes qui sera à l'origine de l'œuvre la plus durable et la plus spectaculaire des Franj en terre arabe : la construction des châteaux forts. Car c'est pour pallier la faiblesse de leurs effectifs qu'ils devront bâtir des forteresses, si bien protégées qu'une poignée de défenseurs pourra tenir en échec une multitude d'assiégeants. Mais, pour surmonter le handicap du nombre, les Franj vont disposer, pendant de longues années, d'une arme encore plus redoutable que leurs forteresses : la torpeur du monde arabe. Rien n'illustre mieux cet état de choses que la description que fera Ibn al-Athir de l'extraordinaire bataille qui se déroule devant Tripoli au début d'avril 1102.

Saint-Gilles, que Dieu le maudisse, revint en Syrie après avoir été écrasé par Kilij Arslan. Il ne disposait plus que de trois cents hommes. Alors Fakhr el-Moulk, seigneur de Tripoli, envoya dire au roi Doukak et au gouverneur de Homs : « C'est le moment ou jamais d'en finir avec Saint-Gilles, puisqu'il a si peu de troupes ! » Doukak dépêcha deux mille hommes, et le gouverneur de Homs vint en personne. Les troupes de Tripoli les rejoignirent devant les portes de la ville et ils offrirent ensemble la bataille à Saint-Gilles. Celui-ci lança cent de ses soldats contre les gens de Tripoli, cent contre ceux de Damas, cinquante contre ceux de Homs et en garda cinquante avec lui. A la seule vue de l'ennemi, les gens de Homs s'enfuirent, bientôt suivis par les Damascains. Seuls les Tripolitains firent front, ce que voyant, Saint-Gilles les attaqua avec ses deux cents autres soldats, les vainquit et en tua sept mille.

Trois cents Franj qui triomphent de plusieurs milliers de musulmans ? Il semble bien que le récit de l'historien arabe soit conforme à la réalité. L'explication la plus probable, c'est que Doukak voulut faire payer au cadi de Tripoli l'attitude qu'il avait eue au moment de l'embuscade de Nahr-el-Kalb. La trahison de Fakhr el-Moulk avait empêché l'élimination du fondateur du royaume de Jérusalem; la revanche du roi de Damas va permettre la création d'un quatrième Etat franc : le comté de Tripoli.

Six semaines après cette défaite humiliante, on assiste à une nouvelle démonstration de l'incurie des dirigeants de la région qui, en dépit de l'avantage du nombre, s'avèrent incapables lorsqu'ils sont vainqueurs d'exploiter leur victoire.

La scène se passe en mai 1102. Une armée égyptienne de près de vingt mille hommes, commandée par Charaf, le fils du vizir al-Afdal, est arrivée en Palestine et a réussi à surprendre les troupes de Baudouin à Ramleh, près du port de Jaffa. Le roi lui-même n'a échappé à la capture qu'en se cachant à plat ventre parmi les roseaux. La plupart de ses chevaliers sont tués ou capturés. Ce jour-là, l'armée du Caire est parfaitement en mesure de s'emparer de Jérusalem, car, comme le dira Ibn al-Athir, la cité est sans défenseurs et le roi franc est en fuite.

Certains des hommes de Charaf lui dirent : « Allons prendre la Ville sainte ! » D'autres lui dirent : « Prenons plutôt Jaffa ! » Charaf ne parvenait pas à se décider. Pendant qu'il hésitait ainsi, les Franj reçurent des renforts par la mer, et Charaf dut revenir chez son père en Egypte.

Voyant qu'il était passé à deux doigts de la victoire, le maître du Caire décide de lancer une nouvelle offensive l'année suivante, puis celle d'après. Mais, à chaque tentative, un événement imprévu s'interpose entre lui et la victoire. Une fois c'est la flotte égyptienne qui se brouille avec l'armée de terre. Une autre fois c'est le commandant de l'expédition qui se tue accidentellement, sa disparition semant le désarroi parmi ses troupes. C'était un général courageux, mais, nous dit Ibn al-Athir, extrêmement superstitieux. *On lui avait prédit qu'il allait mourir par une chute de cheval, et, lorsqu'il avait été nommé comme gouverneur de Beyrouth, il avait ordonné d'arracher tout le dallage des rues de peur que sa monture ne glisse. Mais la prudence ne prémunit pas contre le destin.* Pendant la bataille, son cheval se cabre sans avoir été attaqué, et le général tombe mort au milieu de ses troupes. Manque de chance, manque d'imagination, manque de courage, les expéditions successives d'al-Afdal se terminent toutes lamentablement. Pendant ce temps, les Franj poursuivent tranquillement la conquête de la Palestine.

Après avoir pris Haïfa et Jaffa, ils attaquent, en mai 1104, le port d'Acre, qui, en raison de sa rade naturelle, est le seul endroit où les bateaux puissent accoster été comme hiver. *Désespérant de recevoir du secours, le gouverneur égyptien fit demander la vie sauve pour lui et pour les gens de la cité,* dit Ibn al-Qalanissi. Baudouin leur promet qu'ils ne seront pas inquiétés. Mais dès que les musulmans sortent de la ville en emportant leurs biens, les Franj se jettent sur eux, les dépouillent et en tuent un grand nombre. Al-Afdal jure de réparer cette nouvelle humiliation. Il enverra chaque année une puissante armée à l'assaut des Franj, mais ce sera chaque fois un nouveau désastre. L'occasion perdue à Ramleh en mai 1102 ne se présentera plus.

Dans le Nord aussi, c'est l'incurie des émirs musulmans qui sauve les Franj de l'anéantissement. Après la capture de Bohémond en août 1100, la principauté qu'il a fondée à Antioche reste sept mois sans chef, pratiquement sans armée, mais aucun des monarques voisins, ni Redwan, ni Kilij Arslan, ni Danishmend, ne songe à en profiter. Ils laissent aux Franj le temps de choisir un régent pour Antioche, en l'occurrence Tancrède, le neveu de Bohémond, qui prend possession de son fief en mars 1102 et qui, pour bien affirmer sa présence, s'en va ravager les environs d'Alep comme un an plus tôt ceux de Damas. Redwan réagit plus lâchement encore que son frère Doukak. Il fait savoir à Tancrède qu'il est prêt à satisfaire tous ses caprices s'il consent à s'éloigner. Plus arrogant que jamais, le Franj exige de placer une immense croix sur le minaret de la grande mosquée d'Alep. Redwan s'exécute. Une humiliation qui, comme nous le verrons, aura des suites !

Au printemps de 1103, Danishmend, qui n'ignore rien des ambitions de Bohémond, décide néanmoins de le relâcher sans aucune contrepartie politique. « Il exigea de lui cent mille dinars de rançon et la libération de la fille de Yaghi Siyan, l'ancien maître d'Antioche, qui était captive. » Ibn al-Athir en est scandalisé.

Sorti de prison, Bohémond revint à Antioche, redonnant ainsi courage à son peuple, et il ne tarda pas à faire payer le prix de sa rançon aux habitants des villes voisines. Les musulmans subirent ainsi un préjudice qui leur fit oublier les bienfaits de la capture de Bohémond !

Après s'être ainsi fait « rembourser » aux dépens de la population locale, le prince franc entreprend d'élargir son domaine. Au printemps de 1104, une opération commune des Franj d'Antioche et d'Edesse est engagée contre la place forte de Harran, qui domine la vaste plaine qui s'étend au bord de l'Euphrate et contrôle en fait les communications entre l'Irak et la Syrie du Nord.

La ville elle-même n'a pas grand intérêt. Ibn Jobair, qui la visitera quelques années après, la décrira en termes particulièrement décourageants.

A Harran, l'eau ne connaît jamais la fraîcheur, l'intense chaleur de sa fournaise brûle sans arrêt son territoire. Ce n'est point là qu'on trouve un coin d'ombre pour faire la sieste; on n'y respire que d'un souffle oppressé. Harran donne l'impression d'avoir été abandonnée dans la plaine nue. Elle n'a pas l'éclat d'une cité et ses abords ne sont ornés d'aucune parure d'élégance.

Mais sa valeur stratégique est considérable. Harran prise, les Franj pourraient avancer à l'avenir en direction de Mossoul et de Baghdad elle-même. Dans l'immédiat, sa chute condamnerait le royaume d'Alep à l'encerclement. Objectifs ambitieux, certes, mais les envahisseurs ne manquent pas d'audace. D'autant que les divisions du monde arabe encouragent leurs entreprises. La lutte sanglante entre les frères ennemis Barkyaruq et Mohammed ayant repris de plus belle, Baghdad passe à nouveau d'un sultan seldjoukide à l'autre. A Mossoul, l'atabek Karbouka vient de mourir et son successeur, l'émir turc Jekermich, n'arrive pas à s'imposer.

A Harran même, la situation est chaotique. Le gouverneur a été assassiné par l'un de ses officiers au cours d'une beuverie, et la ville est à feu et à sang. *C'est à ce moment que les Franj marchèrent sur Harran*, expliquera Ibn al-Athir. Quand Jekermich, le nouveau maître de Mossoul, et son voisin Sokman, ancien gouverneur de Jérusalem, l'apprennent, ils sont en guerre l'un contre l'autre.

Sokman voulait venger un de ses neveux, tué par Jekermich, et ils se préparaient à s'affronter. Mais devant ce fait nouveau, ils s'invitèrent à unir leurs forces pour sauver la situation à Harran, chacun se disant prêt à offrir sa vie à Dieu et à ne chercher que la gloire du Très-Haut. Ils se réunirent, scellèrent leur alliance et se mirent en marche contre les Franj, Sokman avec sept mille cavaliers turkmènes et Jekermich avec trois mille.

C'est au bord de la rivière Balikh, un affluent de l'Euphrate, que les deux alliés rencontrent l'ennemi en mai 1104. Les musulmans feignent de s'enfuir, laissant les Franj les poursuivre pendant plus d'une heure. Puis, sur un signal de leurs émirs, ils font volte-face, encerclent leurs poursuivants et les taillent en pièces.

Bohémond et Tancrède s'étaient détachés du gros des troupes et cachés derrière une colline pour prendre les musulmans à revers. Mais, quand ils virent que les leurs étaient vaincus, ils décidèrent de ne plus bouger. Ils attendirent donc la nuit et s'enfuirent, poursuivis par les musulmans qui tuèrent et capturèrent bon nombre de leurs compagnons. Eux-mêmes n'échappèrent qu'avec six cavaliers.

Parmi les chefs francs qui participent à la bataille de Harran, il y a Baudouin II, un cousin du roi de Jérusalem qui lui a succédé à la tête du comté d'Edesse. Lui aussi a tenté de s'enfuir, mais, en traversant le Balikh à gué, son cheval s'est enlisé dans la boue. Les soldats de Sokman le font prisonnier et le conduisent à la tente de leur maître, ce qui suscite, selon le récit d'Ibn al-Athir, la jalousie de leurs alliés.

Les hommes de Jekermich lui dirent : « De quoi aurons-nous l'air si les autres prennent tout le butin et que nous restons les mains vides ? » Et ils le persuadèrent d'aller chercher le comte dans la tente de Sokman. Quand celui-ci revint, il en fut très affecté. Ses compagnons étaient déjà en selle, prêts à la bataille, mais il les retint en disant : « Il ne faut pas que la joie que suscitera notre victoire chez les musulmans soit gâchée par notre dispute. Je ne veux pas soulager ma colère en donnant satisfaction à l'ennemi aux dépens des musulmans. » Il rassembla alors toutes les armes et les bannières prises aux Franj, habilla ses hommes avec leurs vêtements, les fit enfourcher leurs montures, puis se dirigea vers les forteresses tenues par les Franj. Chaque fois, ceux-ci, croyant voir revenir leurs compagnons victorieux, sortaient à leur rencontre. Sokman les massacrait et prenait la forteresse. Il répéta ce stratagème en plusieurs endroits.

Le retentissement de la victoire de Harran sera énorme, comme en témoigne le ton inhabituellement enthousiaste d'Ibn al-Qalanissi :

> Ce fut pour les musulmans un triomphe sans pareil. Le moral des Franj en fut affecté, leur nombre diminua, leur capacité offensive s'affaiblit ainsi que leur armement. Le moral des musulmans fut affermi, leur ardeur à défendre la religion renforcée. Les gens se félicitèrent de cette victoire et acquirent la certitude que le succès avait abandonné les Franj.

Un Franj, et non des moindres, sera effectivement démoralisé par sa défaite : c'est Bohémond. Quelques mois plus tard, il s'embarque sur un vaisseau. On ne le reverra plus jamais en terre arabe.

La bataille de Harran a ainsi écarté de la scène, cette fois pour de bon, le principal artisan de l'invasion. Elle a surtout, c'est le plus important, enrayé pour toujours la poussée des Franj vers l'est. Mais, comme les Egyptiens en 1102, les vainqueurs se montrent incapables de recueillir les fruits de leur succès. Au lieu de se diriger ensemble vers Edesse, à deux journées de marche du champ de bataille, ils se séparent sur leur dispute. Et si la ruse de Sokman lui permet de s'emparer de quelques forteresses sans grande importance, Jekermich se laisse bientôt surprendre par Tancrède, qui réussit à capturer plusieurs personnes de sa suite, dont une jeune princesse d'une rare beauté à laquelle le maître de Mossoul tient tant qu'il envoie dire à Bohémond et Tancrède qu'il est prêt à l'échanger contre Baudouin II d'Edesse ou à la racheter pour quinze mille dinars en or. L'oncle et le neveu se consultent, puis ils informent Jekermich qu'à tout bien peser ils préfèrent prendre l'argent et laisser leur compagnon en captivité — ce qui durera plus de trois ans. On ignore le sentiment de l'émir après cette réponse peu chevaleresque des chefs francs. Il leur paiera quant à lui la somme convenue, reprendra sa princesse, et gardera Baudouin auprès de lui.

Mais l'affaire ne s'arrête pas là. Elle va donner lieu à l'un des épisodes les plus curieux des guerres franques.

La scène se déroule quatre ans plus tard, au début du mois d'octobre 1108, dans un champ de pruniers où les derniers fruits noirs achèvent de mûrir. Tout autour, des collines peu boisées qui se chevauchent à l'infini. Sur l'une d'elles s'élèvent, majestueux, les remparts de Tell Bacher, près desquels les deux armées qui se font face offrent un spectacle peu ordinaire.

Dans un camp, Tancrède d'Antioche, entouré de mille cinq cents chevaliers et fantassins francs, portant des cervellières qui leur couvrent la tête et le nez et tenant fermement dans leurs mains des épées, des masses ou des haches aiguisées. A leurs côtés se tiennent six cents cavaliers turcs aux longues tresses, envoyés par Redwan d'Alep.

Dans l'autre camp, l'émir de Mossoul, Jawali, la cotte de mailles couverte d'une longue robe aux manches brodées, dont l'armée comprend deux mille hommes répartis en trois bataillons : à gauche des Arabes, à droite des Turcs, et au centre des chevaliers francs, parmi lesquels Baudouin, d'Edesse, et son cousin Jocelin, maître de Tell Bacher.

Ceux qui avaient participé à la gigantesque bataille d'Antioche pouvaient-ils imaginer que, dix ans plus tard, un gouverneur de Mossoul, successeur de l'atabek Karbouka, scellerait une alliance avec un comte franc d'Edesse et qu'ils se battraient côte à côte contre une coalition formée par un prince franc d'Antioche et le roi seldjoukide d'Alep ? Décidément, on n'avait pas attendu longtemps pour voir les Franj devenir partenaires à part entière du jeu de massacre des roitelets musulmans ! Les chroniqueurs n'en semblent nullement choqués. On pourrait tout juste déceler chez Ibn al-Athir un petit sourire amusé, mais il évoquera les querelles des Franj et leurs alliances sans changer de ton, exactement comme il parle tout au long de son *Histoire parfaite* des innombrables conflits entre les princes musulmans. Pendant que Baudouin était prisonnier à Mossoul, explique l'historien arabe, Tancrède avait mis la main sur Edesse, ce qui laisse entendre qu'il n'était nullement pressé de voir son compagnon recouvrer la liberté. Il avait même intrigué pour que Jekermich le garde chez lui le plus longtemps possible.

Mais, en 1107, cet émir ayant été renversé, le comte est tombé aux mains du nouveau maître de Mossoul, Jawali, un aventurier turc d'une intelligence remarquable, qui a compris sur-le-champ le parti qu'il pourrait tirer de la dispute des deux chefs francs. Il a donc libéré Baudouin, lui a offert des vêtements d'honneur et a conclu avec lui une alliance. « Votre fief d'Edesse est menacé, lui a-t-il dit en substance, et ma position à Mossoul n'est guère assurée. Aidons-nous mutuellement. »

> Dès qu'il fut libéré, *racontera Ibn al-Athir,* le comte Baudouin, al-Comes Bardawil, alla voir « Tancry » à Antioche et lui demanda de lui restituer Edesse. Tancrède lui offrit trente mille dinars, des chevaux, des armes, des vêtements et bien d'autres choses, mais il refusa de lui rendre la ville. Et lorsque Baudouin, furieux, quitta Antioche, Tancrède essaya de le suivre pour l'empêcher de faire sa jonction avec son allié Jawali. Il y eut quelques accrochages entre eux, mais après chaque combat ils se réunissaient pour manger ensemble et bavarder !

Ils sont fous, ces Franj, semble dire l'historien de Mossoul. Et de poursuivre :

> Comme ils n'arrivaient pas à régler ce problème, une médiation fut tentée par le patriarche, qui est pour eux une sorte d'imam. Celui-ci nomma une commission d'évêques et de prêtres qui testifièrent que Bohémond, l'oncle de Tancrède, avant de rentrer dans son pays, lui avait recommandé de rendre Edesse à Baudouin s'il revenait de captivité. Le maître d'Antioche accepta l'arbitrage et le comte reprit possession de son domaine.

Estimant que sa victoire était due moins à la bonne volonté de Tancrède qu'à sa peur d'une intervention de Jawali, Baudouin a libéré sans tarder tous les prisonniers musulmans de son territoire, allant même jusqu'à exécuter un de ses fonctionnaires chrétiens qui avait publiquement injurié l'islam.

Tancrède n'était pas le seul dirigeant à s'exaspérer de la curieuse alliance entre le comte et l'émir. Le roi Redwan écrivit au maître d'Antioche pour le mettre en garde contre les ambitions et la perfidie de Jawali. Il lui dit que cet émir voulait s'emparer d'Alep et que, s'il y parvenait, les Franj ne pourraient plus se maintenir en Syrie. L'attachement du roi seldjoukide à la sécurité des Franj est assez cocasse mais, entre princes, on se comprend à demi-mot, par-delà les barrières religieuses ou culturelles. Une nouvelle coalition islamo-franque s'était donc formée pour faire face à la première. D'où, en ce mois d'octobre 1108, ces deux armées qui se font face près des remparts de Tell Bacher.

Les hommes d'Antioche et d'Alep prennent rapidement l'avantage. *Jawali s'enfuit, et un grand nombre de musulmans cherchèrent refuge à Tell Bacher, où Baudouin et son cousin Jocelin les traitèrent avec bienveillance; ils soignèrent les blessés, leur donnèrent des habits et les ramenèrent chez eux.* L'hommage rendu par l'historien arabe à l'esprit chevaleresque de Baudouin contraste avec l'opinion que les habitants chrétiens d'Edesse se font du comte. En apprenant que celui-ci avait été vaincu, et le croyant sans doute mort, les Arméniens de la ville pensent en effet le moment venu de se libérer de la domination franque. Si bien qu'à son retour Baudouin trouve sa capitale administrée par une sorte de commune. Inquiet des velléités d'indépendance de ses sujets, il fait arrêter les principaux notables, dont plusieurs prêtres, et ordonne de leur crever les yeux.

Son allié Jawali aurait bien voulu agir de même avec les notables de Mossoul, qui ont eux aussi profité de son absence pour se révolter. Il doit cependant y renoncer, car sa défaite a achevé de le discréditer. Son sort est désormais peu enviable : il a perdu son fief, son armée, son trésor, et le sultan Mohammed a mis sa tête à prix. Mais Jawali ne s'avoue pas vaincu. Il se déguise en marchand, arrive au palais d'Ispahan et vient soudain se courber humblement devant le trône du sultan en portant son linceul à la main. Emu,

Mohammed accepte de lui pardonner. Quelque temps après, il le nomme gouverneur d'une province en Perse.

Quant à Tancrède, la victoire de 1108 l'a porté à l'apogée de sa gloire. La principauté d'Antioche est devenue une puissance régionale que craignent tous ses voisins, qu'ils soient turcs, arabes, arméniens ou francs. Le roi Redwan n'est plus qu'un vassal terrorisé. Le neveu de Bohémond se fait appeler « le grand émir » !

Quelques semaines seulement après la bataille de Tell Bacher, qui consacre la présence des Franj en Syrie du Nord, c'est au tour du royaume de Damas de signer un armistice avec Jérusalem : les revenus des terres agricoles situées entre les deux capitales seront partagés en trois, *un tiers pour les Turcs, un tiers pour les Franj, un tiers pour les paysans*, note Ibn al-Qalanissi. *Un protocole fut rédigé sur cette base.* Quelques mois plus tard, la métropole syrienne reconnaît, par un nouveau traité, la perte d'une zone plus importante encore : la riche plaine de la Békaa, située à l'est du mont Liban, est à son tour partagée avec le royaume de Jérusalem. En fait, les Damascains sont tout simplement réduits à l'impuissance. Leurs récoltes sont à la merci des Franj, et leur commerce transite par le port d'Acre où les marchands génois font désormais la loi. Au sud de la Syrie comme au nord, l'occupation franque est une réalité quotidienne.

Mais les Franj ne s'arrêtent pas là. En 1108, ils sont à la veille du plus vaste mouvement d'expansion territoriale qu'ils aient lancé depuis la chute de Jérusalem. Toutes les grandes villes de la côte sont menacées, et les potentats locaux n'ont plus ni la force ni la volonté de se défendre.

La première proie visée est Tripoli. Dès 1103, Saint-Gilles s'est installé aux abords de la ville et a fait construire une forteresse à laquelle les citadins ont donné d'emblée son nom. Bien conservée, « Qalaat Saint-Gilles » est encore visible au xxᵉ siècle, au centre de la ville moderne de Tripoli. A l'arrivée des Franj, toutefois, la cité se limite au quartier du port, al-Mina, au bout d'une presqu'île dont cette fameuse forteresse contrôle l'accès. Aucune caravane ne peut atteindre Tripoli ou en sortir sans être interceptée par les hommes de Saint-Gilles.

Le cadi Fakhr el-Moulk veut à tout prix détruire la citadelle qui menace d'étrangler sa capitale. Toutes les nuits, ses soldats tentent des coups de main audacieux pour poignarder un garde ou endommager un mur en construction, mais c'est en septembre 1104 qu'a lieu l'opération la plus spectaculaire. Toute la garnison de Tripoli ayant effectué une sortie en masse sous la conduite du cadi, plusieurs guerriers francs sont massacrés et une aile de la forteresse est incendiée. Saint-Gilles lui-même est surpris sur l'un des toits enflammés. Gravement brûlé, il meurt, cinq mois plus tard, dans d'atroces souffrances. Durant son agonie, il demande à voir des émissaires de Fakhr el-Moulk et leur propose un marché : les Tripolitains cesseraient d'attaquer la citadelle, en échange de quoi, le chef franc s'engagerait à ne plus gêner le trafic des voyageurs et des marchandises. Le cadi accepte.

Etrange compromis ! Le but même d'un siège n'est-il pas précisément d'empêcher la circulation des hommes et des vivres ? Et, pourtant, on a l'impression qu'entre assiégeants et assiégés des relations presque normales se sont établies. Du coup, le port de Tripoli connaît un regain d'activité, les caravanes vont et viennent après avoir payé une taxe aux Franj, et les notables tripolitains traversent les lignes ennemies munis d'un sauf-conduit ! En réalité, les deux belligérants attendent. Les Franj espèrent qu'une flotte chrétienne viendra, de Gênes ou de Constantinople, leur permettre de donner l'assaut à la ville assiégée. Les Tripolitains, qui ne sont pas sans le savoir, attendent eux aussi qu'une armée musulmane vienne à leur secours. L'appui le plus efficace devrait venir d'Egypte. Le califat fatimide est une grande puissance maritime dont l'intervention suffirait à décourager les Franj. Mais, entre le seigneur de Tripoli et celui du Caire, les relations sont une fois encore désastreuses. Le père d'al-Afdal a été esclave dans la famille du cadi et il semble qu'il ait entretenu de bien mauvais rapports avec ses maîtres. Le vizir n'a jamais caché sa rancœur et son désir d'humilier Fakhr qui, de son côté, préférerait abandonner sa ville à Saint-Gilles plutôt que de remettre son sort entre les mains d'al-Afdal. En Syrie non plus, le cadi ne peut compter sur aucun allié. Il lui faut chercher des secours ailleurs.

Quand les nouvelles de la victoire de Harran lui parviennent, en juin 1104, il envoie donc sur-le-champ un message à l'émir Sokman pour lui demander de parfaire son triomphe en éloignant les Franj de Tripoli. A l'appui de sa demande, il lui offre une grande quantité d'or et s'engage à couvrir tous les frais de l'expédition. Le vainqueur de Harran est tenté. Rassemblant une puissante armée, il se dirige vers la Syrie. Mais arrivé à moins de quatre journées de marche de Tripoli, un accès d'angine le terrasse. Ses troupes se dispersent. Le moral du cadi et de ses sujets s'effondre.

En 1105, néanmoins, une lueur d'espoir apparaît. Le sultan Barkyaruq vient de mourir de la tuberculose, ce qui met fin à l'interminable guerre fratricide qui paralyse l'empire seldjoukide depuis le début de l'invasion franque. Désormais, l'Irak, la Syrie et la Perse occidentale ne devraient plus avoir qu'un seul maître, « le sultan sauveur du monde et de la religion, Mohammed Ibn Malikshah ». Le titre porté par ce monarque seldjoukide de vingt-quatre ans est pris au pied de la lettre par les Tripolitains. Fakhr el-Moulk envoie au sultan message sur message, il en reçoit promesse sur promesse. Mais aucune armée de secours ne se manifeste.

Entre-temps, le blocus de la ville se renforce. Saint-Gilles a été remplacé par un de ses cousins, « al-Cerdani », le comte de Cerdagne, qui accentue sa pression sur les assiégés. Les vivres arrivent de plus en plus difficilement par voie de terre. Les prix des denrées augmentent à une allure vertigineuse : une livre de dattes est vendue à un dinar d'or, une pièce qui assure habituellement la subsistance d'une famille entière pendant plusieurs semaines. Beaucoup de citadins cherchent à émigrer vers Tyr, Homs ou Damas. La disette provoque des trahisons. Des notables tripolitains vont trouver un jour al-Cerdani et, pour obtenir ses faveurs, lui indiquent les moyens par lesquels la ville parvient encore à obtenir quelques provisions. Fakhr el-Moulk offre alors à son adversaire une somme fabuleuse pour qu'il lui livre les traîtres. Mais le comte refuse. Et le lendemain matin on retrouve les notables égorgés à l'intérieur même du camp ennemi.

Malgré cet exploit, la situation de Tripoli continue à se détériorer. Les secours se font toujours attendre, et des rumeurs persistantes circulent sur l'approche d'une flotte franque. En désespoir de cause, Fakhr el-Moulk décide d'aller lui-même plaider sa cause à Baghdad auprès du sultan Mohammed et du calife al-Moustazhir-billah. L'un de ses cousins est chargé, en son absence, d'assurer l'intérim du gouvernement et ses troupes obtiennent six mois de solde à l'avance. Il s'est préparé une importante escorte de cinq cents cavaliers et fantassins, avec de nombreux serviteurs portant des cadeaux de toutes sortes : des épées ciselées, des pur-sang, des robes d'honneur brodées, ainsi que des objets d'orfèvrerie, la spécialité de Tripoli. C'est donc vers la fin mars 1108 qu'il quitte sa ville avec son long cortège. *Il sortit de Tripoli par voie de terre,* précise sans ambiguïté Ibn al-Qalanissi, le seul chroniqueur qui ait vécu ces événements, laissant entendre que le cadi aurait obtenu des Franj l'autorisation de passer à travers leurs lignes pour aller prêcher contre eux la guerre sainte ! Etant donné les curieux rapports qui existent entre assiégeants et assiégés, on ne peut l'exclure. Mais il semble plus plausible que le cadi ait gagné Beyrouth par bateau et qu'alors seulement il ait pris la route.

Quoi qu'il en soit, Fakhr el-Moulk s'arrête d'abord à Damas. Le maître de Tripoli avait une aversion marquée pour Doukak, mais l'incapable roi seldjoukide est mort, sans doute empoisonné, quelque temps auparavant, et la cité est désormais aux mains de son tuteur, l'atabek Toghtekin, un ancien esclave boiteux dont les rapports ambigus avec les Franj vont dominer la scène politique syrienne pendant plus de vingt ans. Ambitieux, rusé, sans scrupules, ce militaire turc est, comme Fakhr el-Moulk lui-même, un homme mûr et réaliste.

Rompant avec les attitudes vindicatives de Doukak, il accueille le maître de Tripoli avec chaleur, organise un grand banquet en son honneur et l'invite même à son hammam particulier. Le cadi apprécie ces attentions, mais il préfère loger à l'extérieur des murs — la confiance a des limites !

A Baghdad, la réception est encore plus somptueuse. Le cadi est traité comme un puissant monarque tant le prestige de Tripoli est grand dans le monde musulman. C'est sa propre barque que le sultan Mohammed lui envoie pour lui faire traverser le Tigre. Les responsables du protocole conduisent le maître de Tripoli vers un salon flottant au bout duquel a été placé le grand coussin brodé sur lequel s'assied habituellement le sultan. Fakhr el-Moulk s'est installé sur le côté, à la place des visiteurs, mais les dignitaires se précipitent et le saisissent par les deux bras : le monarque a personnellement insisté pour que son hôte prenne place sur son propre coussin. Reçu de palais en palais, le cadi est interrogé par le sultan, le calife et leurs collaborateurs sur le siège de la ville, tandis que tout Baghdad loue sa bravoure dans le jihad contre les Franj.

Mais, lorsque l'on en arrive aux affaires politiques et que Fakhr el-Moulk demande à Mohammed de dépêcher une armée pour dégager Tripoli, *le sultan*, rapporte malicieusement Ibn al-Qalanissi, *ordonna à quelques-uns des principaux émirs de partir avec Fakhr el-Moulk pour l'aider à repousser ceux qui assiègent sa ville; il donna mission au corps expéditionnaire de s'arrêter un peu à Mossoul pour l'arracher aux mains de Jawali et, dès que ce serait fait, de se rendre à Tripoli.*

Fakhr el-Moulk est atterré. La situation à Mossoul est si embrouillée qu'il faudrait des années pour la régler. Mais surtout la ville est située au nord de Baghdad alors que Tripoli se trouve tout à fait à l'ouest. Si l'armée fait un tel détour, elle n'arrivera jamais à temps pour sauver sa capitale. Celle-ci peut tomber d'un jour à l'autre, insiste-t-il. Mais le sultan ne veut rien comprendre. Les intérêts de l'empire seldjoukide exigent de donner la priorité au problème de Mossoul. Le cadi a beau tout tenter, comme d'acheter à prix d'or quelques conseillers du monarque, c'est en vain : l'armée ira d'abord à Mossoul. Quand, au bout de quatre mois, Fakhr el-Moulk prend le chemin du retour, c'est sans aucun cérémonial. Il est désormais convaincu qu'il ne pourra plus garder sa ville. Ce qu'il ne sait pas encore, c'est qu'il l'a déjà perdue.

Dès son arrivée devant Damas, en août 1108, on lui annonce la triste nouvelle. Démoralisés par sa trop longue absence, les notables de Tripoli ont décidé de confier la ville au maître de l'Egypte, qui a promis de la défendre contre les Franj. Al-Afdal a envoyé des vaisseaux de vivres ainsi qu'un gouverneur qui a pris en main les affaires de la cité avec pour première mission de s'emparer de la famille de Fakhr el-Moulk, de ses partisans, de son trésor, de ses meubles et de ses effets personnels, et de convoyer le tout par bateau vers l'Egypte !

Pendant que le vizir s'acharne ainsi sur l'infortuné cadi, les Franj préparent l'assaut final contre Tripoli. Leurs chefs sont arrivés l'un après l'autre sous les murs de la ville assiégée. Il y a le roi Baudouin de Jérusalem, leur maître à tous. Il y a Baudouin d'Edesse, et Tancrède d'Antioche, qui se sont réconciliés pour l'occasion. Il y a aussi deux membres de la famille de Saint-Gilles, al-Cerdani et le propre fils du comte défunt, celui que les chroniqueurs appellent Ibn Saint-Gilles, et qui vient d'arriver de son pays avec des dizaines de vaisseaux génois. Tous deux convoitent Tripoli, mais le roi de Jérusalem les obligera à faire taire leurs querelles. Et Ibn Saint-Gilles attendra la fin de la bataille pour faire assassiner son rival.

En mars 1109, tout semble en place pour une attaque concertée par terre et par mer. Les Tripolitains observent ces préparatifs avec effroi, mais ils ne perdent pas espoir. Al-Afdal ne leur a-t-il pas promis d'envoyer une flotte plus puissante que toutes celles qu'ils avaient vues jusqu'ici, avec suffisamment de vivres, de combattants et de matériel de guerre pour tenir un an ?

Les Tripolitains ne doutent pas que les vaisseaux génois s'enfuiront dès que la flotte fatimide sera en vue. Encore faut-il qu'elle arrive à temps !

Au début de l'été, dit Ibn al-Qalanissi, *les Franj se mirent à attaquer Tripoli avec toutes leurs forces, poussant leurs tours mobiles vers les murailles. Quand les gens de la ville virent quels violents assauts ils devaient affronter, ils perdirent courage, car ils comprirent que leur perte était inévitable. Les denrées étaient épuisées, et la flotte égyptienne tardait à arriver. Les vents restaient contraires selon la volonté de Dieu qui décide de l'accomplissement des choses. Les Franj redoublèrent d'efforts et prirent la ville de haute lutte,* le 12 juillet 1109. Après deux mille jours de résistance, la cité de l'orfèvrerie et des bibliothèques, des marins intrépides et des cadis lettrés est saccagée par les guerriers d'Occident. Les cent mille volumes de Dar-el-Ilm sont pillés puis incendiés afin que les livres « impies » soient détruits. Selon le chroniqueur de Damas, *les Franj décidèrent que le tiers de la ville irait aux Génois, les deux autres tiers au fils de Saint-Gilles. On mit à part pour le roi Baudouin tout ce qui lui plut.* De fait la plupart des habitants sont vendus comme esclaves, les autres dépouillés de leurs biens et expulsés. Beaucoup iront vers le port de Tyr. Fakhr el-Moulk terminera sa vie dans les environs de Damas.

Et la flotte égyptienne ? *Elle arriva à Tyr huit jours après la chute de Tripoli,* relate Ibn al-Qalanissi, *quand tout était fini, en raison de la sanction divine qui avait frappé ses habitants.*

Les Franj ont choisi pour seconde proie Beyrouth. Adossée à la montagne libanaise, la cité est entourée de forêts de pins, notamment dans les faubourgs de Mazraat-al-Arab et Ras-el-Nabeh, où les envahisseurs vont trouver le bois nécessaire à la construction de leurs machines de siège. Beyrouth n'approche en rien la splendeur de Tripoli, et ses modestes villas peuvent difficilement se comparer aux palais romains dont les vestiges en marbre parsèment encore alors le sol de l'antique Berytus. Mais c'est néanmoins une ville relativement prospère grâce à son port, situé sur la corniche où, selon la tradition, saint Georges a terrassé le dragon. Convoitée par les Damascains, *négligemment tenue par les Egyptiens,* c'est finalement avec ses propres moyens qu'elle affronte les Franj à partir de février 1110. Ses cinq mille habitants vont se battre avec l'énergie du désespoir, détruisant l'une après l'autre les tours de bois des assiégeants. *Ni auparavant ni par la suite, les Franj ne virent une bataille plus rude que celle-là!* s'exclame Ibn al-Qalanissi. Les envahisseurs ne le pardonneront pas. Quand la ville est prise, le 13 mai, ils se livrent à un massacre aveugle. Pour l'exemple.

On retient la leçon. L'été suivant, *un certain roi franc* (peut-on reprocher au chroniqueur de Damas de n'avoir pas reconnu Sigurd, souverain de la lointaine Norvège?) *arriva par mer avec plus de soixante vaisseaux chargés de combattants pour accomplir son pèlerinage et mener la guerre en pays d'islam. Comme il se dirigeait vers Jérusalem, Baudouin vint à sa rencontre, et ils mirent ensemble le siège, par terre et par mer, devant le port de Saïda*, l'antique Sidon des Phéniciens. Sa muraille, plus d'une fois détruite et reconstruite à travers l'histoire, demeure aujourd'hui encore impressionnante avec ses énormes blocs de pierre constamment fouettés par la Méditerranée. Mais ses habitants, qui avaient fait preuve d'un grand courage au début de l'invasion franque, n'ont plus le cœur à se battre car, selon Ibn al-Qalanissi, *ils redoutaient le sort de Beyrouth. Ils envoyèrent donc aux Franj leur cadi avec une délégation de notables pour demander à Baudouin la vie sauve. Il accéda à leur demande.* La cité capitula le 4 décembre 1110. Cette fois, il n'y aura pas de massacre, mais un exode massif vers Tyr et Damas, qui regorgent déjà de réfugiés.

En l'espace de dix-sept mois, Tripoli, Beyrouth et Saïda, trois des villes les plus renommées du monde arabe, ont été prises et saccagées, leurs habitants massacrés ou déportés, leurs émirs, leurs cadis, leurs hommes de loi tués ou contraints à l'exil, leurs mosquées profanées. Quelle force peut encore empêcher les Franj d'être bientôt à Tyr, à Alep, à Damas, au Caire, à Mossoul ou — pourquoi pas? — à Baghdad? La volonté de résister existe-t-elle encore? Chez les dirigeants musulmans, sans doute pas. Mais parmi la population des villes les plus menacées, la guerre sainte menée sans relâche au cours des treize dernières années par les pèlerins-combattants d'Occident commence à produire ses effets : le jihad, qui n'était plus depuis longtemps qu'un slogan servant à orner les discours officiels, refait son apparition. Il est à nouveau prôné par quelques groupes de réfugiés, quelques poètes, quelques hommes de religion.

C'est précisément l'un d'eux, Abou-l-Fadl Inb al-Khachab, un cadi d'Alep à la petite taille et au verbe haut, qui, par sa ténacité et sa force de caractère, se décide à réveiller le géant endormi qu'est devenu le monde arabe. Son premier acte populaire est de renouveler, à douze ans d'intervalle, le scandale qu'avait provoqué autrefois al-Harawi dans les rues de Baghdad. Cette fois, ce sera une véritable émeute.

CHAPITRE V

UN RÉSISTANT ENTURBANNÉ

Le vendredi 17 février 1111, le cadi Ibn al-Khachab fait irruption dans la mosquée du sultan, à Baghdad, en compagnie d'un important groupe d'Alépins, parmi lesquels un chérif hachémite, descendant du Prophète, des ascètes soufis, des imams, des marchands.

Ils forcèrent le prédicateur à descendre de la chaire, qu'ils brisèrent, *dit Ibn al-Qalanissi*, et ils se mirent à crier, à pleurer sur les malheurs que subissait l'islam à cause des Franj qui tuaient les hommes et asservissaient les femmes et les enfants. Comme ils empêchaient les croyants de prier, les responsables présents leur firent, au nom du sultan, des promesses pour les apaiser : on enverrait des armées pour défendre l'islam contre les Franj et tous les infidèles.

Mais ces bonnes paroles ne suffisent pas à calmer les révoltés. Le vendredi suivant, ils recommencent leur manifestation, cette fois à la mosquée du calife. Quand les gardes tentent de leur barrer la route, ils les renversent brutalement, brisent la chaire en bois, ornée d'arabesques et de versets coraniques, et profèrent des insultes à l'encontre du prince des croyants lui-même. Baghdad vit dans la plus grande confusion.

Au même moment, *relate le chroniqueur de Damas sur un ton faussement naïf*, la princesse, sœur du sultan Mohammed et épouse du calife, arrivait à Baghdad venant d'Ispahan en un magnifique équipage : pierres précieuses, vêtements somptueux, harnachements et bêtes de trait de toutes sortes, serviteurs, esclaves des deux sexes, suivantes, et tant de choses qui défiaient l'estimation et le dénombrement. Son arrivée coïncida avec les scènes ci-dessus décrites. La joie et la sécurité de ce retour princier en furent troublées. Le calife al-Moustazhir-billah s'en montra fort mécontent. Il voulut poursuivre les auteurs de l'incident pour leur infliger une sévère punition. Mais le sultan l'en empêcha, excusa l'action de ces gens et ordonna aux émirs et aux chefs militaires de retourner dans leurs provinces pour se préparer au jihad contre les infidèles, ennemis de Dieu.

Si le bon al-Moustazhir a été pris ainsi de colère, ce n'est pas seulement en raison du désagrément causé à sa jeune épouse, mais pour ce terrible slogan qui a été scandé à tue-tête dans les rues de sa capitale : « Le roi des Roum est plus musulman que le prince des croyants ! » Car il sait qu'il ne s'agit pas d'une accusation gratuite mais que les manifestants, menés par Ibn al-Khachab, ont fait, par ces déclarations, allusion au message reçu quelques semaines auparavant par le diwan du calife. Il venait de l'empereur Alexis Comnène et demandait instamment aux musulmans de s'unir aux Roum *pour lutter contre les Franj et les expulser de nos contrées.*

Paradoxalement, si le puissant maître de Constantinople et le petit cadi d'Alep effectuent d'un commun accord leurs démarches à Baghdad, c'est qu'ils se sentent humiliés par le même Tancrède. Le « grand émir » franc a, en effet, éconduit avec insolence des ambassadeurs byzantins venus lui rappeler que les chevaliers d'Occident avaient fait le serment de remettre Antioche au basileus et que, treize ans après la chute de la ville, ils n'ont toujours pas tenu promesse. Quant aux Alépins, Tancrède leur a dernièrement imposé un traité particulièrement déshonorant : ils devront lui payer un tribut annuel de vingt mille dinars, lui livrer deux importantes forteresses dans le voisinage immédiat de leur ville et lui offrir, en signe d'allégeance, leurs dix plus beaux chevaux. Toujours aussi timoré, le roi Redwan n'a pas osé refuser. Mais depuis que les termes du traité sont connus sa capitale est en effervescence.

Aux heures critiques de leur histoire, les Alépins ont de tout temps coutume de se rassembler en petits groupes pour discuter avec animation des dangers qui les guettent. Les notables se réunissent souvent dans la grande mosquée, assis en tailleur sur les tapis rouges ou dans la cour, à l'ombre du minaret qui domine les maisons ocre de la ville. Les commerçants se retrouvent dans la journée le long de l'ancienne avenue à colonnades construite par les Romains et qui traverse Alep d'ouest en est, de la porte d'Antioche au quartier interdit de la Citadelle où réside le ténébreux Redwan. Cette artère centrale est depuis longtemps fermée à la circulation des chars et des cortèges. La chaussée a été envahie par des centaines d'échoppes où s'amoncellent étoffes, ambre ou colifichets, dattes, pistaches ou condiments. Pour abriter les passants du soleil et de la pluie, l'avenue et les ruelles avoisinantes sont entièrement couvertes d'un plafond de bois qui s'élève, aux carrefours, en de hautes coupoles de stuc. Au coin des allées, notamment celles qui mènent aux souks des fabricants de nattes, des forgerons et des marchands de bois de chauffage, les Alépins devisent devant les nombreuses gargotes qui, dans une persistante odeur d'huile bouillante, de viande grillée et d'épices, proposent des repas à des prix modiques : boulettes de mouton, beignets, lentilles. Les familles modestes achètent leurs plats préparés au souk ; seuls les riches se permettent de cuisiner chez eux. Non loin des gargotes s'entend le tintement caractéristique des vendeurs de « charab », ces boissons fraîches aux fruits concentrés que les Franj emprunteront aux Arabes sous forme liquide, « sirops », ou glacée, « sorbets ».

L'après-midi, les gens de toutes conditions se retrouvent aux hammams, lieux de rencontre privilégiés où l'on se purifie avant la prière du soleil couchant. Puis, à la nuit tombée, les citadins désertent le centre d'Alep pour se replier sur les quartiers, à l'abri des soldats ivres. Là encore, les nouvelles et les rumeurs circulent, par la bouche des femmes et des hommes, et les idées font leur chemin. La colère, l'enthousiasme ou le découragement secouent quotidiennement cette ruche qui bourdonne ainsi depuis plus de trois millénaires.

Ibn al-Khachab est l'homme le plus écouté des quartiers d'Alep. Issu d'une famille de riches négociants en bois, il joue un rôle primordial dans l'administration de la cité. En tant que cadi chiite, il jouit d'une grande autorité religieuse et morale et assume la charge de régler les litiges concernant les personnes et les biens de sa communauté, la plus importante d'Alep. En outre, il est raïs, autrement dit chef de la ville, ce qui fait de lui à la fois le prévôt des marchands, le représentant des intérêts de la population auprès du roi et le commandant de la milice urbaine.

Mais l'activité d'Ibn al-Khachab déborde le cadre, déjà large, de ses fonctions officielles. Entouré d'une « clientèle » nombreuse, il anime, depuis l'arrivée des Franj, un courant d'opinion patriotique et piétiste qui réclame une attitude plus ferme face aux envahisseurs. Il ne craint pas de dire au roi Redwan ce qu'il pense de sa politique conciliante, voire servile. Lorsque Tancrède a imposé au monarque seldjoukide d'accrocher une croix sur le minaret de la grande mosquée, le cadi a organisé une émeute et obtenu que le crucifix soit transféré à la cathédrale Sainte-Hélène. Depuis, Redwan évite d'entrer en conflit avec l'irascible cadi. Retranché dans la Citadelle entre son harem, sa garde, sa mosquée, sa source d'eau et son hippodrome vert, le roi turc préfère ménager les susceptibilités de ses sujets. Tant que sa propre autorité n'est pas mise en cause, il tolère l'opinion publique.

Mais en 1111, Ibn al-Khachab s'est présenté à la Citadelle pour exprimer une fois de plus à Redwan l'extrême mécontentement des citadins. Les croyants, lui explique-t-il, sont scandalisés de devoir payer un tribut aux infidèles installés en terre d'islam, et les marchands voient leur commerce péricliter depuis que l'insupportable prince d'Antioche contrôle la totalité des routes menant d'Alep à la Méditerranée et rançonne les caravanes. Puisque la ville ne peut plus se défendre par ses propres moyens, le cadi propose qu'une délégation groupant notables chiites et sunnites, des commerçants et des hommes de religion, aille demander à Baghdad le secours du sultan Mohammed. Redwan n'a aucune envie de mêler son cousin seldjoukide aux affaires de son royaume. Il préfère encore s'arranger avec Tancrède. Mais vu l'inutilité des missions envoyées dans la capitale abbasside il ne pense pas courir le moindre risque en accédant à la demande de ses sujets.

Ce en quoi il se trompe. Car, contre toute attente, les manifestations de février 1111 à Baghdad produisent l'effet recherché par Ibn al-Khachab. Le sultan, qui vient d'être informé de la chute de Saïda et du traité imposé aux Alépins, commence à s'inquiéter des ambitions des Franj. Accédant aux supplications d'Ibn al-Khachab, il ordonne au dernier en date des gouverneurs de Mossoul, l'émir Mawdoud, de marcher sans tarder à la tête d'une puissante armée et de secourir Alep. Quand, à son retour, Ibn al-Khachab informe Redwan du succès de sa mission, le roi, tout en priant pour qu'il n'en soit rien, feint de se réjouir. Il fait même savoir à son cousin sa hâte de participer au jihad à ses côtés. Mais au moment où on lui annonce en juillet que les troupes du sultan approchent réellement de sa ville il ne cache plus son désarroi. Faisant barricader toutes les portes, il arrête Ibn al-Khachab et ses principaux partisans et les enferme dans la prison de la Citadelle. Les soldats turcs sont chargés de quadriller jour et nuit les quartiers de la ville pour empêcher tout contact entre la population et « l'ennemi ». La suite des événements va justifier en partie sa volte-face. Privées du ravitaillement que le roi aurait dû leur procurer, les troupes du sultan se vengent en pillant sauvagement les environs d'Alep. Puis, à la suite de dissensions entre Mawdoud et les autres émirs, l'armée se désintègre sans qu'aucun combat soit livré.

Mawdoud revient en Syrie deux ans plus tard, chargé par le sultan de rassembler tous les princes musulmans, à l'exception de Redwan, contre les Franj. Alep lui étant interdite, c'est tout naturellement dans cette autre grande ville qu'est Damas qu'il installe son quartier général, afin de préparer une offensive d'envergure contre le royaume de Jérusalem. Son hôte, l'atabek Toghtekin, fait mine d'être comblé par l'honneur que le délégué du sultan lui témoigne, mais il est tout aussi terrorisé que l'était Redwan. Il craint que Mawdoud ne cherche à s'emparer de sa capitale, tout geste de l'émir est ressenti comme une menace pour l'avenir.

Le 2 octobre 1113, nous dit le chroniqueur de Damas, l'émir Mawdoud quitte son camp, situé près de la porte de Fer, l'une des huit entrées de la ville, pour se rendre comme chaque jour à la mosquée omayyade en compagnie de l'atabek boiteux.

Quand la prière fut terminée et que Mawdoud eut fait quelques dévotions supplémentaires, ils s'en allèrent tous deux, Toghtekin marchant devant pour faire honneur à l'émir. Ils étaient entourés de soldats, de gardes et de miliciens portant toutes sortes d'armes; les sabres affilés, les épées pointues, les cimeterres et les poignards nus donnaient l'impression d'une broussaille épaisse. Tout autour d'eux, la foule se pressait pour admirer leur apparat et leur magnificence. Lorsqu'ils atteignirent la cour de la mosquée, un homme sortit de la foule et s'approcha de l'émir Mawdoud comme pour prier Dieu en sa faveur et lui demander l'aumône. Soudain, il saisit la ceinture de son manteau et le frappa de son poignard par deux fois au-dessus du nombril. L'atabek Toghtekin fit quelques pas en arrière et ses compagnons l'entourèrent. Quant à Mawdoud, très maître de lui, il marcha jusqu'à la porte nord de la mosquée puis s'écroula. On fit venir un chirurgien qui réussit à coudre une partie des blessures, mais l'émir mourut au bout de quelques heures, Dieu lui fasse miséricorde!

Qui a tué le gouverneur de Mossoul à la veille de son offensive contre les Franj? Toghtekin s'empressa d'accuser Redwan et ses amis de la secte des Assassins. Mais, pour la plupart des contemporains, seul le maître de Damas a pu armer le bras du tueur. Selon Ibn al-Athir, le roi Baudouin, choqué par ce meurtre, aurait envoyé à Toghtekin un message particulièrement méprisant : *Une nation,* lui dit-il, *qui tue son chef dans la maison de son dieu mérite d'être anéantie!* Quant au sultan Mohammed, il hurle de colère quand on lui apprend la mort de son lieutenant. S'estimant personnellement insulté par ce forfait, il décide de mettre définitivement au pas tous les dirigeants syriens, aussi bien ceux d'Alep que ceux de Damas, lève une armée de plusieurs dizaines de milliers de soldats, commandée par les meilleurs officiers du clan seldjoukide, et ordonne sèchement à tous les princes musulmans de venir la rejoindre pour accomplir le devoir sacré du jihad contre les Franj.

Quand la puissante expédition du sultan arrive en Syrie centrale au printemps 1115, une surprise de taille l'attend. Baudouin de Jérusalem et Toghtekin de Damas sont là, côte à côte, entourés de leurs troupes, ainsi que de celles d'Antioche, d'Alep et de Tripoli. Les princes de Syrie, aussi bien musulmans que francs, se sentant également menacés par le sultan, ont décidé de se coaliser et l'armée seldjoukide devra se retirer honteusement au bout de quelques mois. Mohammed jure alors de ne plus jamais s'occuper du problème franc. Il tiendra parole.

Pendant que les princes musulmans donnent de nouvelles preuves de leur totale irresponsabilité, deux villes arabes vont démontrer, à quelques mois d'intervalle, qu'il est encore possible de résister à l'occupation étrangère. Après la reddition de Saïda en décembre 1110, les Franj sont maîtres de tout le littoral, le « sahel », du Sinaï jusqu'au « pays du fils de l'Arménien », au nord d'Antioche. A l'exception, toutefois, de deux enclaves côtières : Ascalon et Tyr. Encouragé par ses victoires successives, Baudouin se propose donc de régler leur sort sans tarder. La région d'Ascalon est réputée pour la culture de ses oignons rougeâtres, dits « ascaloniens », un mot que les Franj déformeront en « échalote ». Mais son importance est surtout militaire, car elle constitue le point de rassemblement des troupes égyptiennes chaque fois qu'elles projettent une expédition contre le royaume de Jérusalem.

Dès 1111, Baudouin vient parader avec son armée sous les murs de la ville. Le gouverneur fatimide d'Ascalon, Chams al-Khilafa, « Soleil du Califat », *plus enclin au commerce qu'à la guerre*, constate Ibn al-Qalanissi, est immédiatement effrayé par la démonstration de force des Occidentaux. Sans esquisser un geste de résistance, il accepte de leur payer un tribut de sept mille dinars. La population palestinienne de la ville, qui se sent humiliée par cette capitulation inattendue, envoie des émissaires au Caire pour demander la destitution du gouverneur. L'apprenant, et craignant que le vizir al-Afdal ne veuille le châtier pour sa lâcheté, Chams al-Khilafa tente d'éviter cela en expulsant les fonctionnaires égyptiens et en se plaçant carrément sous la protection des Franj. Baudouin lui dépêche trois cents hommes qui prennent en main la citadelle d'Ascalon.

Scandalisés, les habitants ne se découragent pas. Des réunions secrètes se tiennent dans les mosquées; on élabore des plans, jusqu'à ce jour de juillet 1111 où, alors que Chams al-Khilafa sort à cheval de sa résidence, un groupe de conjurés l'assaillent, le criblant de coups de poignard. C'est le signal de la révolte. Des citadins armés, auxquels se sont joints des soldats berbères appartenant à la garde du gouverneur, se lancent à l'assaut de la citadelle. Les guerriers francs sont traqués dans les tours et le long des murailles. Aucun des trois cents hommes de Baudouin ne parviendra à se sauver. Plus de quarante ans encore, la ville échappera à la domination des Franj.

Afin de venger l'humiliation que les résistants d'Ascalon viennent de lui infliger, Baudouin se retourne contre Tyr, l'antique cité phénicienne d'où était parti, pour diffuser l'alphabet à travers la Méditerranée, le prince Cadmos, le propre frère d'Europe qui allait donner son nom au continent des Franj. L'imposante muraille de Tyr rappelle encore sa glorieuse histoire. La ville est entourée de trois côtés par la mer, seule une étroite corniche bâtie par Alexandre le Grand la relie à la terre ferme. Réputée imprenable, elle abrite en 1111 un grand nombre de réfugiés des territoires récemment occupés. Leur rôle dans la défense sera capital, comme le rapporte Ibn al-Qalanissi, dont le récit se fonde visiblement sur des renseignements de première main.

Les Franj avaient élevé une tour mobile à laquelle ils avaient fixé un bélier d'une redoutable efficacité. Les murs furent ébranlés, une partie des pierres vola en éclats et les assiégés se trouvèrent au bord du désastre. C'est alors qu'un marin originaire de Tripoli, qui avait des connaissances en métallurgie et une expérience des choses de la guerre, entreprit de fabriquer des grappins de fer destinés à s'accrocher au bélier par la tête et par les côtés, au moyen de cordes que tenaient les défenseurs. Ceux-ci tiraient si vigoureusement que la tour de bois était déséquilibrée. A plusieurs reprises, les Franj durent briser leur propre bélier pour éviter que la tour ne s'écroule.

Renouvelant leurs tentatives, les assaillants parviennent à pousser leur tour mobile à proximité de la muraille et des fortifications qu'ils recommencent à marteler avec un nouveau bélier de soixante coudées de longueur, dont la tête est constituée par une pièce de fonte pesant plus de vingt livres. Mais le marin tripolitain ne désarme pas.

A l'aide de quelques poutres habilement installées, *poursuit le chroniqueur de Damas*, il fit monter des jarres pleines de saletés et d'immondices qu'on déversa sur les Franj. Etouffés par les odeurs qui se répandaient sur eux, ceux-ci n'arrivaient plus à manœuvrer leur bélier. Le marin prit alors des paniers à raisin et des couffins qu'il remplit d'huile, de bitume, de bois à brûler, de résine et d'écorce de roseau. Après y avoir mis le feu, il les balança au-dessus de la tour franque. Un incendie commença au sommet de celle-ci et, comme les Franj s'affairaient pour l'éteindre avec du vinaigre et de l'eau, le Tripolitain s'empressa de lancer d'autres paniers pleins d'huile bouillante pour aviver les flammes. Le feu embrasa tout le haut de la tour, gagna peu à peu tous les étages, se propageant dans le bois de l'ouvrage.

Incapables de venir à bout de l'incendie, les assaillants finissent par évacuer la tour et par s'enfuir. Ce dont les défenseurs profitent pour opérer une sortie et s'emparer d'une grande quantité d'armes abandonnées.

Voyant cela, conclut triomphalement Ibn al-Qalanissi, *les Franj perdirent courage et battirent en retraite après avoir mis le feu aux baraquements qu'ils avaient édifiés dans leur camp.*

On est le 10 avril 1112. Au bout de cent trente-trois jours de siège, la population de Tyr vient d'infliger aux Franj une défaite retentissante.

Après les émeutes de Baghdad, l'insurrection d'Ascalon et la résistance de Tyr, un vent de révolte commence à souffler. On compte un nombre grandissant d'Arabes unissant dans la même haine les envahisseurs et la plupart des dirigeants musulmans, accusés d'incurie, voire de trahison. A Alep surtout, cette attitude dépasse rapidement le simple mouvement d'humeur. Sous la conduite du cadi Ibn al-Khachab, les citadins décident de prendre en main leur propre destinée. Ils choisiront eux-mêmes leurs dirigeants et leur imposeront la politique à suivre.

Certes, il y aura bien des défaites, bien des déceptions. L'expansion des Franj n'est pas terminée, et leur arrogance ne connaît pas de limite. Mais on va désormais assister, partie des rues d'Alep, à la lente naissance d'une lame de fond qui submergera peu à peu l'Orient arabe et portera un jour au pouvoir des hommes justes, courageux, dévoués, capables de reconquérir le territoire perdu.

Avant d'en arriver là, Alep va traverser la période la plus erratique de sa longue histoire. Fin novembre 1113, Ibn al-Khachab apprend que Redwan est gravement malade dans son palais de la Citadelle; il rassemble ses amis et leur demande d'être prêts à intervenir. Le 10 décembre, le roi meurt. Dès que la nouvelle est connue, des groupes de miliciens armés se répandent dans les quartiers de la ville, occupent les principaux bâtiments et mettent la main sur de nombreux partisans de Redwan, notamment des adeptes de la secte des Assassins, immédiatement mis à mort pour intelligence avec l'ennemi franc.

113

Le but du cadi n'est pas de s'emparer lui-même du pouvoir mais d'impressionner le nouveau roi, Alp Arslan, fils de Redwan, pour qu'il adopte une politique différente de celle de son père. Les premiers jours, ce jeune homme de seize ans, si bègue qu'on le surnommait « le muet », semble approuver le militantisme d'Ibn al-Khachab. Il fait arrêter tous les collaborateurs de Redwan et leur fait couper la tête séance tenante, avec une joie non dissimulée. Le cadi s'inquiète. Il recommande au jeune monarque de ne pas plonger la ville dans un bain de sang mais simplement de punir les traîtres pour l'exemple. Alp Arslan ne veut rien entendre. Il exécute deux de ses propres frères, plusieurs militaires, un certain nombre de serviteurs et, en général, tous ceux dont la tête ne lui revient pas. Peu à peu, les citadins découvrent l'horrible vérité : le roi est fou ! La meilleure source que nous ayons pour comprendre cette période est la chronique d'un écrivain-diplomate alépin, Kamaleddin, écrite un siècle après ces événements à partir de témoignages qu'avaient laissés les contemporains.

Un jour, *raconte-t-il*, Alp Arslan réunit un certain nombre d'émirs et de notables et leur fit visiter une espèce de souterrain creusé dans la Citadelle. Lorsqu'ils furent à l'intérieur, il leur demanda :
— Que diriez-vous si je vous faisais couper le cou à tous, ici même ?
— Nous sommes des esclaves soumis aux ordres de Votre Majesté, répondirent les malheureux en feignant de prendre la menace pour une bonne plaisanterie.
Et ce fut d'ailleurs ainsi qu'ils échappèrent à la mort.

Le vide ne tarde pas à se faire autour du jeune dément. Un seul homme ose encore l'approcher, c'est son eunuque Loulou, « Perles ». Mais ce dernier aussi commence à craindre pour sa vie. En septembre 1114, il profite du sommeil de son maître pour le tuer et installe sur le trône un autre fils de Redwan, âgé de six ans.

Alep s'enfonce chaque jour un peu plus dans l'anarchie. Alors que dans la Citadelle des groupes incontrôlés d'esclaves et de soldats s'entre-déchirent, les citadins en armes patrouillent dans les rues de la ville pour se protéger contre les pillards. Dans ce premier temps, les Franj d'Antioche ne cherchent pas à tirer profit de ce chaos qui paralyse Alep. Tancrède est mort un an avant Redwan, et son successeur, sire Roger, que Kamaleddin dans sa chronique appelle Sirjal, n'a pas encore suffisamment d'assurance pour s'engager dans une action de grande envergure. Mais ce répit est de courte durée. Dès 1116, Roger d'Antioche, s'assurant le contrôle de toutes les routes menant à Alep, occupe l'une après l'autre les principales forteresses qui entourent la ville et, faute de résistance, en arrive même à prélever une taxe sur chaque pèlerin qui se rend à La Mecque.

En avril 1117, l'eunuque Loulou est assassiné. Selon Kamaleddin, *les soldats de son escorte avaient tramé un complot contre lui. Pendant qu'il marchait à l'est de la ville, ils bandèrent subitement leurs arcs en criant : « Au lièvre! Au lièvre! » pour lui faire croire qu'ils voulaient chasser cet animal. En fait, c'est Loulou lui-même qu'ils criblèrent de flèches.* A sa disparition, le pouvoir passe à un nouvel esclave qui, incapable de s'imposer, demande à Roger de venir l'aider. Le chaos devient alors indescriptible. Tandis que les Franj se préparent à assiéger la ville, les militaires continuent à se battre pour le contrôle de la Citadelle. Aussi Ibn al-Khachab décide-t-il d'agir sans délai. Il réunit les principaux notables de la cité et leur soumet un projet qui va se révéler lourd de conséquences. En tant que ville frontière, Alep, leur explique-t-il, se doit d'être à l'avant-garde du jihad contre les Franj et, de ce fait, doit offrir son gouvernement à un émir puissant, peut-être au sultan lui-même, de manière à ne plus jamais se laisser gouverner par un roitelet local qui place ses intérêts personnels avant ceux de l'islam. La proposition du cadi est approuvée, non sans réticences, car les Alépins sont jaloux de leur particularisme. On passe donc en revue les principaux candidats possibles. Le sultan? Il ne veut plus entendre parler de la Syrie. Toghtekin? C'est le seul prince syrien à avoir une certaine envergure, mais les Alépins n'accepteraient jamais un Damascain. Alors Ibn al-Khachab avance le nom de l'émir turc Ilghazi, gouverneur de Mardin en Mésopotamie. Sa conduite n'a pas toujours été exemplaire. Il a soutenu, deux ans plus tôt, l'alliance islamo-franque contre le sultan et il est connu pour son ivrognerie. *Quand il buvait du vin,* nous dit Ibn al-Qalanissi, *Ilghazi restait en état d'hébétude pendant plusieurs jours, sans même reprendre ses esprits pour donner un ordre ou une directive.* Mais il faudrait chercher longtemps pour trouver un militaire sobre. Et puis, soutient Ibn al-Khachab, Ilghazi est un combattant courageux, sa famille a longtemps gouverné Jérusalem et son frère Sokman a remporté la victoire de Harran contre les Franj. Une majorité ayant fini par se rallier à cette opinion, Ilghazi est invité à venir, et c'est le cadi lui-même qui lui ouvre les portes d'Alep au cours de l'été 1118. Le premier acte de l'émir est d'épouser la fille du roi Redwan, geste qui symbolise l'union entre la cité et son nouveau seigneur et affirme en même temps la légitimité de ce dernier. Ilghazi bat le rappel de ses troupes.

Vingt ans après le début de l'invasion franque, la capitale de la Syrie du Nord a, pour la première fois, un chef désireux de se battre. Le résultat est foudroyant. Le samedi 28 juin 1119, l'armée du maître d'Alep affronte celle d'Antioche dans la plaine de Sarmada, à mi-chemin entre les deux villes. Le khamsin, un vent sec et chaud, chargé de sable, souffle dans les yeux des combattants. Kamaleddin nous racontera la scène :

Ilghazi fit jurer à ses émirs de combattre vaillamment, de tenir bon, de ne pas reculer et d'offrir leur vie pour le jihad. Puis les musulmans se déployèrent en petites vagues et vinrent se poster, pour la nuit, à côté des troupes de sire Roger. Brusquement, au lever du jour, les Franj virent s'approcher les étendards des musulmans qui les entouraient de toutes parts. Le cadi Ibn al-Khachab s'avança, monté sur sa jument et la lance à la main, il poussa les nôtres à la bataille. En le voyant, l'un des soldats s'écria d'un ton méprisant : « Sommes-nous venus de notre pays pour suivre

116

un turban ? » Mais le cadi marcha vers les troupes, parcourut leurs rangs et leur adressa, pour exciter leur énergie et animer leur moral, une harangue si éloquente que les hommes pleurèrent d'émotion et l'admirèrent grandement. Puis on chargea de tous les côtés à la fois. Les flèches volaient comme une nuée de sauterelles.

L'armée d'Antioche est décimée. Sire Roger lui-même est retrouvé étendu parmi les cadavres, la tête fendue à la hauteur du nez.

Le messager de la victoire atteignit Alep au moment où les musulmans, tous en rang, achevaient la prière de midi dans la grande mosquée. On entendit alors une grande clameur du côté de l'ouest, mais aucun combattant ne rentra en ville avant la prière de l'après-midi.

Pendant des jours, Alep célèbre sa victoire. On chante, on boit, on égorge des moutons, on se bouscule pour contempler les étendards croisés, les heaumes et les cottes de mailles ramenés par les troupes, ou pour voir décapiter un prisonnier pauvre — les riches étant échangés contre rançon. On écoute déclamer sur les places publiques des poèmes improvisés à la gloire d'Ilghazi : *Après Dieu, c'est en toi que nous avons confiance!* Les Alépins ont vécu depuis des années dans la terreur de Bohémond, de Tancrède, puis de Roger d'Antioche, beaucoup ont fini par attendre, comme une fatalité, le jour où, à l'instar de leurs frères de Tripoli, ils seraient forcés de choisir entre la mort et l'exil. Avec la victoire de Sarmada, voilà qu'ils se sentent renaître à la vie. Dans tout le monde arabe, l'exploit d'Ilghazi soulève l'enthousiasme. *Jamais triomphe pareil n'avait été accordé à l'islam dans les années passées*, s'écrie Ibn al-Qalanissi.

Ces propos excessifs trahissent l'extrême démoralisation qui régnait à la veille de la victoire d'Ilghazi. L'arrogance des Franj a en effet atteint les limites de l'absurde : début mars 1118, le roi Baudouin, avec exactement deux cent seize chevaliers et quatre cents fantassins, a entrepris d'envahir... l'Egypte ! A la tête de ses maigres troupes, il a traversé le Sinaï, occupé sans résistance la ville de Farama, arrivant jusqu'aux rives du Nil, *où il se baigne*, précisera, moqueur, Ibn al-Athir. Il serait allé plus loin encore s'il n'était tombé subitement malade. Rapatrié aussi vite que possible vers la Palestine, il mourra en chemin, à el-Arich, au nord-est du Sinaï. Malgré le décès de Baudouin, al-Afdal ne se remettra jamais de cette nouvelle humiliation. Perdant rapidement le contrôle de la situation, il sera assassiné trois ans plus tard dans une rue du Caire. Quant au roi des Franj, il sera remplacé par son cousin, Baudouin II d'Edesse.

Venant peu après ce raid spectaculaire à travers le Sinaï, la victoire de Sarmada apparaît comme une revanche et, pour quelques optimistes, comme le début de la reconquête. On s'attend à voir Ilghazi marcher sans délai sur Antioche, qui n'a plus ni prince ni armée. Les Franj se préparent d'ailleurs à soutenir un siège. Leur première décision est de désarmer les chrétiens syriens, arméniens et grecs résidant dans la ville et de leur interdire de quitter leurs maisons, car ils craignent de les voir s'allier aux Alépins. Les tensions sont en effet très vives entre les Occidentaux et leurs coreligionnaires orientaux qui les accusent de mépriser leurs rites et de les confiner dans des emplois subalternes dans leur propre cité. Mais les précautions des Franj s'avèrent inutiles. Ilghazi ne songe nullement à pousser son avantage. Vautré, ivre mort, il ne quitte plus l'ancienne résidence de Redwan où il n'en finit pas de célébrer sa victoire. A force d'ingurgiter des liqueurs fermentées, il est bientôt pris d'un violent accès de fièvre. Il ne sera guéri que vingt jours plus tard, juste à temps pour apprendre que l'armée de Jérusalem, commandée par le nouveau roi Baudouin II, vient d'arriver à Antioche.

Miné par l'alcool, Ilghazi s'éteindra trois ans plus tard sans avoir su exploiter son succès. Les Alépins lui sauront gré d'avoir écarté de leur ville le danger franc, mais ils ne seront en aucun cas affligés de sa disparition, car leurs regards se tournent déjà vers son successeur, un homme exceptionnel dont le nom est sur toutes les lèvres : Balak. Il est le propre neveu d'Ilghazi, mais c'est un homme d'une tout autre trempe. En quelques mois, il va devenir le héros adoré du monde arabe dont les exploits seront célébrés dans les mosquées et sur les places publiques.

En septembre 1122, Balak réussit, par un brillant coup de main, à s'emparer de Jocelin, qui a remplacé Baudouin II comme comte d'Edesse. Selon Ibn al-Athir, *il l'enveloppa d'une peau de chameau, qu'il fit coudre, puis, refusant toutes les offres de rançon, il l'enferma dans une forteresse.* Après la disparition de Roger d'Antioche, voilà donc un second Etat franc privé de son chef. Le roi de Jérusalem, inquiet, décide de venir lui-même dans le Nord. Des chevaliers d'Edesse l'emmènent visiter le lieu où Jocelin a été pris, une zone marécageuse au bord de l'Euphrate. Baudouin II fait un petit tour de reconnaissance, puis ordonne de dresser les tentes pour la nuit. Le lendemain, il se lève de bonne heure pour se livrer à son sport favori, emprunté aux princes orientaux, la chasse au faucon, quand, subitement, Balak et ses hommes, qui s'étaient approchés sans bruit, cernent le camp. Le roi de Jérusalem jette les armes. A son tour, il est emmené en captivité.

Auréolé du prestige de ces exploits, Balak fait en juin 1123 une entrée triomphale à Alep. Répétant le geste d'Ilghazi, il commence par épouser la fille de Redwan, puis entreprend, sans perdre un moment et sans subir un seul revers, la reconquête systématique des possessions franques autour de la ville. L'habileté militaire de cet émir turc de quarante ans, son esprit de décision, son refus de tout compromis avec les Franj, sa sobriété ainsi que son palmarès de victoires successives tranchent avec la médiocrité déconcertante des autres princes musulmans.

Une ville, en particulier, voit en lui son sauveur providentiel : Tyr, que les Franj assiègent à nouveau malgré la capture de leur roi. La situation des défenseurs s'avère beaucoup plus délicate qu'elle ne l'était lors de leur résistance victorieuse douze ans plus tôt, car les Occidentaux assurent cette fois le contrôle de la mer. Une imposante escadre vénitienne comptant plus de cent vingt vaisseaux est apparue en effet au printemps 1123 au large des côtes palestiniennes. Dès son arrivée, elle a réussi à surprendre la flotte égyptienne qui mouillait devant Ascalon et à la détruire. En février 1124, après avoir signé un accord avec Jérusalem sur le partage du butin, les Vénitiens ont commencé le blocus du port de Tyr pendant que l'armée franque installait son campement à l'est de la ville. Les perspectives ne sont donc pas bonnes pour les assiégés. Certes, les Tyriens se battent avec acharnement. Une nuit, par exemple, un groupe d'excellents nageurs se glisse jusqu'à un vaisseau vénitien qui est de garde à l'entrée du port et réussit à le tirer vers la ville où il est désarmé et détruit. Mais, en dépit de telles actions d'éclat, les chances de succès sont minces. La débâcle de la marine fatimide rend impossible tout secours par voie de mer. Par ailleurs, le ravitaillement en eau potable se révèle difficile. Tyr — c'est sa principale faiblesse — n'a pas de source à l'intérieur de ses murs. En temps de paix, l'eau douce arrive du dehors par une canalisation. En cas de guerre, la cité compte sur ses citernes et sur un approvisionnement intense par petites barques. La rigueur du blocus vénitien interdit ce recours. Si l'étau ne vient pas à se desserrer, la capitulation sera inévitable au bout de quelques mois.

N'attendant rien des Egyptiens, leurs protecteurs habituels, les défenseurs se tournent vers le héros du moment, Balak. L'émir assiège alors une forteresse de la région d'Alep, Manbij, où l'un de ses vassaux est entré en rébellion. Quand l'appel des Tyriens lui parvient, il décide immédiatement, raconte Kamaleddin, de confier à l'un de ses lieutenants la poursuite du siège et de se porter lui-même au secours de Tyr. Le 6 mai 1124, avant de prendre la route, il effectue un dernier tour d'inspection.

Casque en tête et bouclier au bras, *poursuit le chroniqueur d'Alep*, Balak s'approcha de la forteresse de Manbij pour choisir la place où l'on dresserait les mangonneaux. Pendant qu'il donnait ses ordres, une flèche partie des remparts l'atteignit sous la clavicule gauche. Il arracha lui-même le trait et, crachant dessus avec mépris, il murmura : « Ce coup sera mortel pour tous les musulmans ! » Puis il expira.

Il disait vrai. Dès que la nouvelle de sa mort parvient à Tyr, les habitants perdent courage et ne songent plus qu'à négocier les conditions de leur reddition. *Le 7 juillet 1124*, raconte Ibn al-Qalanissi, *ils sortirent entre deux rangs de soldats, sans être molestés par les Franj. Tous les militaires et les civils quittèrent la ville, où restèrent seulement les impotents. Quelques exilés allèrent à Damas, les autres se dispersèrent dans le pays.*

Si le bain de sang a pu être évité, c'est néanmoins dans l'humiliation que s'achève l'admirable résistance des Tyriens.

Ils ne seront pas les seuls à subir les conséquences de la disparition de Balak. A Alep, le pouvoir échoit à Timourtach, le fils d'Ilghazi, un jeune homme de dix-neuf ans *uniquement occupé*, selon Ibn al-Athir, *à s'amuser, et qui s'empressa de quitter Alep pour sa ville d'origine, Mardin, parce qu'il trouvait qu'il y avait en Syrie trop de guerres avec les Franj.* Non content d'abandonner sa capitale, l'incapable Timourtach se hâte de relâcher le roi de Jérusalem en échange de vingt mille dinars. Il lui offre des vêtements d'honneur, un bonnet d'or et des bottines ornementées et lui rend même le cheval que Balak lui avait enlevé le jour de sa capture. Comportement princier sans doute, mais totalement irresponsable, car, quelques semaines après sa libération, Baudouin II arrive devant Alep avec la ferme intention de s'en emparer.

La défense de la cité incombe entièrement à Ibn al-Khachab, qui ne dispose que de quelques centaines d'hommes armés. Le cadi, qui voit des milliers de combattants autour de sa ville, dépêche un messager au fils d'Ilghazi. Au péril de sa vie, l'émissaire traverse de nuit les lignes ennemies. Arrivé à Mardin, il se présente au diwan de l'émir et le supplie avec insistance de ne pas abandonner Alep. Mais Timourtach, aussi effronté que lâche, ordonne de jeter en prison le messager dont les plaintes l'agacent.

Ibn al-Khachab se tourne alors vers un autre sauveur, al-Borsoki, un vieux militaire turc qui vient d'être nommé gouverneur de Mossoul. Connu pour sa rectitude et son zèle religieux, mais aussi pour son habileté politique et son ambition, al-Borsoki accepte avec empressement l'invitation que lui envoie le cadi et se met immédiatement en route. Son arrivée en janvier 1125 devant la ville assiégée surprend les Franj, qui s'enfuient en · abandonnant leurs tentes. Ibn al-Khachab se hâte de sortir à la rencontre d'al-Borsoki pour l'inciter à les poursuivre, mais l'émir est fatigué par sa longue chevauchée et surtout pressé de visiter sa nouvelle possession. Comme Ilghazi cinq ans plus tôt, il n'osera pas pousser son avantage, et laissera à l'ennemi le temps de se ressaisir. Mais son intervention revêt une importance considérable puisque l'union réalisée en 1125 entre Alep et Mossoul va être le noyau d'un puissant Etat qui, bientôt, pourra riposter avec succès à l'arrogance des Franj.

Par sa ténacité et son étonnante perspicacité, on sait qu'Ibn al-Khachab n'a pas seulement sauvé sa ville de l'occupation mais a contribué, plus que tout autre, à préparer la voie aux grands dirigeants du jihad contre les envahisseurs. Pourtant le cadi ne verra pas leur avènement. Un jour de l'été 1125, alors qu'il sortait de la grande mosquée d'Alep après la prière de midi, un homme déguisé en ascète bondit sur lui et lui plante un poignard dans la poitrine. C'est la vengeance des Assassins. Ibn al-Khachab avait été l'adversaire le plus acharné de la secte, il avait répandu à flots le sang de ses adeptes et ne s'en était jamais repenti. Il ne pouvait donc ignorer qu'un jour ou l'autre il le paierait de sa vie. Depuis un tiers de siècle, aucun ennemi des Assassins n'avait réussi à leur échapper.

C'est un homme de vaste culture, sensible à la poésie, esprit curieux au fait des derniers progrès des sciences, qui avait créé en 1090 cette secte, la plus redoutable de tous les temps. Hassan as-Sabbah était né vers 1048 dans la ville de Rayy, tout près de l'endroit où sera fondé, quelques dizaines d'années plus tard, le bourg de Téhéran. A-t-il été, comme le veut la légende, l'inséparable compagnon de jeunesse du poète Omar al-Khayyam, passionné, lui aussi, de mathématiques et d'astronomie ? On ne le sait pas au juste. On connaît en revanche avec précision les circonstances qui ont amené cet homme brillant à consacrer sa vie à l'organisation de sa secte.

A la naissance de Hassan, la doctrine chiite, à laquelle il adhère, était dominante en Asie musulmane. La Syrie appartenait aux Fatimides d'Egypte, et une autre dynastie chiite, celle des Boueyhides, contrôlait la Perse et dictait sa loi au calife abbasside en plein cœur de Baghdad. Mais, durant la jeunesse de Hassan, la situation s'est entièrement renversée. Les Seldjoukides, défenseurs de l'orthodoxie sunnite, se sont emparés de toute la région. Le chiisme, naguère triomphant, n'est plus alors qu'une doctrine à peine tolérée, et souvent persécutée.

Hassan, qui évolue dans un milieu de religieux persans, s'insurge contre cette situation. Vers 1071, il décide d'aller s'installer en Egypte, dernier bastion du chiisme. Mais ce qu'il découvre au pays du Nil n'est guère réjouissant. Le vieux calife fatimide al-Moustansir est encore plus fantoche que son rival abbasside. Il n'ose plus sortir de son palais sans l'autorisation de son vizir arménien Badr el-Jamali, père et prédécesseur d'al-Afdal. Hassan trouve au Caire beaucoup d'intégristes religieux qui partagent ses appréhensions et souhaitent, comme lui, réformer le califat chiite et se venger des Seldjoukides.

Bientôt, un véritable mouvement prend forme, ayant pour chef Nizar, le fils aîné du calife. Aussi pieux que courageux, l'héritier fatimide n'a aucune envie de s'adonner aux plaisirs de la cour ni de jouer le rôle d'une marionnette entre les mains d'un vizir. A la mort de son vieux père, qui ne saurait tarder, il devrait prendre la succession et, avec le concours de Hassan et de ses amis, assurer aux chiites un nouvel âge d'or. Un plan minutieux est mis au point, dont Hassan est le principal artisan. Le militant perse ira s'installer au cœur de l'empire seldjoukide pour préparer le terrain à la reconquête que Nizar ne manquera pas d'entreprendre à son avènement.

Hassan réussit au-delà de toute espérance, mais avec des méthodes bien différentes de celles imaginées par le vertueux Nizar. En 1090, il s'empare par surprise de la forteresse d'Alamout, ce « nid d'aigle » situé dans la chaîne de l'Elbrouz, près de la mer Caspienne, dans une zone pratiquement inaccessible. Disposant ainsi d'un sanctuaire inviolable, Hassan commence à mettre sur pied une organisation politico-religieuse dont l'efficacité et l'esprit de discipline resteront inégalés dans l'Histoire.

Les adeptes sont classés selon leur niveau d'instruction, de fiabilité et de courage, des novices au grand maître. Ils suivent des cours intensifs d'endoctrinement ainsi qu'un entraînement physique. L'arme préférée de Hassan pour terrifier ses ennemis est le meurtre. Les membres de la secte sont envoyés individuellement ou, plus rarement, en petites équipes de deux ou trois, avec pour mission de tuer une personnalité choisie. Ils se déguisent généralement en marchands ou en ascètes, circulent dans la ville où doit être perpétré le crime, se familiarisent avec les lieux et les habitudes de leur victime, puis, une fois leur plan mis au point, ils frappent. Mais, si les préparatifs se déroulent dans le plus grand secret, l'exécution doit nécessairement se passer en public, devant la foule la plus nombreuse possible. C'est pourquoi le lieu est la mosquée, et le jour préféré le vendredi, généralement à midi. Pour Hassan, le meurtre n'est pas un simple moyen de se débarrasser d'un adversaire, c'est avant tout une double leçon à donner en public : celle du châtiment de la personne tuée et celle du sacrifice héroïque de l'adepte exécuteur, appelé « fedai », c'est-à-dire « commando-suicide », parce qu'il est presque toujours abattu sur-le-champ.

La manière sereine dont les membres de la secte acceptaient de se laisser massacrer a fait croire aux contemporains qu'ils étaient drogués au haschisch, ce qui leur a valu le surnom de « haschischiyoun » ou « haschaschin », un mot qui sera déformé en

« Assassin », et qui deviendra bientôt, dans de nombreuses langues, un nom commun. L'hypothèse est plausible, mais, pour tout ce qui touche à la secte, il est difficile de distinguer réalité et légende. Hassan poussait-il les adeptes à se droguer afin de leur donner la sensation de se trouver pour un temps au paradis et les encourager ainsi au martyre ? Essayait-il, plus prosaïquement, de les accoutumer à quelque narcotique pour les tenir constamment à sa merci ? Leur fournissait-il simplement un euphorisant pour qu'ils ne faiblissent pas au moment de l'assassinat ? Comptait-il plutôt sur leur foi aveugle ? Quelle que soit la réponse, le seul fait d'évoquer ces hypothèses est un hommage rendu à l'organisateur exceptionnel qu'était Hassan.

Son succès est d'ailleurs foudroyant. Le premier meurtre, exécuté en 1092, deux ans après la fondation de la secte, est à lui seul une épopée. Les Seldjoukides sont alors à l'apogée de leur puissance. Or le pilier de leur empire, l'homme qui a organisé, pendant trente ans, en un véritable Etat le domaine conquis par les guerriers turcs, l'artisan de la renaissance du pouvoir sunnite et de la lutte contre le chiisme, est un vieux vizir dont le seul nom est évocateur de l'œuvre : Nizam el-Moulk, l'« Ordre du Royaume ». Le 14 octobre 1092, un adepte de Hassan le transperce d'un coup de poignard. *Quand Nizam el-Moulk fut assassiné*, dira Ibn al-Athir, *l'Etat se désintégra*. De fait, l'empire seldjoukide ne retrouvera plus jamais son unité. Son histoire ne sera plus ponctuée de conquêtes mais d'interminables guerres de succession. Mission accomplie, aurait pu dire Hassan à ses camarades d'Egypte. Désormais, la voie est ouverte à une reconquête fatimide. A Nizar de jouer. Mais, au Caire, l'insurrection tourne court. Al-Afdal, qui hérite le vizirat de son père, en 1094, écrase impitoyablement les amis de Nizar, lui-même emmuré vivant.

Hassan se trouve, de ce fait, devant une situation imprévue. Il n'a pas renoncé à l'avènement d'un renouveau du califat chiite, mais il sait qu'il y faudra du temps. En conséquence, il modifie sa stratégie : tout en poursuivant son travail de sape contre l'islam officiel et ses représentants religieux et politiques, il s'efforce de trouver désormais un lieu d'implantation pour constituer un fief autonome. Or quelle contrée pourrait offrir de meilleures perspectives que la Syrie, morcelée en cette multitude d'Etats minuscules et rivaux ? Il suffirait à la secte de s'y introduire, de jouer une ville contre l'autre, un émir contre son frère, pour pouvoir survivre jusqu'au jour où le califat fatimide sortira de sa torpeur.

Hassan dépêche en Syrie un prédicateur perse, énigmatique « médecin-astrologue », qui s'installe à Alep et parvient à gagner la confiance de Redwan. Les adeptes commencent à affluer vers la ville, à prêcher leur doctrine, à constituer des cellules. Pour conserver l'amitié du roi seldjoukide, ils ne répugnent pas à lui rendre de menus services, notamment à assassiner un certain nombre de ses adversaires politiques. A la mort du « médecin-astrologue », en 1103, la secte délègue immédiatement auprès de Redwan un nouveau conseiller perse, Abou-Taher, l'orfèvre. Très vite, son influence devient plus écrasante encore que celle de son prédécesseur. Redwan vit totalement sous son emprise et, selon Kamaleddin, aucun Alépin ne peut plus obtenir la moindre faveur du monarque ou régler un problème d'administration sans passer par l'un des innombrables sectateurs infiltrés dans l'entourage du roi.

Mais, en raison même de leur puissance, les Assassins sont détestés. Ibn al-Khachab, en particulier, réclame sans arrêt que l'on mette fin à leurs activités. Il leur reproche non seulement leur trafic d'influence, mais aussi et surtout la sympathie qu'ils manifestent à l'égard des envahisseurs occidentaux. Pour paradoxale qu'elle soit, cette accusation n'en est pas moins justifiée. A l'arrivée des Franj, les Assassins, qui commencent à peine à s'implanter en Syrie, sont appelés les « batinis », « ceux qui adhèrent à une croyance différente de celle qu'ils professent en public ». Une appellation qui laisse entendre que les adeptes ne sont musulmans qu'en apparence. Les chiites, tel Ibn al-Khachab, n'ont aucune sympathie pour les disciples de Hassan, en raison de sa rupture avec le califat fatimide qui demeure, malgré son affaiblissement, le protecteur attitré des chiites du monde arabe.

Détestés et persécutés par tous les musulmans, les Assassins ne sont pas mécontents, en conséquence, de voir arriver une armée chrétienne qui inflige défaite sur défaite aussi bien aux Seldjoukides qu'à al-Afdal, meurtrier de Nizar. Il ne fait aucun doute que l'attitude exagérément conciliante de Redwan à l'égard des Occidentaux était due, en bonne partie, aux conseils des « batinis ».

Aux yeux d'Ibn al-Khachab, la connivence entre les Assassins et les Franj équivaut à une trahison. Il agit en conséquence. Lors des massacres qui suivent la mort de Redwan, fin 1113, les batinis sont traqués de rue en rue, de maison en maison. Certains sont lynchés par la foule, d'autres sont précipités du haut des murailles. Près de deux cents membres de la secte périssent ainsi, dont Abou-Taher, l'orfèvre. Toutefois, indique Ibn al-Qalanissi, *plusieurs parvinrent à s'enfuir et se réfugièrent chez les Franj ou se dispersèrent dans le pays.*

Ibn al-Khachab a eu beau arracher aux Assassins leur principal bastion en Syrie, leur étonnante carrière n'en est encore qu'à ses débuts. Tirant les leçons de son échec, la secte change de tactique. Le nouvel envoyé de Hassan en Syrie, un propagandiste perse du nom de Bahram, décide de suspendre provisoirement toute action spectaculaire et de revenir à un travail minutieux et discret d'organisation et d'infiltration.

Bahram, *raconte le chroniqueur de Damas,* vivait dans le plus grand secret et la plus grande retraite, changeait d'accoutrement et de vêtements, si bien qu'il circulait dans les villes et les places fortes sans que personne soupçonne son identité.

Au bout de quelques années, il dispose d'un réseau suffisamment puissant pour songer à sortir de la clandestinité. Bien à propos il trouve un excellent protecteur en remplacement de Redwan.

Un jour, *dit Ibn al-Qalanissi*, Bahram arriva à Damas, où l'atabek Toghtekin le reçut très bien, par précaution contre sa malfaisance et celle de sa bande. On lui témoigna des égards et on lui assura une vigilante protection. Le second personnage de la métropole syrienne, le vizir Tahir al-Mazdaghani, s'entendit avec Bahram, bien qu'il n'appartînt pas à sa secte, et l'aida à jeter de tous côtés les lacets de sa malfaisance.

De fait, en dépit du décès de Hassan as-Sabbah dans son repaire d'Alamout en 1124, l'activité des Assassins connaît une forte recrudescence. Le meurtre d'Ibn al-Khachab n'est pas un acte isolé. Un an plus tôt, un autre « résistant enturbanné » de la première heure tombait sous leurs coups. Tous les chroniqueurs relatent son assassinat avec solennité, car l'homme qui avait conduit en août 1099 la première manifestation de colère contre l'invasion franque était devenu depuis l'une des plus hautes autorités religieuses du monde musulman. On annonça de l'Irak que le cadi des cadis de Baghdad, splendeur de l'islam, Abou-Saad al-Harawi, avait été attaqué par des batinis dans la grande mosquée de Hamadhan. Ils le tuèrent à coups de poignard, puis ils s'enfuirent sur-le-champ, sans laisser d'indice ou de trace, et sans que personne les poursuivît tant on avait peur d'eux. Le crime provoqua une vive indignation à Damas, où al-Harawi a vécu de longues années. Dans les milieux religieux surtout, l'activité des Assassins suscita une hostilité croissante. Les meilleurs parmi les croyants avaient le cœur serré, mais ils s'abstenaient de parler, car les batinis avaient commencé à tuer ceux qui leur résistaient et à soutenir ceux qui les approuvaient dans leurs égarements. Personne n'osait plus les blâmer en public, ni émir, ni vizir, ni sultan !

Cette terreur est justifiée. Le 26 novembre 1126, al-Borsoki, le puissant maître d'Alep et de Mossoul, subit à son tour la terrible vengeance des Assassins.

Et pourtant, *s'étonne Ibn al-Qalanissi*, l'émir se tenait sur ses gardes. Il portait une cotte de mailles où ne pouvaient pénétrer la pointe du sabre ni la lame du poignard et s'entourait de soldats armés jusqu'aux dents. Mais le destin qui s'accomplit ne peut être évité. Al-Borsoki s'était rendu comme d'habitude à la grande mosquée de Mossoul pour remplir son obligation du vendredi. Les scélérats étaient là, vêtus à la manière des soufis, en train de prier dans un coin sans éveiller les soupçons. Soudain, ils bondirent sur lui et lui assenèrent plusieurs coups sans parvenir à transpercer sa cotte de mailles. Quand les batinis virent que les poignards n'avaient pas prise sur l'émir, l'un d'eux cria : « Frappez en haut, à la tête! » De leurs coups, ils l'atteignirent à la gorge et le lardèrent de blessures. Al-Borsoki mourut en martyr et ses meurtriers furent mis à mort.

Jamais la menace des Assassins n'a été aussi sérieuse. Il ne s'agit plus d'une simple entreprise de harcèlement, mais d'une véritable lèpre qui ronge le monde arabe à un moment où il a besoin de toute son énergie pour faire face à l'occupation franque. D'ailleurs la série noire continue. Quelques mois après la disparition d'al-Borsoki, son fils, qui vient de lui succéder, est assassiné à son tour. A Alep, quatre émirs rivaux se disputent alors le pouvoir, et Ibn al-Khachab n'est plus là pour maintenir un minimum de cohésion. En automne 1127, tandis que la ville sombre dans l'anarchie, les Franj réapparaissent sous ses murs. Antioche a un nouveau prince, le jeune fils du grand Bohémond, un géant blond de dix-huit ans qui vient d'arriver de son pays pour prendre possession de l'héritage familial. Il a le prénom de son père, et surtout son caractère impétueux. Les Alépins s'empressent de lui payer tribut, et les plus défaitistes voient déjà en lui le futur conquérant de leur cité.

A Damas, la situation n'est pas moins dramatique. L'atabek Toghtekin, vieillissant et malade, n'exerce plus aucun contrôle sur les Assassins. Ils ont leur propre milice armée, l'administration est entre leurs mains et le vizir al-Mazdaghani, qui leur est dévoué corps et âme, entretient des contacts étroits avec Jérusalem. De son côté, Baudouin II ne cache plus son intention de couronner sa carrière par la prise de la métropole syrienne. Il semble que seule la présence du vieux Toghtekin empêche encore les Assassins de livrer la ville aux Franj. Mais le sursis sera court. Début 1128, l'atabek maigrit à vue d'œil et n'arrive plus à se lever. A son chevet, les intrigues vont bon train. Après avoir désigné son fils Bouri pour successeur il s'éteint le 12 février. Les Damascains sont désormais convaincus que la chute de leur ville n'est plus qu'une question de temps.

En évoquant, un siècle plus tard, cette période critique de l'histoire arabe, Ibn al-Athir écrira à juste titre :

Avec la mort de Toghtekin disparaissait le dernier homme capable de faire face aux Franj. Ceux-ci semblaient alors en mesure d'occuper la Syrie tout entière. Mais Dieu, dans son infinie bonté, eut pitié des musulmans.

TROISIÈME PARTIE

LA RIPOSTE (1128-1146)

> *J'allais commencer la prière lors-*
> *qu'un Franj se précipita sur moi,*
> *m'empoigna et me tourna le visage*
> *vers l'Orient en me disant : « C'est*
> *ainsi qu'on prie! »*
>
> Oussama Ibn Mounqidh
> Chroniqueur (1095-1188)

CHAPITRE VI

LES COMPLOTS DE DAMAS

Le vizir al-Mazdaghani se présenta comme chaque jour au pavillon des Roses, dans le palais de la Citadelle, à Damas. Il y avait là, *raconte Ibn al-Qalanissi*, tous les émirs et les chefs militaires. L'assemblée s'occupa de plusieurs affaires. Le maître de la ville, Bouri, fils de Toghtekin, eut un échange de vues avec les présents, puis chacun se leva pour regagner sa demeure. Selon la coutume, le vizir devait partir après tous les autres. Quand il se mit debout, Bouri fit un signe vers l'un de ses familiers et celui-ci frappa al-Mazdaghani de plusieurs coups de sabre sur la tête. Puis on le décapita et on porta son corps en deux morceaux à la porte de Fer afin que tout le monde puisse voir ce que Dieu fait de ceux qui ont usé de fourberie.

En quelques minutes, la mort du protecteur des Assassins est connue dans les souks de Damas, et sui-vie sur-le-champ d'une chasse à l'homme. Une foule

131

immense se répand dans les rues, brandissant sabres et poignards. Tous les batinis, leurs parents, leurs amis, ainsi que tous ceux que l'on soupçonne de sympathie à leur égard sont traqués à travers la ville, poursuivis chez eux et égorgés impitoyablement. Leurs chefs seront crucifiés sur les créneaux des remparts. Plusieurs membres de la famille d'Ibn al-Qalanissi prennent activement part au massacre. On peut penser que le chroniqueur lui-même, qui est en ce mois de septembre 1129 un haut fonctionnaire de cinquante-sept ans, ne s'est pas mêlé à la populace. Mais son ton en dit long sur son état d'esprit en ces heures sanglantes : *Au matin, les places étaient débarrassées des batinis et les chiens hurlants se disputaient leurs cadavres.*

Les Damascains étaient visiblement excédés de la mainmise des Assassins sur leur cité, le fils de Toghtekin plus que tout autre, qui refusait son rôle de fantoche entre les mains de la secte et du vizir al-Mazdaghani. Pour Ibn al-Athir, il ne s'agit cependant pas là d'une simple lutte pour le pouvoir, mais de sauver la métropole syrienne d'un désastre imminent : *Al-Mazdaghani avait écrit aux Franj pour proposer de leur livrer Damas s'ils acceptaient de lui céder en échange la cité de Tyr. L'accord était conclu. Ils s'étaient même entendus sur le jour, un vendredi.* Les troupes de Baudouin II devaient en effet arriver à l'improviste sous les murs de la ville dont des groupes d'Assassins armés devaient leur ouvrir les portes, d'autres commandos étant chargés de garder les issues de la grande mosquée pour empêcher dignitaires et militaires de sortir jusqu'à ce que les Franj aient occupé la cité. Quelques jours avant la mise à exécution de ce plan, Bouri, qui en avait eu connaissance, s'était empressé d'éliminer son vizir, donnant ainsi le signal à la population pour qu'elle se déchaîne contre les Assassins.

Ce complot a-t-il vraiment existé ? On serait tenté d'en douter quand on sait qu'Ibn al-Qalanissi lui-même, malgré son acharnement verbal contre les batinis, ne les accuse à aucun moment d'avoir voulu livrer sa ville aux Franj. Cela dit, le récit d'Ibn al-Athir n'est pas invraisemblable. Les Assassins et leur allié al-Mazdaghani se sentaient menacés à Damas, aussi bien par une hostilité populaire grandissante que par les intrigues de Bouri et de son entourage. De plus, ils savaient que les Franj étaient décidés à s'emparer de la ville coûte que coûte. Plutôt que de se battre contre trop d'ennemis à la fois, la secte a fort bien pu décider de se ménager un sanctuaire tel que Tyr, à partir duquel elle pourrait envoyer ses prédicateurs et ses tueurs vers l'Egypte fatimide, objectif principal des disciples de Hassan as-Sabbah.

La suite des événements semble accréditer la thèse du complot. Les rares batinis qui survivent au massacre vont s'installer en Palestine, sous la protection de Baudouin II, auquel ils livrent Banias, une puissante forteresse située au pied du mont Hermon et qui contrôle la route de Jérusalem à Damas. De plus, quelques semaines plus tard, une puissante armée franque fait son apparition dans les environs de la métropole syrienne. Elle groupe près de dix mille cavaliers et fantassins venus, non seulement de Palestine, mais aussi d'Antioche, d'Edesse et de Tripoli, ainsi que plusieurs centaines de guerriers, fraîchement arrivés du pays des Franj, qui proclament bien haut leur intention de s'emparer de Damas. Les plus fanatiques d'entre eux appartiennent à l'ordre des Templiers, un ordre religieux et militaire fondé six ans plus tôt en Palestine.

Ne disposant pas de troupes suffisantes pour faire face aux envahisseurs, Bouri appelle à la hâte quelques bandes de nomades turcs et quelques tribus arabes de la région en leur promettant une bonne rétribution s'ils l'aident à repousser l'attaque. Le fils de Toghtekin sait qu'il ne pourra pas compter longtemps sur ces mercenaires qui, très vite, déserteront pour se livrer au pillage. Son souci premier est donc d'engager le combat le plus tôt possible. Un jour de novembre, ses éclaireurs l'informent que plusieurs milliers de Franj sont allés fourrager dans la riche plaine de la Ghouta. Sans hésiter, il dépêche la totalité de son armée à leur poursuite. Complètement pris au dépourvu, les Occidentaux sont vite encerclés. Certains de leurs chevaliers n'auront même pas le temps de récupérer leurs montures.

Les Turcs et les Arabes revinrent à Damas en fin d'après-midi, triomphants, joyeux et chargés de butin, *relate Ibn al-Qalanissi*. La population se réjouit, les cœurs en furent réconfortés, et l'armée décida d'aller attaquer les Franj dans leur camp. Le lendemain à l'aube, de nombreux cavaliers partirent à toute allure. Voyant beaucoup de fumée qui s'élevait, ils pensèrent que les Franj étaient là, mais, en s'approchant, ils découvrirent que les ennemis avaient décampé après avoir mis le feu à leurs équipements, car ils n'avaient plus de bêtes de somme pour les porter.

En dépit de cet échec, Baudouin II rassemble ses troupes pour une nouvelle attaque contre Damas, quand subitement, début septembre, une pluie diluvienne s'abat sur la région. Le terrain où campent les Franj s'est transformé en un immense lac de boue où hommes et chevaux sont irrémédiablement enlisés. La mort dans l'âme, le roi de Jérusalem ordonne la retraite.

Bouri, que l'on considérait à son avènement comme un émir frivole et timoré, avait réussi à sauver Damas des deux principaux dangers qui la menaçaient, les Franj et les Assassins. Tirant les leçons de sa défaite, Baudouin II renonce définitivement à toute nouvelle entreprise contre la cité convoitée.

Mais Bouri n'a pas réduit au silence tous ses ennemis. Arrivent un jour à Damas deux individus habillés à la turque, avec cabans et calottes pointues. Ils cherchent, disent-ils, un travail à salaire fixe, et le fils de Toghtekin les engage dans sa garde personnelle. Un matin de mai 1131, alors que l'émir revient de son hammam au palais, les deux hommes bondissent sur lui et le blessent au ventre. Avant d'être exécutés, ils avouent que le maître des Assassins les a envoyés de la forteresse d'Alamout pour venger leurs frères, exterminés par le fils de Toghtekin.

On appelle au chevet de la victime de nombreux médecins et, en particulier, précise Ibn al-Qalanissi, *des chirurgiens spécialisés dans le traitement des blessures*. Les soins médicaux qu'offre alors Damas sont parmi les meilleurs du monde. Doukak y a fondé un hôpital, un « maristan »; un second sera construit en 1154. Le voyageur Ibn Jobaïr, qui les visitera quelques années plus tard, décrira leur fonctionnement :

Chaque hôpital a des administrateurs qui tiennent des registres où sont inscrits les noms des malades, les dépenses qui sont nécessaires pour leurs soins et leur nourriture et divers autres renseignements. Les médecins y viennent chaque matin, examinent les malades et ordonnent de préparer des remèdes et des aliments qui peuvent les guérir, suivant ce qui convient à chaque individu.

Après la visite de ces chirurgiens, Bouri, qui se sent mieux, insiste pour remonter à cheval et, comme chaque jour, recevoir ses amis pour bavarder et boire. Mais ces excès seront fatals au malade, sa plaie ne se cicatrise pas. Il s'éteint en juin 1132, après treize mois d'atroces souffrances. Les Assassins, une fois de plus, se sont vengés.

Bouri aura été le premier artisan de la riposte victorieuse du monde arabe à l'occupation franque, bien que son règne trop bref n'ait pu laisser un souvenir durable. Il est vrai qu'il coïncidait avec l'ascension d'une personnalité d'une tout autre envergure : l'atabek Imadeddin Zinki, *nouveau maître d'Alep et de Mossoul*, un homme qu'Ibn al-Athir n'hésitera pas à considérer comme *le cadeau de la Providence divine aux musulmans.*

A première vue, cet officier très brun, à la barbe en broussaille, ne se différencie guère des nombreux chefs militaires turcs qui l'ont précédé dans cette guerre interminable contre les Franj. Souvent ivre mort, prêt, comme eux, à user de toutes les cruautés et de toutes les perfidies pour arriver à ses fins, Zinki combat lui aussi souvent avec plus d'acharnement les musulmans que les Franj. Lorsqu'il fait, le 18 juin 1128, son entrée solennelle à Alep, ce qu'on sait de lui n'est guère encourageant. Son principal titre de gloire, il l'a acquis en réprimant, l'année précédente, une révolte du calife de Baghdad contre ses protecteurs seldjoukides. Le débonnaire al-Moustazhir était mort en 1118 en laissant le trône à son fils al-Moustarchid-billah, un jeune homme de vingt-cinq ans aux yeux bleus, aux cheveux roux, au visage parsemé de taches de rousseur, qui avait l'ambition de renouer avec la glorieuse tradition de ses premiers ancêtres abbassides. Le moment semblait propice car le sultan Mohammed venait de disparaître, et, selon la coutume, une guerre de succession commençait. Le jeune calife en avait donc profité pour reprendre directement en main le contrôle de ses troupes, ce qui ne s'était jamais vu depuis plus de deux siècles. Orateur de talent, al-Moustarchid avait rassemblé derrière lui la population de sa capitale.

Paradoxalement, alors que le prince des croyants rompt avec une longue tradition de fainéantise, le sultanat échoit à un jeune homme de quatorze ans uniquement préoccupé de parties de chasse et des plaisirs du harem. Mahmoud, fils de Mohammed, est traité avec condescendance par al-Moustarchid, qui lui conseille souvent de retourner en Perse. C'est bel et bien une révolte des Arabes contre les Turcs, ces militaires étrangers qui les dominent depuis si longtemps. Incapable de faire face à cette fronde, le sultan a fait appel à Zinki, alors gouverneur du riche port de Bassora, au fond du golfe. Son intervention est décisive : battues près de Baghdad, les troupes du calife rendent leurs armes et le prince des croyants s'enferme dans son palais en attendant des jours meilleurs. Pour récompenser Zinki de son aide précieuse, le sultan lui confie, quelques mois plus tard, le gouvernement de Mossoul et d'Alep.

On aurait certes pu imaginer des faits d'armes plus glorieux pour ce futur héros de l'islam. Mais ce n'est pas à tort que Zinki sera célébré un jour comme le premier grand combattant du jihad contre les Franj. Avant lui, les généraux turcs arrivaient en Syrie accompagnés de troupes impatientes de piller et de repartir avec solde et butin. Et l'effet de leurs victoires se trouvait rapidement annulé par la défaite suivante. On démobilisait les troupes pour les remobiliser l'année d'après. Avec Zinki, les mœurs changent. Pendant dix-huit ans, ce guerrier infatigable va parcourir la Syrie et l'Irak, dormant sur la paille pour se protéger de la boue, combattant les uns, pactisant avec les autres, intriguant contre tous. Jamais il ne songe à résider paisiblement dans un des nombreux palais de son vaste fief.

Son entourage se compose, non de courtisanes et de flatteurs, mais de conseillers politiques expérimentés qu'il sait écouter. Il dispose d'un réseau d'informateurs qui le tiennent constamment au courant de ce qui se trame à Baghdad, Ispahan, Damas, Antioche, Jérusalem, comme chez lui, à Alep et Mossoul. Contrairement aux autres armées qui ont eu à combattre les Franj, la sienne n'est pas commandée par une multitude d'émirs autonomes, toujours prêts à trahir ou à se quereller. La discipline y est stricte, et à la moindre incartade le châtiment est impitoyable. Selon Kamaleddin, *les soldats de l'atabek avaient l'air de marcher entre deux cordes* pour ne pas mettre le pied dans un champ cultivé. *Une fois*, racontera de son côté Ibn al-Athir, *l'un des émirs de Zinki, ayant reçu en fief une petite ville, s'était installé dans la demeure d'un riche commerçant juif. Celui-ci demanda à voir l'atabek et lui exposa son cas. Zinki lança un seul regard à l'émir qui évacua immédiatement la maison*. Le maître d'Alep est d'ailleurs aussi exigeant pour lui-même que pour les autres. Quand il arrive dans une ville, il dort à l'extérieur des murs, sous sa tente, méprisant tous les palais mis à sa disposition.

Zinki était en outre, *d'après l'historien de Mossoul*, fort soucieux de l'honneur des femmes, surtout des épouses des soldats. Il disait que, si elles n'étaient pas bien gardées, elles se corrompraient vite en raison des longues absences de leurs maris pendant les campagnes.

Rigueur, persévérance, sens de l'Etat, autant de qualités dont était pourvu Zinki et qui manquaient dramatiquement aux dirigeants du monde arabe. Plus important encore au regard de l'avenir : Zinki avait un grand souci de légitimité. Dès son arrivée à Alep, il prend trois initiatives, trois gestes symboliques. Le premier est désormais classique : épouser la fille du roi Redwan, déjà veuve d'Ilghazi et de Balak; le second : transférer les restes de son père dans la ville pour témoigner de l'enracinement de sa famille dans ce fief; le troisième : obtenir du sultan Mahmoud un document officiel conférant à l'atabek une autorité indiscutée sur l'ensemble de la Syrie et le nord de l'Irak. Par là, Zinki indique clairement qu'il n'est pas un simple aventurier de passage mais bien le fondateur d'un Etat appelé à durer après sa mort. Cet élément de cohésion, qu'il introduit dans le monde arabe, ne produira cependant son effet qu'au bout de plusieurs années. Longtemps encore, les querelles intestines paralyseront les princes musulmans, et l'atabek lui-même.

Pourtant, le moment semble propice d'organiser une vaste contre-offensive, car la belle solidarité qui a fait jusqu'ici la force des Occidentaux paraît sérieusement remise en cause. *On dit que la discorde est née parmi les Franj, chose inaccoutumée de leur part.* Ibn al-Qalanissi n'en revient pas. *On affirme même qu'ils se sont battus entre eux et qu'il y a eu plusieurs morts.* Mais l'étonnement du chroniqueur n'est rien en comparaison de celui qu'éprouve Zinki le jour où il reçoit un message d'Alix, la fille de Baudouin II, roi de Jérusalem, lui proposant une alliance contre son propre père !

Cette étrange affaire commence en février 1130 lorsque le prince Bohémond II, d'Antioche, parti guerroyer dans le Nord, tombe dans une embuscade tendue par Ghazi, le fils de l'émir Danishmend qui avait capturé Bohémond Ier trente ans plus tôt. Moins chanceux que son père, Bohémond II est tué au combat, et sa tête blonde, soigneusement embaumée et enfermée dans une boîte d'argent, est envoyée en cadeau au calife. Quand la nouvelle de sa mort atteint Antioche, sa veuve Alix organise un véritable coup d'Etat. Avec, semble-t-il, le soutien de la population arménienne, grecque et syrienne d'Antioche, elle s'assure le contrôle de la ville et se met en contact avec Zinki. Curieuse attitude qui annonce la naissance d'une nouvelle génération de Franj, la deuxième, qui n'a plus grand-chose en commun avec les pionniers de l'invasion. De mère arménienne, n'ayant jamais connu l'Europe, la jeune princesse se sent orientale et agit en tant que telle.

Informé de la rébellion de sa fille, le roi de Jérusalem marche immédiatement vers le nord à la tête de son armée. Peu avant d'atteindre Antioche, il rencontre par hasard un chevalier à l'aspect éblouissant, dont le coursier, d'un blanc immaculé, est ferré d'argent et bardé, de la crinière au poitrail, d'une superbe armure ciselée. C'est un cadeau d'Alix à Zinki, accompagné d'une lettre où la princesse demande à l'atabek de venir à son secours et lui promet de reconnaître sa suzeraineté. Après avoir fait pendre le messager, Baudouin poursuit sa route vers Antioche qu'il reprend rapidement en main. Alix capitule, après une résistance symbolique dans la Citadelle. Son père l'exile au port de Lattaquieh.

Mais, peu après, en août 1131, le roi de Jérusalem meurt. Signe des temps, il a droit à un éloge funèbre en bonne et due forme de la part du chroniqueur de Damas. Les Franj ne sont plus, comme aux premiers temps de l'invasion, une masse informe où l'on distingue à peine quelques chefs. La chronique d'Ibn al-Qalanissi s'intéresse désormais aux détails et ébauche même une analyse.

Baudouin, *écrit-il*, était un vieillard que le temps et les malheurs avaient poli. Plusieurs fois, il tomba aux mains des musulmans et leur échappa grâce à des ruses fameuses. Avec sa disparition, les Franj ont perdu leur politique le plus avisé et leur administrateur le plus compétent. Le pouvoir royal échut après lui au comte d'Anjou, récemment arrivé de leur pays par voie de mer. Mais celui-ci n'était pas sûr dans son jugement ni efficace dans son administration, si bien que la perte de Baudouin plongea les Franj dans le trouble et le désordre.

Le troisième roi de Jérusalem, Foulque d'Anjou, un quinquagénaire roux et trapu qui a épousé Mélisande, la sœur aînée d'Alix, est effectivement un nouveau venu. Car Baudouin, comme la grande majorité des princes francs, n'a pas eu d'héritier mâle. En raison de leur hygiène plus que primitive, ainsi que de leur manque d'adaptation aux conditions de vie de l'Orient, les Occidentaux connaissent un taux extrêmement élevé de mortalité infantile qui touche en premier lieu les garçons. Ce n'est qu'avec le temps qu'ils apprendront à améliorer leur situation en utilisant régulièrement le hammam, en recourant davantage aux services des médecins arabes.

Ibn al-Qalanissi n'a pas tort de mépriser les capacités politiques de l'héritier venu de l'Ouest, car c'est sous le règne de ce Foulque que la « discorde parmi les Franj » va être la plus forte. Dès son accession au pouvoir, il doit faire face à une nouvelle insurrection menée par Alix, qui ne sera réprimée qu'avec difficulté. Puis c'est en Palestine même que la révolte gronde. Une rumeur persistante accuse sa femme, la reine Mélisande, d'entretenir une liaison amoureuse avec un jeune chevalier, Hughes du Puiset. Cette affaire, entre les partisans du mari et ceux de l'amant, opère une véritable division de la noblesse franque qui ne vit plus que d'altercations, de duels, de rumeurs d'assassinat. Se sentant menacé, Hughes va trouver refuge à Ascalon auprès des Egyptiens, qui l'accueillent d'ailleurs chaleureusement. On lui confie même des troupes fatimides avec l'aide desquelles il s'empare du port de Jaffa. Il en sera chassé quelques semaines plus tard.

En décembre 1132, pendant que Foulque rassemble ses forces pour réoccuper Jaffa, le nouveau maître de Damas, le jeune atabek Ismaël, fils de Bouri, vient s'emparer par surprise de la forteresse de Banias, que les Assassins avaient livrée aux Franj trois ans plus tôt. Mais cette reconquête n'est qu'un acte isolé. Car les princes musulmans, absorbés par leurs propres querelles, sont incapables de profiter des dissensions qui agitent les Occidentaux. Zinki lui-même est pratiquement invisible en Syrie. Laissant le gouvernement d'Alep à l'un de ses lieutenants, il a dû à nouveau s'engager dans une lutte sans merci contre le calife. Mais, cette fois, c'est al-Moustarchid qui semble avoir le dessus.

Le sultan Mahmoud, allié de Zinki, vient de mourir à l'âge de vingt-six ans, et c'est, une fois encore, une nouvelle guerre de succession qui éclate au sein du clan seldjoukide. Le prince des croyants en profite pour relever la tête. Promettant à chaque prétendant de faire la prière dans les mosquées en son nom, il devient le véritable arbitre de la situation. Zinki s'alarme. Rassemblant ses troupes, il marche sur Baghdad avec l'intention d'infliger à al-Moustarchid une défaite aussi cuisante que lors de leur premier affrontement cinq ans plus tôt. Mais le calife vient le rencontrer à la tête de plusieurs milliers d'hommes, près de la ville de Tikrit, sur le Tigre, au nord de la capitale abbasside. Les troupes de Zinki sont taillées en pièces et l'atabek est lui-même sur le point de tomber aux mains de ses ennemis lorsqu'un homme intervient au moment critique pour lui sauver la vie. C'est le gouverneur de Tikrit, un jeune officier kurde au nom alors obscur, Ayyoub. Au lieu de gagner les faveurs du calife en lui livrant son adversaire, ce militaire aide l'atabek à traverser le fleuve pour échapper à ses poursuivants et regagner Mossoul à la hâte. Zinki n'oubliera jamais ce geste chevaleresque. Il lui vouera, ainsi qu'à sa famille, une amitié indéfectible, qui va déterminer, bien des années après, la carrière du fils d'Ayyoub, Youssef, plus connu sous le surnom de Salaheddin, ou Saladin.

Après sa victoire sur Zinki, al-Moustarchid est au faîte de sa gloire. Se sentant menacés, les Turcs font leur unité autour d'un seul prétendant seldjoukide, Massoud, frère de Mahmoud. En janvier 1133, le nouveau sultan se présente à Baghdad pour obtenir sa couronne de la main du prince des croyants. C'est, en général, une simple formalité, mais al-Moustarchid, à sa manière, transforme la cérémonie. Ibn al-Qalanissi, notre « journaliste » de l'époque, raconte la scène.

> L'imam, prince des croyants, était assis. On introduisit en sa présence le sultan Massoud qui lui rendit les hommages dus à son rang. Le calife lui offrit successivement sept robes d'apparat, dont la dernière était noire, une couronne incrustée de pierreries, des bracelets et un collier d'or en lui disant : « Reçois cette faveur avec gratitude et crains Dieu en public et en privé. » Le sultan baisa le sol, puis il

s'assit sur le tabouret prévu pour lui. Le prince des croyants lui dit alors : « Celui qui ne se conduit pas bien lui-même n'est pas apte à diriger les autres. » Le vizir, qui était présent, répéta ces paroles en persan et renouvela vœux et louanges. Ensuite le calife fit apporter deux sabres et les remit solennellement au sultan, ainsi que deux fanions qu'il noua de sa propre main. A la fin de l'entretien, l'imam al-Moustarchid conclut par ces mots : « Va, emporte ce que je t'ai donné et sois au nombre des gens reconnaissants. »

Le souverain abbasside a affiché une belle assurance, même s'il nous appartient, bien entendu, de faire la part des apparences. Il a sermonné le Turc avec désinvolture, sûr que l'unité retrouvée des Seldjoukides ne peut, à terme, que menacer sa puissance naissante, mais il ne l'a pas moins reconnu comme détenteur légitime du sultanat. En 1133, toutefois, il continue de rêver de conquête. En juin, il part à la tête de ses troupes en direction de Mossoul, bien décidé à s'en emparer et à en finir par la même occasion avec Zinki. Le sultan Massoud ne cherche pas à l'en dissuader. Il lui suggère même de réunir la Syrie et l'Irak en un seul Etat sous son autorité, une idée qui sera souvent reprise dans l'avenir. Mais, tout en faisant ces propositions, le Seldjoukide aide Zinki à résister aux assauts du calife qui durant trois mois, et en vain, assiège Mossoul.

Cet échec marquera un tournant fatal dans la fortune d'al-Moustarchid. Abandonné par la plupart de ses émirs, il sera vaincu et capturé en juin 1135 par Massoud, qui le fera sauvagement assassiner deux mois plus tard. On retrouvera le prince des croyants nu sous sa tente, les oreilles et le nez coupés, le corps transpercé d'une vingtaine de coups de poignard.

Tout absorbé par ce conflit, Zinki est bien entendu incapable de s'occuper directement des affaires syriennes. Il serait même resté en Irak jusqu'à l'écrasement définitif de la tentative de restauration abbasside, s'il n'avait reçu, en janvier 1135, un appel désespéré d'Ismaël, fils de Bouri et maître de Damas, lui demandant de venir prendre possession de sa ville le plus rapidement possible. « S'il se produisait quelque retard, je serais forcé d'appeler les Franj et de leur livrer Damas avec tout ce qu'elle contient, et la responsabilité du sang de ses habitants retomberait sur Imadeddin Zinki. »

Ismaël, qui craint pour sa vie et croit voir dans chaque coin de son palais un meurtrier à l'affût, est décidé à quitter sa capitale et à aller se réfugier, sous la protection de Zinki, dans la forteresse de Sarkhad, au sud de la ville, où il a déjà fait transporter ses richesses et ses vêtements.

Le règne du fils de Bouri avait pourtant connu des débuts prometteurs. Arrivé au pouvoir à dix-neuf ans, il a fait preuve d'un dynamisme admirable, dont la reprise de Banias était la meilleure illustration. Il est certes arrogant et n'écoute guère les conseillers de son père ni de son grand-père Toghtekin. Mais on est prêt à mettre cette attitude sur le compte de sa jeunesse. En revanche, ce que les Damascains supportent mal, c'est l'avidité croissante de leur maître, qui lève régulièrement de nouveaux impôts.

Ce n'est pourtant qu'en 1134 que la situation s'est mise à prendre un tour tragique, quand un vieil esclave, du nom d'Ailba, autrefois au service de Toghtekin, a tenté d'assassiner son maître. Ismaël, qui a échappé à la mort de justesse, a insisté pour recueillir lui-même les aveux de son agresseur. « Si j'ai agi de la sorte, a répondu l'esclave, c'est pour gagner la faveur de Dieu en débarrassant les gens de ton existence malfaisante. Tu as opprimé les pauvres et les sans-appui, les artisans, les gagne-petit et les paysans. Tu as traité sans ménagements civils et militaires. » Et Ailba de citer les noms de tous ceux qui, affirme-t-il, souhaitent comme lui la mort d'Ismaël. Traumatisé jusqu'à la folie, le fils de Bouri se met à arrêter toutes les personnes nommées et à les mettre à mort sans autre forme de procès. *Ces exécutions injustes ne lui suffirent pas,* raconte le chroniqueur de Damas. *Nourrissant des soupçons à l'égard de son propre frère, Sawinj, il lui infligea le pire des supplices en le faisant périr d'inanition dans une cellule. Sa malfaisance et son injustice ne connurent plus de limites.*

Ismaël est alors engagé dans un cycle infernal. Chaque exécution fait croître en lui la peur d'une nouvelle vengeance et, pour tenter de se prémunir, il ordonne de nouvelles mises à mort. Conscient de ne pouvoir prolonger cette situation, il décide de livrer sa ville à Zinki et de se retirer dans la forteresse de Sarkhad. Or le maître d'Alep est, depuis des années, unanimement détesté par les Damascains, depuis que fin 1129 il a écrit à Bouri pour l'inviter à participer à ses côtés à une expédition contre les Franj. Ce que le seigneur de Damas avait accepté avec empressement, lui dépêchant cinq cents cavaliers commandés par ses meilleurs officiers et accompagnés de son propre fils, le malheureux Sawinj. Après les avoir accueillis avec des égards, Zinki les avait tous désarmés et emprisonnés, faisant dire à Bouri que si jamais il osait lui tenir tête les otages seraient en danger de mort. Sawinj n'avait été relâché que deux ans plus tard.

En 1135, le souvenir de cette trahison est encore vif chez les Damascains et, lorsque les dignitaires de la cité ont vent des projets d'Ismaël, ils décident de s'y opposer par tous les moyens. Des réunions ont lieu entre les émirs, les notables et les principaux esclaves, tous veulent sauver et leur vie et leur ville. Un groupe de conjurés décide d'exposer la situation à la mère d'Ismaël, la princesse Zomorrod, « Emeraude ».

Elle en fut horrifiée, *rapporte le chroniqueur de Damas*. Elle fit venir son fils et le réprimanda vivement. Puis elle fut amenée, par son désir de faire le bien, ses sentiments religieux profonds et son intelligence, à envisager la manière dont le mal pourrait être extirpé à la racine et la situation rétablie pour Damas et ses habitants. Elle se pencha sur cette affaire comme l'aurait fait un homme de bon sens et d'expérience qui examine les choses avec lucidité. Elle ne trouva d'autre remède à la malfaisance de son fils que de se débarrasser de lui et de mettre ainsi fin au désordre croissant dont il était responsable.

L'exécution ne se fera pas attendre.

La princesse ne songea plus qu'à ce projet. Elle guetta un moment où son fils se trouvait seul, sans esclaves ni écuyers, et ordonna à ses serviteurs de le tuer sans pitié. Elle-même ne manifesta ni compassion ni chagrin. Elle fit porter la dépouille vers un endroit du palais où on pourrait la découvrir. Tout le monde se réjouit de la chute d'Ismaël. On remercia Dieu et on adressa louanges et prières en faveur de la princesse.

Zomorrod a-t-elle tué son propre fils pour l'empêcher de livrer Damas à Zinki ? On peut en douter quand on sait que la princesse épousera, trois ans plus tard, ce même Zinki, et le suppliera d'occuper sa ville. Elle n'a pas non plus agi pour venger Sawinj, qui était le fils d'une autre femme de Bouri. Alors, sans doute faut-il se fier à l'explication que nous en donne Ibn al-Athir : Zomorrod était la maîtresse du principal conseiller d'Ismaël, et c'est en apprenant que son fils projetait de tuer son amant, et peut-être aussi de la punir elle-même, qu'elle aurait résolu de passer à l'action.

Quelles que soient ses véritables motivations, la princesse a ainsi privé son futur mari d'une conquête facile. Car le 30 janvier 1135, jour de l'assassinat d'Ismaël, Zinki est déjà en route vers Damas. Lorsque son armée traverse l'Euphrate une semaine plus tard, Zomorrod a installé sur le trône un autre de ses fils, Mahmoud, et la population se prépare activement à la résistance. Ignorant la mort d'Ismaël, l'atabek envoie des représentants à Damas pour étudier avec ce dernier les modalités de la capitulation. Evidemment on les reçoit poliment, mais sans les mettre au courant des derniers développements de la situation. Furieux, Zinki refuse de rebrousser chemin. Il établit son camp au nord-est de la ville et charge ses éclaireurs de voir où et comment il pourrait attaquer. Mais il comprend vite que les défenseurs sont décidés à se battre jusqu'au bout. Ils ont à leur tête un vieux compagnon de Toghtekin, Moinuddin Ounar, un militaire turc rusé et obstiné que Zinki va retrouver plus d'une fois sur son chemin. Après quelques escarmouches, l'atabek se résout à chercher un compromis. Afin de lui sauver la face, les dirigeants de la ville assiégée lui rendent des hommages et reconnaissent, d'une manière purement nominale, sa suzeraineté.

A la mi-mars, l'atabek s'éloigne donc de Damas. Pour relever le moral de ses troupes, éprouvées par cette campagne inutile, il les conduit immédiatement vers le nord et s'empare à une vitesse stupéfiante de quatre places fortes franques dont la tristement célèbre Maara. Malgré ces exploits, son prestige est entamé. Ce n'est que deux ans plus tard qu'il parviendra, par une action d'éclat, à faire oublier son échec devant Damas. Paradoxalement, ce sera alors Moinuddin Ounar qui lui fournira, sans le vouloir, l'occasion de se réhabiliter.

CHAPITRE VII

UN ÉMIR CHEZ LES BARBARES

En juin 1137, Zinki est arrivé, avec un impressionnant matériel de siège, et a installé son camp dans les vignobles qui entourent Homs, principale ville de la Syrie centrale, que se disputent traditionnellement Alépins et Damascains. Pour l'heure, ces derniers la contrôlent, le gouverneur de la cité n'étant autre que le vieil Ounar. Voyant les catapultes et les mangonneaux alignés par son adversaire, Moinuddin Ounar comprend qu'il ne pourra pas résister longtemps. Il s'arrange pour faire savoir aux Franj qu'il a l'intention de capituler. Les chevaliers de Tripoli, qui n'ont aucune envie de voir Zinki s'installer à deux jours de marche de leur ville, se mettent en route. Le stratagème d'Ounar a parfaitement réussi : craignant d'être pris entre deux feux, l'atabek conclut à la hâte une trêve avec son vieil ennemi et se retourne contre les Franj, décidé à aller assiéger leur plus puissante forteresse de la région, Baarin. Inquiets, les chevaliers de Tripoli appellent à leur rescousse le roi Foulque, qui accourt avec son armée. Et c'est sous les murs de Baarin, dans une vallée cultivée en terrasses, qu'a donc lieu la première bataille importante entre Zinki et les Franj, ce qui peut étonner quand on sait que l'atabek est déjà maître d'Alep depuis plus de neuf ans !

Le combat sera court mais décisif. En quelques heures, les Occidentaux, épuisés par une longue marche forcée, sont écrasés sous le nombre et taillés en pièces. Seuls le roi et quelques hommes de sa suite parviennent à se réfugier dans la forteresse. Foulque n'a que le temps d'envoyer un messager à Jérusalem pour qu'on vienne le délivrer, puis, racontera Ibn al-Athir, *Zinki coupa toutes les communications, ne laissant filtrer aucune nouvelle, si bien que les assiégés ne savaient plus ce qui se passait dans leur pays tant le contrôle des routes était strict.*

Un tel blocus aurait été sans effet sur des Arabes. Ceux-ci utilisaient depuis des siècles la technique des pigeons voyageurs pour communiquer d'une ville à l'autre. Chaque armée en campagne emportait avec elle des pigeons appartenant à plusieurs villes et places fortes musulmanes. On les avait dressés de manière qu'ils reviennent toujours à leur nid d'origine. Il suffisait donc d'enrouler un message autour d'une de leurs pattes et de les lâcher pour qu'ils aillent, plus vite que le plus rapide des coursiers, annoncer la victoire, la défaite ou la mort d'un prince, demander de l'aide ou encourager à la résistance une garnison assiégée. Au fur et à mesure que la mobilisation arabe contre les Franj s'organise, des services réguliers de pigeons voyageurs se mettent à fonctionner entre Damas, Le Caire, Alep et d'autres villes, l'Etat octroyant même des salaires aux personnes chargées d'élever et de dresser ces volatiles.

C'est d'ailleurs au cours de leur présence en Orient que les Franj s'initieront à la colombophilie, qui plus tard connaîtra une grande vogue dans leur pays. Mais, au moment du siège de Baarin, ils ignorent encore tout de cette méthode de communication, ce qui permet à Zinki d'en profiter. L'atabek, qui commence par accentuer sa pression sur les assiégés, leur offre, en effet, après une âpre négociation, des conditions de reddition avantageuses : livraison de la forteresse et paiement de cinquante mille dinars. En échange de quoi il acceptera de les laisser partir en paix. Foulque et ses hommes capitulent, puis s'enfuient à bride abattue, heureux de s'en être tirés à si bon compte. *Peu après avoir quitté Baarin, ils rencontrèrent les gros renforts qui venaient à leur aide et ils se repentirent, mais un peu tard, de s'être rendus. Cela n'avait été possible*, selon Ibn al-Athir, *que parce que les Franj étaient restés totalement coupés du monde extérieur.*

Zinki est d'autant plus satisfait d'avoir réglé à son avantage l'affaire de Baarin qu'il vient de recevoir des nouvelles particulièrement alarmantes : l'empereur byzantin Jean Comnène, qui a succédé en 1118 à son père Alexis, est en route vers la Syrie du Nord avec des dizaines de milliers d'hommes. Dès que Foulque s'éloigne, l'atabek saute sur son cheval et galope vers Alep. Cible privilégiée des Roum par le passé, la ville est en effervescence. En prévision d'une attaque, on a commencé à vider, tout autour des murs, les fossés où la population a, en temps de paix, la mauvaise habitude de jeter ses ordures. Mais bientôt des émissaires du basileus viennent rassurer Zinki : leur objectif n'est nullement Alep mais Antioche, la cité franque que les Roum n'ont jamais cessé de revendiquer. De fait, l'atabek apprend bientôt, non sans satisfaction, qu'elle est déjà en état de siège et bombardée par les catapultes. Laissant les chrétiens à leurs disputes, Zinki s'en retourne assiéger Homs, où Ounar continue à lui tenir tête.

Cependant Roum et Franj se réconcilient plus vite que prévu. Pour calmer le basileus, les Occidentaux lui promettent de lui rendre Antioche, Jean Comnène s'engageant à leur livrer, en échange, plusieurs villes musulmanes de Syrie. Ce qui déclenche, en mars 1138, une nouvelle guerre de conquête. L'empereur a pour lieutenants deux chefs francs, le nouveau comte d'Edesse, Jocelin II, et un chevalier du nom de Raymond, qui vient de prendre en main la principauté d'Antioche en épousant Constance, une enfant de huit ans, la fille de Bohémond II et d'Alix.

En avril, les alliés entreprennent d'assiéger Chayzar, mettant en batterie dix-huit catapultes et mangonneaux. Le vieil émir Soultan Ibn Mounqidh, déjà gouverneur de la cité avant le début de l'invasion franque, ne semble nullement en mesure de faire face aux forces jointes des Roum et des Franj. Selon Ibn al-Athir, les alliés auraient choisi pour cible Chayzar *parce qu'ils espéraient que Zinki ne se préoccuperait pas de défendre avec ardeur une ville qui ne lui appartenait pas.* C'était mal le connaître. Le Turc organise et dirige lui-même la résistance. La bataille de Chayzar sera pour lui l'occasion de déployer, plus que jamais, ses admirables qualités d'homme d'Etat.

En quelques semaines, il bouleverse tout l'Orient. Après avoir envoyé des messagers en Anatolie, qui parviennent à convaincre les successeurs de Danishmend d'attaquer le territoire byzantin, il dépêche à Baghdad des agitateurs qui y organisent une émeute semblable à celle qu'Ibn al-Khachab avait provoquée en 1111, forçant ainsi le sultan Massoud à dépêcher des troupes vers Chayzar. A tous les émirs de Syrie et de la Jézira, il écrit, leur enjoignant, menaces à l'appui, d'engager toutes leurs forces pour repousser la nouvelle invasion. L'armée de l'atabek lui-même, bien moins nombreuse que celle de l'adversaire, renonçant à une attaque de front, entreprend une tactique de harcèlement, tandis que Zinki entretient une intense correspondance avec le basileus et les chefs francs. Il « informe » l'empereur — ce qui est d'ailleurs exact — que ses alliés le craignent et attendent avec impatience son départ de Syrie. Aux Franj il envoie des messages, notamment à Jocelin d'Edesse, et Raymond d'Antioche : *Ne comprenez-vous pas,* leur dit-il, *que, si les Roum occupaient une seule place forte de Syrie, ils s'empareraient bientôt de toutes vos villes ?* Auprès des simples combattants byzantins et francs, il dépêche nombre d'agents, pour la plupart des chrétiens de Syrie, ayant pour tâche de propager des rumeurs démoralisantes quant à l'approche de gigantesques armées de secours venant de Perse, d'Irak et d'Anatolie.

Cette propagande porte ses fruits, surtout chez les Franj. Tandis que le basileus, vêtu de son casque d'or, dirige personnellement le tir des catapultes, les seigneurs d'Edesse et d'Antioche, assis sous une tente, se livrent à d'interminables parties de dés. Ce jeu, déjà connu dans l'Egypte pharaonique, est, au XIIe siècle, aussi répandu en Orient qu'en Occident. Les Arabes

150

l'appellent « az-zahr », un mot que les Franj adopteront pour désigner non pas le jeu lui-même, mais la chance, le « hasard ».

Ces parties de dés des princes francs exaspèrent le basileus Jean Comnène qui, découragé par la mauvaise volonté de ses alliés et alarmé par ces rumeurs persistantes sur l'arrivée d'une puissante armée de secours musulmane — elle n'a en réalité jamais quitté Baghdad —, lève, le siège de Chayzar et repart le 21 mai 1138 pour Antioche où il fait son entrée à cheval, se faisant suivre à pied de Raymond et Jocelin, les traitant comme ses écuyers.

Pour Zinki, c'est une immense victoire. Dans le monde arabe où l'alliance des Roum et des Franj avait causé une intense frayeur, l'atabek apparaît désormais comme un sauveur. Bien entendu, il est résolu à utiliser son prestige pour régler sans délai quelques problèmes qui lui tiennent à cœur, et d'abord celui de Homs. Fin mai, alors que la bataille de Chayzar est à peine terminée, Zinki passe un curieux accord avec Damas : il épousera la princesse Zomorrod et obtiendra Homs en guise de dot. La mère meurtrière de son fils arrive en cortège, trois mois plus tard, sous les murs de Homs, pour s'unir solennellement à son nouveau mari. Assistent à la cérémonie des représentants du sultan, du calife de Baghdad et de celui du Caire, et même des ambassadeurs de l'empereur des Roum qui, tirant les leçons de ses déboires, a décidé d'entretenir désormais les rapports les plus amicaux avec Zinki.

Maître de Mossoul, d'Alep et de l'ensemble de la Syrie centrale, l'atabek se fixe pour objectif de s'emparer de Damas avec l'aide de sa nouvelle femme. Il espère que celle-ci parviendra à convaincre son fils, Mahmoud, de lui livrer sa capitale sans combat. La princesse hésite, tergiverse. Ne pouvant compter sur elle, Zinki finit par la délaisser. Mais, en juillet 1139, alors qu'il se trouve à Harran, il reçoit un message urgent de Zomorrod : il lui annonce que Mahmoud vient d'être assassiné, poignardé dans son lit par trois de ses esclaves. La princesse supplie son mari de marcher sans tarder sur Damas pour s'emparer de la ville et châtier les meurtriers de son fils. L'atabek se met immédiatement en route. Les larmes de son épouse le laissent totalement indifférent, mais il estime que la disparition de Mahmoud pourrait être mise à profit pour réaliser enfin sous son égide l'unité de la Syrie.

C'était compter sans l'éternel Moinuddin Ounar, rentré à Damas après la cession de Homs, et qui, à la mort de Mahmoud, a pris directement en main les affaires de la cité. S'attendant à une offensive de Zinki, Moinuddin a élaboré sans tarder un plan secret pour y faire face. Même si, pour le moment, il évite d'y recourir et s'occupe d'organiser la défense.

Zinki ne marche d'ailleurs pas directement sur la ville convoitée. Il commence par attaquer l'antique cité romaine de Baalbek, la seule agglomération de quelque importance qui soit encore tenue par les Damascains. Son intention est à la fois d'encercler la métropole syrienne et de démoraliser ses défenseurs. Au mois d'août, il installe quatorze mangonneaux autour de Baalbek, qu'il pilonne sans relâche avec l'espoir de s'en emparer en quelques jours afin de commencer le siège de Damas avant la fin de l'été. Baalbek capitule sans difficulté, mais sa citadelle, bâtie avec les pierres d'un ancien temple du dieu phénicien Baal, résiste deux longs mois. Zinki en est si irrité que, lorsque la garnison finit par se rendre, fin octobre, après avoir obtenu l'assurance d'être épargnée, il ordonne de crucifier trente-sept combattants et d'écorcher vif le commandant de la place. Cet acte de sauvagerie, destiné à convaincre les Damascains que toute résistance confinerait au suicide, produit l'effet contraire. Solidement unie autour d'Ounar, la population de la métropole syrienne est plus que jamais décidée à se battre jusqu'au bout. De toute manière, l'hiver est proche, et Zinki ne peut envisager un assaut avant le printemps. Ounar utilisera ces quelques mois de répit pour mettre au point son plan secret.

En avril 1140, quand l'atabek accentue sa pression et se prépare à une attaque générale, c'est précisément le moment que choisit Ounar pour mettre son plan à exécution : demander à l'armée des Franj, commandée par le roi Foulque, de venir en force au secours de Damas. Il ne s'agit pas d'une simple opération ponctuelle, mais de la mise en application d'un traité d'alliance en bonne et due forme qui va se prolonger au delà de la mort de Zinki.

Dès 1138, Ounar avait, en effet, envoyé à Jérusalem son ami le chroniqueur Oussama Ibn Mounqidh pour étudier la possibilité d'une collaboration franco-damascaine contre le maître d'Alep. Oussama, qui avait été bien reçu, avait obtenu un accord de principe. Les ambassades s'étant multipliées, le chroniqueur était reparti vers la Ville sainte au début de 1140 avec des propositions précises : l'armée franque forcerait Zinki à s'éloigner de Damas; les forces des deux Etats s'uniraient en cas d'un nouveau danger; Moinuddin paierait vingt mille dinars pour couvrir les frais des opérations militaires; une expédition commune, enfin, serait menée, sous la responsabilité d'Ounar, pour occuper la forteresse de Banias, tenue depuis peu par un vassal de Zinki, et la remettre au roi de Jérusalem. Pour prouver leur bonne foi, les Damascains confieraient aux Franj des otages choisis dans les familles des principaux dignitaires de la ville.

Il s'agissait pratiquement de vivre sous un protectorat franc, mais la population de la métropole syrienne s'y résigne. Effrayée des méthodes brutales de l'atabek, elle approuve unanimement le traité négocié par Ounar, dont la politique s'avère, en tout cas, indéniablement efficace. Craignant d'être pris en tenaille, Zinki se retire à Baalbek, qu'il donne en fief à un homme sûr, Ayyoub, avant de s'éloigner lui-même, avec son armée, vers le nord en promettant au père de Saladin de revenir bientôt venger son revers. Après le départ de l'atabek, Ounar occupe Banias et la livre aux Franj, conformément au traité d'alliance. Puis il se rend en visite officielle au royaume de Jérusalem.

Oussama l'accompagne, Oussama qui est devenu en quelque sorte le grand spécialiste des questions franques à Damas. Fort heureusement pour nous, l'émir chroniqueur ne se limite pas aux négociations diplomatiques. C'est, avant tout, un esprit curieux et un observateur perspicace qui nous laissera un témoignage inoubliable sur les mœurs et la vie quotidienne au temps des Franj.

Quand je visitais Jérusalem, j'avais l'habitude de me rendre à la mosquée al-Aqsa, lieu de séjour de mes amis Templiers. Il y avait sur un des côtés un petit oratoire où les Franj avaient installé une église. Les Templiers mettaient cet endroit à ma disposition pour que j'y fasse mes prières. Un jour, je suis entré, j'ai dit « Allahou Akbar! » et j'allais commencer la prière lorsqu'un homme, un Franj, se précipita sur moi, m'empoigna et me tourna le visage vers l'Orient en me disant : « C'est ainsi qu'on prie! ». Tout de suite, des Templiers accoururent et l'éloignèrent de moi. Je revins donc à ma prière, mais cet homme, profitant d'un moment d'inattention, se jeta à nouveau sur moi, me retourna le visage vers l'Orient en répétant : « C'est ainsi qu'on prie! ». Cette fois encore, les Templiers intervinrent, l'éloignèrent et s'excusèrent envers moi en disant : « C'est un étranger. Il vient d'arriver du pays des Franj et il n'a jamais vu quelqu'un prier sans se tourner vers l'Orient. » Je répondis que j'avais assez prié, et je sortis, stupéfait par le comportement de ce démon qui s'était tellement fâché en me voyant prier en direction de La Mecque.

Si l'émir Oussama n'hésite pas à appeler les Templiers « mes amis », c'est qu'il estime que leurs mœurs barbares se sont polies au contact de l'Orient. *Parmi les Franj*, explique-t-il, *nous en voyons qui sont venus se fixer au milieu de nous et qui ont cultivé la société des musulmans. Ils sont bien supérieurs à ceux qui les ont nouvellement rejoints dans les territoires qu'ils occupent.* Pour lui, l'incident de la mosquée al-Aqsa est « un exemple de la grossièreté des Franj ». Il en cite d'autres, recueillis au cours de ses fréquentes visites au royaume de Jérusalem.

Je me trouvais à Tibériade un jour où les Franj célébraient l'une de leurs fêtes. Les chevaliers étaient sortis de la ville pour se livrer à un jeu de lances. Ils avaient entraîné avec eux deux vieilles femmes décrépites qu'ils avaient placées à une extrémité de l'hippodrome, tandis qu'à l'autre, il y avait un porc, suspendu à un rocher. Les chevaliers avaient alors organisé une course à pied entre les deux vieilles. Chacune avançait, escortée par un groupe de cavaliers qui lui obstruaient la route. A chaque pas qu'elles faisaient, elles tombaient puis se relevaient, au milieu des gros éclats de rire des spectateurs. A la fin, l'une des vieilles, arrivée la première, saisit le porc comme prix de sa victoire.

Un émir aussi lettré et raffiné qu'Oussama ne peut apprécier ces gauloiseries. Mais sa moue condescendante se transforme en une grimace de dégoût quand il observe ce qu'est la justice des Franj.

A Naplouse, *raconte-t-il*, j'eus l'occasion d'assister à un curieux spectacle. Deux hommes devaient s'affronter en combat singulier. Le motif était le suivant : des brigands parmi les musulmans avaient envahi un village voisin, et un cultivateur était soupçonné de leur avoir servi de guide. Il s'était enfui, mais avait dû revenir bientôt car le roi Foulque avait fait emprisonner ses enfants. « Traite-moi avec équité, lui avait demandé le cultivateur, et permets que je me mesure à celui qui m'a accusé. » Le roi avait dit alors au seigneur qui avait reçu en fief le village : « Fais venir l'adversaire. » Le seigneur avait choisi un forgeron qui travaillait au village en lui disant : « C'est toi qui iras te battre en duel. » Le possesseur du fief ne voulait surtout pas que l'un de ses paysans aille se faire tuer, de peur que ses cultures n'en souffrent. Je vis donc ce forgeron. C'était un jeune homme fort, mais qui, en marchant ou en s'asseyant, avait toujours envie de réclamer quelque chose à boire. Quant à l'accusé, c'était un vieillard courageux qui faisait claquer ses doigts en signe de défi. Le vicomte, gouverneur de Naplouse, s'approcha, donna à chacun une lance et un bouclier et fit ranger tout autour les spectateurs en cercle.

La lutte s'engagea, *poursuit Oussama*. Le vieillard pressait le forgeron en arrière, le rejetait vers la foule, puis revenait vers le milieu de l'arène. Il y eut un échange de coups si violent que les rivaux semblaient ne plus former qu'une seule colonne de sang. Le combat se prolongea, malgré les exhortations du vicomte qui voulait hâter le dénouement. « Plus vite ! » leur criait-il. Finalement, le vieillard fut épuisé et le forgeron, profitant de son expérience à manier le marteau, lui assena un coup qui le renversa et lui fit lâcher la lance. Puis il s'accroupit au-dessus de lui pour lui enfoncer les doigts dans les yeux, mais sans y parvenir à cause des flots de sang qui coulaient. Le forgeron se releva alors et il acheva son adversaire d'un coup de lance. Aussitôt, on attacha au cou du cadavre une corde avec laquelle on le traîna vers le gibet où on le pendit. Voyez, par cet exemple, ce qu'est la justice des Franj!

Rien de plus naturel que cette indignation de l'émir, car pour les Arabes du XIIᵉ siècle la justice est une chose sérieuse. Les juges, les cadis sont des personnages hautement respectés qui, avant de rendre leur sentence, ont l'obligation de suivre une procédure précise, fixée par le Coran : réquisitoire, plaidoirie, témoignages. Le « jugement de Dieu », auquel les Occidentaux ont souvent recours, leur apparaît comme une farce macabre. Ce duel décrit par le chroniqueur n'est que l'une des formes de l'ordalie. L'épreuve du feu en est une autre. Et il y a aussi le supplice de l'eau, qu'Oussama découvre avec horreur :

On avait installé une grande barrique remplie d'eau. Le jeune homme qui était l'objet des suspicions fut garrotté, suspendu par ses omoplates à une corde et précipité dans la barrique. S'il était innocent, disaient-ils, il s'enfoncerait dans l'eau, et on l'en retirerait au moyen de cette corde. S'il était coupable, il lui serait impossible de plonger dans l'eau. Le malheureux, quand on le jeta dans la barrique, fit des efforts pour aller jusqu'au fond, mais il n'y réussit pas et dut se soumettre aux rigueurs de leur loi, que Dieu les maudisse! On lui passa alors sur les yeux un poinçon d'argent rougi au feu et on l'aveugla.

L'opinion de l'émir syrien sur les « barbares » ne se modifie guère quand il évoque leur savoir. Les Franj sont, au XIIᵉ siècle, très en retard sur les Arabes dans tous les domaines scientifiques et techniques. Mais c'est dans celui de la médecine que l'écart est le plus grand entre l'Orient développé et l'Occident primitif. Oussama observe la différence :

Un jour, *raconte-t-il*, le gouverneur franc de Mouneitra, dans le mont Liban, écrivit à mon oncle Soultan, émir de Chayzar, pour le prier de lui envoyer un médecin pour soigner quelques cas urgents. Mon oncle choisit un médecin chrétien de chez nous nommé Thabet. Celui-ci ne s'absenta que quelques jours, puis il revint vers nous. Nous étions tous très curieux de savoir comment il avait pu obtenir aussi vite la guérison des malades, et nous le pressâmes de questions. Thabet répondit : « On a fait venir devant moi un chevalier qui avait un abcès à la jambe et une femme atteinte de consomption. Je mis un emplâtre au chevalier; la tumeur s'ouvrit et s'améliora. A la femme, je prescrivis une diète pour lui rafraîchir le tempérament. » Mais un médecin franc arriva alors et dit : « Cet homme ne sait pas les soigner ! ». Et, s'adressant au chevalier, il lui demanda : « Que préfères-tu, vivre avec une seule jambe ou mourir avec les deux? ». Le patient ayant répondu qu'il aimait mieux vivre avec une seule jambe, le médecin ordonna : « Amenez-moi un chevalier solide avec une hache bien aiguisée. » Je vis bientôt arriver le chevalier et la hache. Le médecin franc plaça la jambe sur un billot de bois en disant au nouveau venu : « Donne un bon coup de hache pour la couper net ! ». Sous mes yeux, l'homme assena à la jambe un premier coup, puis, comme elle était toujours attachée, il la frappa une seconde fois. La moelle de la jambe gicla et le blessé mourut à l'instant même. Quant à la femme, le médecin franc l'examina et dit : « Elle a dans la tête un démon qui est amoureux d'elle. Coupez-lui les cheveux ! ». On les lui coupa. La femme recommença alors à manger leur nourriture avec de l'ail et de la moutarde, ce qui aggrava la consomption. « C'est donc que le diable est entré dans la tête », affirma leur médecin. Et, saisissant un rasoir, il lui fit une incision en forme de croix, fit apparaître l'os de la tête et le frotta avec du sel. La femme mourut sur-le-champ. Je demandai alors : « Vous n'avez plus besoin de moi? ». Ils me dirent que non, et je m'en revins après avoir appris sur la médecine des Franj bien des choses que j'ignorais.

Scandalisé par l'ignorance des Occidentaux, Oussama l'est bien plus encore par leurs mœurs : « Les Franj, s'écrie-t-il, n'ont pas le sens de l'honneur ! Si l'un d'eux sort dans la rue avec son épouse et rencontre un autre homme, celui-ci prend la main de la femme, la tire à part pour lui parler, tandis que le mari s'écarte en attendant qu'elle ait fini la conversation. Si cela dure trop longtemps, il la laisse avec son interlocuteur et s'en va! ». L'émir est troublé : « Pensez un peu à cette contradiction. Ces gens-là n'ont ni jalousie ni sens de l'honneur, alors qu'ils ont tant de courage ! Le courage ne provient pourtant que du sens de l'honneur et du mépris pour ce qui est mal ! ».

Plus il en apprend sur leur compte, plus Oussama se fait une piètre idée des Occidentaux. Il n'admire chez eux que les qualités guerrières. On comprend dès lors que le jour où l'un des « amis » qu'il s'est faits parmi eux, un chevalier de l'armée du roi Foulque, lui propose d'emmener son jeune fils en Europe pour l'initier aux règles de la chevalerie, l'émir décline poliment l'invitation, se disant tout bas qu'il préférerait que son fils aille « en prison plutôt qu'au pays des Franj ». La fraternisation avec ces étrangers a des limites. D'ailleurs, cette fameuse collaboration entre Damas et Jérusalem, qui a fourni à Oussama l'occasion inespérée de mieux connaître les Occidentaux, apparaîtra vite comme un court intermède. Un événement spectaculaire va bientôt relancer la guerre à outrance contre l'occupant : le samedi 23 décembre 1144, la ville d'Edesse, capitale du plus ancien des quatre Etats francs d'Orient, est tombée aux mains de l'atabek Imadeddin Zinki.

Si la chute de Jérusalem en juillet 1099 a marqué l'aboutissement de l'invasion franque, et celle de Tyr en juillet 1124 l'achèvement de la phase d'occupation, la reconquête d'Edesse restera dans l'Histoire comme le couronnement de la riposte arabe aux envahisseurs et comme le début de la longue marche vers la victoire.

Personne ne prévoyait que l'occupation allait être remise en cause d'une manière aussi éclatante. Il est vrai qu'Edesse n'était qu'un avant-poste de la présence franque, mais ses comtes avaient réussi à s'intégrer pleinement au jeu politique local, le dernier maître occidental de cette cité à majorité arménienne étant Jocelin II, un petit barbu au nez proéminent, aux yeux exorbités, au corps disproportionné, qui n'avait jamais brillé par son courage ni par sa sagesse. Mais ses sujets ne le détestaient pas, surtout parce qu'il était de mère arménienne, et la situation de son domaine ne semblait nullement critique. Il échangeait avec ses voisins des

158

razzias de routine qui se terminaient habituellement par des trêves.

Mais, brusquement, en cet automne de 1144, la situation change. Par une habile manœuvre militaire, Zinki met fin à un demi-siècle de domination franque dans cette partie de l'Orient, remportant une victoire qui va secouer les puissants et les humbles, de la Perse au lointain pays des « Alman », préludant à une nouvelle invasion conduite par les plus grands rois des Franj.

Le récit le plus émouvant de la conquête d'Edesse est celui que nous en a fait un témoin oculaire, l'évêque syrien Aboul-Faraj Basile, qui s'est trouvé directement mêlé aux événements. Son attitude pendant la bataille illustre bien le drame des communautés chrétiennes orientales auxquelles il appartient. Sa ville ayant été attaquée, Aboul-Faraj participe activement à sa défense, mais en même temps ses sympathies vont davantage à l'armée musulmane qu'à ses « protecteurs » occidentaux, qu'il ne tient pas en très haute estime.

Le comte Jocelin, *raconte-t-il*, était parti rapiner sur les rives de l'Euphrate. Zinki l'apprit. Le 30 novembre, il était sous les murs d'Edesse. Ses troupes étaient nombreuses comme les étoiles du ciel. Toutes les terres qui entourent la ville en furent remplies. Des tentes furent dressées partout, et l'atabek plaça la sienne au nord de la cité, en face de la porte des Heures, sur une colline qui dominait l'église des Confesseurs.

Bien que située dans une vallée, Edesse était difficile à prendre, car sa puissante enceinte triangulaire se trouvait solidement imbriquée dans les collines environnantes. Mais, explique Aboul Faraj, *Jocelin n'avait laissé aucune troupe. Il n'y avait que des cordonniers, des tisserands, des marchands de soieries, des tailleurs, des prêtres*. La défense sera donc assurée par l'évêque franc de la ville, assisté d'un prélat arménien ainsi que du chroniqueur lui-même, pourtant favorable à un arrangement avec l'atabek.

Zinki, *raconte-t-il*, adressait constamment aux assiégés des propositions de paix, leur disant : « O malheureux ! Vous voyez que tout espoir est perdu. Que voulez-vous ? Qu'attendez-vous ? Ayez pitié de vous-mêmes, de vos fils, de vos femmes, de vos maisons ! Faites que votre cité ne soit pas dévastée et privée d'habitants ! ». Mais il n'y avait dans la ville aucun chef capable d'imposer sa volonté. On répondait sottement à Zinki par des rodomontades et des injures.

Voyant que les sapeurs commencent à creuser des mines sous les remparts, Aboul-Faraj suggère d'écrire une lettre à Zinki pour proposer une trêve, à quoi l'évêque franc donne son accord. « On écrivit la lettre et on la lut au peuple, mais un homme insensé, un marchand de soie, tendit la main, arracha la lettre et la déchira. » Pourtant, Zinki ne cessait de répéter : « Si vous désirez une trêve de quelques jours, nous vous l'accorderons pour voir si vous obtiendrez de l'aide. Sinon, rendez-vous et vivez ! ».

Mais aucun secours n'arrive. Bien qu'averti assez tôt de l'offensive contre sa capitale, Jocelin n'ose pas se mesurer aux forces de l'atabek. Il préfère s'installer à Tell Bacher en attendant que des troupes d'Antioche ou de Jérusalem viennent à son aide.

Les Turcs avaient maintenant arraché les fondements du mur septentrional et, à leur place, ils avaient mis du bois, des poutres, des troncs en quantité. Ils avaient rempli les interstices de naphte, de graisse et de soufre pour que le brasier s'enflamme plus facilement et que le mur s'écroule. Alors, sur l'ordre de Zinki, on mit le feu. Les hérauts de son camp crièrent de se préparer au combat, appelant les soldats à s'introduire par la brèche dès que le mur serait tombé en leur promettant de leur abandonner la ville au pillage pendant trois jours. Le feu prit dans le naphte et le soufre et enflamma le bois et la graisse fondue. Le vent soufflait du nord et portait la fumée vers les défenseurs. Malgré sa solidité, le mur chancela puis s'écroula. Après avoir perdu beaucoup des leurs sur la brèche, les Turcs pénétrèrent dans la ville et se mirent à massacrer les gens sans distinction. Ce jour-là, environ six mille habitants périrent. Les femmes, les enfants et les jeunes gens se précipitèrent vers la citadelle haute pour échapper au massacre. Ils trouvèrent la porte fermée par la faute de l'évêque des Franj qui avait dit aux gardes : « Si vous ne voyez pas mon visage, n'ouvrez pas la porte ! ». Ainsi les groupes montaient les uns après les autres en se piétinaient. Spectacle lamentable et horrifiant : bousculées, étouffées, devenues comme une seule masse compacte, environ cinq mille personnes, et peut-être plus, périrent atrocement.

C'est pourtant Zinki qui va intervenir personnellement pour arrêter la tuerie, avant de dépêcher son principal lieutenant auprès d'Aboul-Faraj. « Vénérable, dit-il, nous désirons que tu nous jures, sur la Croix et l'Evangile, que toi et ta communauté nous demeurerez fidèles. Tu sais très bien que cette ville, pendant les deux cents ans où les Arabes l'ont gouvernée, a été florissante comme une métropole. Aujourd'hui, il y a cinquante ans que les Franj l'occupent, et ils l'ont déjà ruinée. Notre maître Imadeddin Zinki est disposé à bien vous traiter. Vivez en paix, soyez en sécurité sous son autorité et priez pour sa vie. »

De fait, *poursuit Aboul-Faraj*, on fit sortir de la citadelle les Syriens et les Arméniens, et chacun d'eux rentra chez lui sans être inquiété. Aux Franj, par contre, on enleva tout ce qu'ils avaient avec eux, l'or, l'argent, les vases sacrés, les calices, les patènes, les croix ornementées et quantité de bijoux. On mit à part les prêtres, les nobles et les notables; on les dépouilla de leurs vêtements avant de les envoyer, enchaînés, à Alep. Parmi le reste, on prit les artisans, que Zinki garda avec lui comme prisonniers pour les faire travailler chacun à son métier. Tous les autres Franj, environ cent hommes, furent exécutés.

Dès que la nouvelle de la reconquête d'Edesse est connue, le monde arabe est saisi d'enthousiasme. On attribue à Zinki les projets les plus ambitieux. Les réfugiés de Palestine et des villes côtières nombreux dans l'entourage de l'atabek commencent déjà à parler de reconquérir Jérusalem, un objectif qui deviendra bientôt le symbole de la résistance aux Franj.

Le calife s'est empressé de conférer au héros du jour des titres prestigieux : al-malek al-mansour, « le roi victorieux », zain-el-islam, « ornement de l'islam », nassir amir al-mouminin, « soutien du prince des croyants ». Comme tous les dirigeants de l'époque, Zinki aligne fièrement ses surnoms, symboles de sa puissance. Dans une note finement satirique, Ibn al-Qalanissi s'excuse auprès de ses lecteurs d'avoir écrit dans sa chronique « le sultan Untel », « l'émir » ou « l'atabek », sans y ajouter leurs titres complets. Car, explique-t-il, il y a depuis le xᵉ siècle une telle inflation de surnoms honorifiques que son texte serait devenu illisible s'il avait voulu tous les citer. Regrettant discrètement l'époque des premiers califes, qui se contentaient du titre, superbe dans sa simplicité, de « prince des croyants », le chroniqueur de Damas cite plusieurs exemples pour illustrer ses dires, dont précisément celui de Zinki. A chaque fois qu'il mentionne l'atabek, Ibn al-Qalanissi rappelle qu'il devrait écrire, textuellement :

L'émir, le général, le grand, le juste, l'aide de Dieu, le triomphateur, l'unique, le pilier de la religion, la pierre angulaire de l'islam, l'ornement de l'islam, le protecteur des créatures, l'associé de la dynastie, l'auxiliaire de la doctrine, la grandeur de la nation, l'honneur des rois, l'appui des sultans, le vainqueur des infidèles, des rebelles et des athées, le chef des armées musulmanes, le roi victorieux, le roi des princes, le soleil des mérites, l'émir des deux Irak et de la Syrie, le conquérant de l'Iran, Bahlawan Jihan Alp Inassaj Kotlogh Toghrulbeg atabek Abou-Said Zinki Ibn Aq Sonqor, soutien du prince des croyants.

Outre leur caractère pompeux, dont le chroniqueur de Damas sourit irrévérencieusement, ces titres reflètent bien néanmoins la place prépondérante que Zinki occupe désormais dans le monde arabe. Les Franj tremblent à la seule mention de son nom. Leur désarroi est d'autant plus grand que le roi Foulque est mort peu avant la chute d'Edesse, laissant deux enfants mineurs. Sa femme, qui assure la régence, s'est dépêchée d'envoyer des émissaires au pays des Franj pour y porter les nouvelles du désastre que son peuple vient de subir. *On lança alors dans tous. leurs territoires*, dit

Ibn al-Qalanissi, *des appels pour que les gens courent à l'assaut de la terre d'islam.*

Comme pour confirmer les craintes des Occidentaux, Zinki revient en Syrie après sa victoire, faisant clamer qu'il prépare une offensive de grande envergure contre les principales villes tenues par les Franj. Au début, ces projets sont accueillis avec enthousiasme par les villes syriennes. Mais peu à peu les Damascains s'interrogent sur les véritables intentions de l'atabek, qui s'est installé à Baalbek, comme il l'avait fait en 1139, pour y construire de très nombreuses machines de siège. Ne serait-ce pas aux Damascains eux-mêmes qu'il compterait s'attaquer sous couvert du jihad?

On ne le saura jamais, car en janvier 1146, alors que ses préparatifs pour la campagne du printemps semblent terminés, Zinki se voit contraint de repartir vers le nord : ses espions l'ont informé qu'un complot est ourdi par Jocelin, d'Edesse, avec certains de ses amis arméniens restés dans la cité, pour massacrer la garnison turque. Dès son retour dans la ville conquise, l'atabek reprend la situation en main, exécute les partisans de l'ancien comte et, pour renforcer le parti anti-franc au sein de la population, installe à Edesse trois cents familles juives dont le soutien indéfectible lui est acquis.

Cette alerte convainc Zinki que mieux vaut renoncer, provisoirement du moins, à étendre son domaine et s'employer à le consolider. Il y a, en particulier, sur la grand-route d'Alep à Mossoul, un émir arabe qui contrôle la puissante forteresse de Jaabar située sur l'Euphrate et refuse de reconnaître l'autorité de l'atabek. Son insoumission pouvant menacer impunément les communications entre les deux capitales, Zinki, en juin 1146, vient mettre le siège devant Jaabar. Il espère s'en emparer en quelques jours, mais l'entreprise s'avère plus difficile que prévu. Trois longs mois passent sans que la résistance des assiégés faiblisse.

Une nuit de septembre, l'atabek s'endort après avoir ingurgité une grande quantité d'alcool. Soudain, un bruit dans sa tente le réveille. Ouvrant les yeux, il aperçoit l'un de ses eunuques, un certain Yarankach, d'origine franque, qui boit du vin dans son propre gobelet, ce qui déchaîne la fureur de l'atabek qui jure de le punir sévèrement le lendemain. Craignant les foudres de son maître, Yarankach attend qu'il se rendorme, le crible de coups de poignard et s'enfuit vers Jaabar où on le couvre de cadeaux.

Zinki ne meurt pas sur le coup. Pendant qu'il gît à demi inconscient, l'un de ses proches entre dans sa tente. Ibn al-Athir rapportera son témoignage :

> En me voyant, l'atabek pensa que je venais l'achever et, d'un geste du doigt, me demanda grâce. Moi, d'émotion, je tombai à genoux et lui dis : « Maître, qui t'a fait cela ? » Mais il ne put me répondre et rendit l'âme, Dieu lui fasse miséricorde !

La mort tragique de Zinki, survenant peu après son triomphe, impressionnera les contemporains. Ibn al-Qalanissi commente l'événement en vers :

> Le matin le montra étendu sur sa couche, là où son
> [eunuque l'avait égorgé,
> Et pourtant il dormait au milieu d'une armée fière, entouré
> [de ses braves et de leurs sabres,
> Il périt sans que lui servent richesses ni puissance,
> Ses trésors sont devenus la proie des autres, ils ont été
> [dépecés par ses fils et ses adversaires,
> A sa disparition, ses ennemis se sont dressés, tenant l'épée
> [qu'ils n'osaient brandir quand il était là.

De fait, dès la mort de Zinki, c'est la curée. Ses soldats, naguère si disciplinés, se transforment en une horde de pillards incontrôlables. Son trésor, ses armes et même ses effets personnels disparaissent en un clin d'œil. Puis son armée commence à se disperser. L'un après l'autre, les émirs rassemblent leurs hommes et s'empressent d'aller occuper quelque forteresse où attendre, en sécurité, la suite des événements.

Quand Moinuddin Ounar apprend la mort de son adversaire, il quitte immédiatement Damas à la tête de ses troupes et s'empare de Baalbek, rétablissant en quelques semaines sa suzeraineté sur l'ensemble de la

Syrie centrale. Raymond d'Antioche, renouant avec une tradition qui semblait oubliée, lance un raid jusque sous les murs d'Alep. Jocelin intrigue de plus belle pour reprendre Edesse.

L'épopée du puissant Etat fondé par Zinki semble achevée. En réalité, elle vient tout juste de commencer.

QUATRIÈME PARTIE

LA VICTOIRE (1146-1187)

> *Mon Dieu, donne la victoire à l'islam et non à Mahmoud. Qui est le chien Mahmoud pour mériter la victoire?*
>
> Noureddin Mahmoud,
> unificateur de l'Orient arabe
> (1117-1174).

CHAPITRE VIII

LE SAINT ROI NOUREDDIN

Alors que la confusion règne dans le camp de Zinki, un seul homme demeure imperturbable. Il a vingt-neuf ans, la taille haute, le teint foncé, le visage rasé sauf au menton, le front large, le regard doux et serein. Il s'approche du corps encore tiède de l'atabek, lui prend la main en tremblant, lui retire sa chevalière, symbole du pouvoir, et la glisse à son propre doigt. Il se nomme Noureddin. C'est le second fils de Zinki.

J'ai lu les vies des souverains des temps passés, et je n'y ai trouvé aucun homme, sauf parmi les premiers califes, qui fût aussi vertueux et aussi juste que Noureddin. Ibn al-Athir, avec raison, vouera à ce prince un véritable culte. Si le fils de Zinki a hérité des qualités de son père — l'austérité, le courage, le sens de l'Etat — il n'a conservé aucun de ces défauts qui ont rendu l'atabek si odieux à certains de ses contemporains.

167

Alors que Zinki effrayait par sa truculence et son absence totale de scrupules, Noureddin parvient, dès son arrivée sur scène, à donner de lui-même l'image d'un homme pieux, réservé, juste, respectueux de la parole donnée et totalement dévoué au jihad contre les ennemis de l'islam.

Plus important encore, car c'est là son génie, il va ériger ses vertus en arme politique redoutable. Comprenant, en ce milieu du XIIᵉ siècle, le rôle irremplaçable que peut jouer la mobilisation psychologique, il met en place un véritable appareil de propagande. Plusieurs centaines de lettrés, hommes de religion pour la plupart, vont avoir pour mission de lui gagner la sympathie agissante du peuple et de forcer ainsi les dirigeants du monde arabe à se ranger sous sa bannière. Ibn al-Athir rapportera les plaintes d'un émir de la Jézira qui a été « invité » un jour par le fils de Zinki à participer à une campagne contre les Franj.

> Si je ne me porte pas au secours de Noureddin, *dit-il*, il m'enlèvera mon domaine, car il a déjà écrit aux dévots et aux ascètes pour leur demander l'aide de leurs prières et les encourager à inciter les musulmans au jihad. A l'heure qu'il est, chacun de ces hommes est assis avec ses disciples et ses compagnons, en train de lire les lettres de Noureddin, de pleurer et de me maudire. Si je veux éviter l'anathème, je dois consentir à sa demande.

Noureddin supervise d'ailleurs lui-même son appareil de propagande. Il commande des poèmes, des lettres, des livres et veille à leur diffusion au moment choisi pour produire l'effet voulu. Les principes qu'il prône sont simples : une seule religion, l'islam sunnite, ce qui implique une lutte acharnée contre toutes les « hérésies »; un seul Etat, pour encercler les Franj de toutes parts; un seul objectif, le jihad, pour reconquérir les territoires occupés et surtout libérer Jérusalem. Au cours de ses vingt-huit années de règne, Noureddin incitera plusieurs ulémas à écrire des traités vantant les mérites de la Ville sainte, al-Quds, et des séances publiques de lecture seront organisées dans les mosquées et les écoles.

Nul n'oublie, dans ces occasions, de faire l'éloge du moujahid suprême, du musulman irréprochable qu'est Noureddin. Mais ce culte de la personnalité est d'autant plus habile et efficace qu'il est fondé paradoxalement sur l'humilité et l'austérité du fils de Zinki.

Selon Ibn al-Athir :

> La femme de Noureddin se plaignit une fois de ne pas avoir suffisamment d'argent pour subvenir à ses besoins. Il lui assigna trois boutiques qu'il possédait en propre à Homs et qui rapportaient une vingtaine de dinars par an. Comme elle trouvait que ce n'était pas assez, il lui rétorqua : « Je n'ai rien d'autre. Pour tout l'argent dont je dispose, je ne suis que le trésorier des musulmans, et je n'ai pas l'intention de les trahir ni de me jeter dans le feu de l'enfer à cause de toi. »

Largement diffusés, de tels propos se révèlent particulièrement embarrassants pour les princes de la région qui vivent dans le luxe et pressurent leurs sujets pour leur arracher leurs moindres économies. De fait, la propagande de Noureddin met constamment l'accent sur ces suppressions d'impôts qu'il pratique de manière générale dans les pays soumis à son autorité.

Embarrassant pour ses adversaires, le fils de Zinki l'est souvent aussi pour ses propres émirs. Avec le temps, il deviendra de plus en plus strict quant au respect des préceptes religieux. Non content de s'interdire l'alcool à lui-même, il l'interdira totalement à son armée, « ainsi que le tambourin, la flûte et d'autres objets qui déplaisent à Dieu », précise Kamaleddin, le chroniqueur d'Alep, qui ajoute : « Noureddin quitta tout vêtement luxueux pour se couvrir d'étoffes rugueuses. » Bien entendu, les officiers turcs, habitués à la boisson et aux parures somptueuses, ne se sentiront pas toujours très à l'aise avec ce maître qui sourit rarement et préfère à toute autre la compagnie des ulémas en turban.

Encore moins réconfortante pour les émirs est cette tendance qu'a le fils de Zinki à renoncer à son titre de Noureddin « lumière de la religion » pour son nom personnel, Mahmoud. « Mon Dieu, priait-il avant les batailles, donne la victoire à l'islam et non à Mahmoud. Qui est le chien Mahmoud pour mériter la victoire ? » De telles démonstrations d'humilité lui attireront la sympathie des faibles et des gens pieux, mais les puissants n'hésiteront pas à le taxer d'hypocrisie. Il semble bien toutefois que ses convictions étaient sincères, même si son image extérieure était en partie composée. En tout état de cause, le résultat est là : c'est Noureddin qui fera du monde arabe une force capable d'écraser les Franj, et c'est son lieutenant Saladin qui cueillera les fruits de la victoire.

A la mort de son père, Noureddin réussit à s'imposer à Alep, ce qui est peu de chose, comparé à l'énorme domaine conquis par l'atabek, mais la modestie même de ce domaine initial va assurer la gloire de son règne. Zinki avait passé l'essentiel de sa vie à se battre contre les califes, les sultans et les divers émirats de l'Irak et de la Jézira. Une tâche épuisante et ingrate qui n'incombera pas à son fils. Laissant Mossoul et sa région à son frère aîné Saifeddin, avec lequel il maintiendra de bons rapports, et donc assuré de pouvoir compter à sa frontière orientale sur une puissance amie, Noureddin se consacre entièrement aux affaires syriennes.

Sa position n'est pourtant pas aisée lorsqu'il arrive à Alep en septembre 1146 accompagné de son homme de confiance, l'émir kurde Chirkouh, oncle de Saladin. Non seulement on y vit à nouveau dans la crainte des chevaliers d'Antioche, mais Noureddin n'a pas le temps d'établir son autorité au-delà des murs de sa capitale, qu'on vient lui annoncer, fin octobre, que Jocelin a réussi à reprendre Edesse avec l'aide d'une partie de la population arménienne. Il ne s'agit pas d'une ville quelconque, semblable à toutes celles qui ont été perdues dès la mort de Zinki : Edesse était le symbole même de la gloire de l'atabek, sa chute remet en cause tout l'avenir de la dynastie. Noureddin réagit vite. Chevauchant jour et nuit, abandonnant au bord des routes les montures épuisées, il arrive devant Edesse avant que Jocelin ait eu le temps d'en organiser la défense. Le comte, que les épreuves passées n'ont pas rendu plus courageux, décide de s'enfuir dès la nuit tombée. Ses partisans, qui tentent de le suivre, sont rattrapés et massacrés par les cavaliers d'Alep.

La rapidité avec laquelle l'insurrection a été écrasée confère au fils de Zinki un prestige dont son pouvoir naissant avait grandement besoin. Comprenant la leçon, Raymond d'Antioche devient moins entreprenant. Quant à Ounar, il se dépêche de proposer au maître d'Alep la main de sa fille.

Le contrat de mariage fut rédigé à Damas, *précise Ibn al-Qalanissi,* en présence des envoyés de Noureddin. On se mit aussitôt à confectionner le trousseau, et, dès qu'il fut prêt, les envoyés se mirent en route pour regagner Alep.

La situation de Nourredin en Syrie est désormais bien assise. Mais, comparés au péril qui se dessine à l'horizon, les complots de Jocelin, les razzias de Raymond et les intrigues du vieux renard damascain vont bientôt paraître dérisoires.

Des nouvelles successives parvinrent de Constantinople, du territoire des Franj ainsi que des contrées avoisinantes selon lesquelles les rois des Franj arrivaient de leur pays pour attaquer la terre d'islam. Ils avaient laissé leurs provinces vides, privées de défenseurs, et ils avaient amené avec eux des richesses, des trésors et un matériel incommensurable. Leur nombre, disait-on, atteignait un million de fantassins et de cavaliers, et même plus.

Lorsqu'il écrit ces lignes, Ibn al-Qalanissi a soixante-quinze ans, et il se rappelle sans doute qu'un demi-siècle plus tôt il lui a déjà fallu rapporter, en des termes peu différents, un événement du même genre.

De fait, la seconde invasion franque, provoquée par la chute d'Edesse, apparaît à ses débuts comme une réédition de la première. D'innombrables combattants ont déferlé sur l'Asie Mineure à l'automne de 1147, avec, une fois de plus, cousues sur le dos, des pièces de tissu en forme de croix. Traversant Dorylée, où avait eu lieu la défaite historique de Kilij Arslan, le fils de celui-ci, Massoud, les attend pour se venger avec cinquante ans de retard. Il leur tend une série d'embusca-des, leur assenant des coups particulièrement meur-triers. *On ne cessait d'annoncer que leurs effectifs s'amenuisaient, si bien que les esprits retrouvèrent quelque tranquillité.* Ibn al-Qalanissi ajoute toutefois *qu'après toutes les pertes qu'ils avaient subies, les Franj étaient, dit-on, au nombre de cent mille environ.* Il ne faut évidemment pas prendre, là encore, ces chif-fres pour argent comptant. Comme tous ses contempo-rains, le chroniqueur de Damas n'a pas le culte de la précision et, de toute manière, il n'a aucun moyen de vérifier ses estimations. On doit toutefois saluer au passage les précautions verbales d'Ibn al-Qalanissi qui ajoute des « dit-on » à chaque fois qu'un chiffre lui paraît suspect. Bien qu'Ibn al-Athir n'ait pas de tels scrupules, chaque fois qu'il présente son interprétation personnelle d'un événement il prend soin de conclure par « Allahou aalam », « Dieu seul sait ».

Quel que soit le nombre exact des nouveaux envahis-seurs francs, il est certain que leurs forces, ajoutées à celles de Jérusalem, d'Antioche et de Tripoli, ont de quoi inquiéter le monde arabe, qui observe leurs mou-vements avec effroi. Une question revient inlassable-ment : quelle est la ville qu'ils vont attaquer en pre-mier ? En toute logique, ils devraient commencer par Edesse. N'est-ce pas pour venger sa chute qu'ils sont venus ? Mais ils pourraient tout aussi bien s'en prendre à Alep, frappant ainsi à sa tête la puissance montante de Noureddin, de manière qu'Edesse tombe ensuite d'elle-même. En fait, ce ne sera ni l'une ni l'autre. *Après de longues disputes entre leurs rois,* dit Ibn al-Qalanissi, *ils finirent par convenir entre eux d'attaquer Damas, et ils sont tellement sûrs de s'en emparer qu'ils s'entendent d'emblée sur le partage de ses dépendan-ces.*

Attaquer Damas ? Attaquer la ville de Moinuddin Ounar, le seul dirigeant musulman à avoir un traité d'alliance avec Jérusalem ? Les Franj ne pouvaient ren-dre meilleur service à la résistance arabe ! Rétrospecti-vement il semble pourtant que les puissants rois qui commandaient à ces armées de Franj aient jugé que

172

seule la conquête d'une ville prestigieuse comme Damas justifiait leur déplacement jusqu'en Orient. Les chroniqueurs arabes parlent essentiellement de Conrad, roi des Allemands, ne faisant jamais la moindre mention de la présence du roi de France, Louis VII, un personnage, il est vrai, sans grande envergure.

Dès qu'il eut des renseignements sur les desseins des Franj, *raconte Ibn al-Qalanissi*, l'émir Moinuddin commença ses préparatifs pour faire échec à leur malfaisance. Il fortifia tous les lieux où une attaque était à redouter, disposa des soldats sur les routes, combla les puits et détruisit les points d'eau dans les environs de la cité.

Le 24 juillet 1148, les troupes des Franj arrivent devant Damas, suivies de véritables colonnes de chameaux chargés de leurs bagages. Les Damascains sortent de leur ville par centaines pour affronter les envahisseurs. Parmi eux se trouve un très vieux théologien d'origine maghrébine, al-Findalawi.

En le voyant avancer à pied, Moinuddin s'approcha de lui, *racontera Ibn al-Athir*, le salua et lui dit : « O vénérable vieillard, ton âge avancé te dispense de te battre. C'est à nous qu'il appartient de défendre les musulmans. » Il lui demanda de revenir sur ses pas, mais al-Findalawi refusa en disant : « Je me suis vendu et Dieu m'a acheté. » Il se référait ainsi aux paroles du Très-Haut : « Dieu a acheté aux croyants leurs personnes et leurs biens pour leur donner le paradis en échange. »
Al-Findalawi marcha de l'avant et combattit les Franj jusqu'au moment où il tomba sous leurs coups.

Ce martyre est bientôt suivi de celui d'un autre ascète, un réfugié palestinien du nom d'al-Halhouli. Mais en dépit de ces actes héroïques la progression des Franj ne peut être enrayée. Il se sont répandus dans la plaine de la Ghouta et y ont dressé leurs tentes, s'approchant même en plusieurs points des murailles. Au soir de cette première journée de combat, les Damascains, craignant le pire, commencent à élever des barricades dans les rues.
Le lendemain 25 juillet, *c'était un dimanche*, relate

Ibn al-Qalanissi, *et les habitants effectuèrent des sorties dès l'aube. Le combat ne cessa qu'à la tombée du jour, lorsque tout le monde fut épuisé. Chacun revint alors vers ses positions. L'armée de Damas passa la nuit en face des Franj, et les citadins restèrent sur les murs à monter la garde et à surveiller, car ils voyaient l'ennemi tout près d'eux.*

Le lundi matin, les Damascains reprennent espoir, car ils voient venir par le nord des vagues successives de cavaliers turcs, kurdes et arabes. Ounar ayant écrit à tous les princes de la région pour leur demander des renforts, ceux-ci commencent à atteindre la ville assiégée. On annonce pour le lendemain la venue de Noureddin à la tête de l'armée d'Alep, ainsi que son frère Saifeddin avec celle de Mossoul. A leur approche, Moinuddin envoie, selon Ibn al-Athir, *un message aux Franj étrangers et un autre aux Franj de Syrie.* Avec les premiers, il utilise un langage simpliste : *Le roi de l'Orient arrive; si vous ne partez pas, je lui livre la ville, et vous le regretterez.* Avec les autres, les « colons », il utilise un langage différent : *Etes-vous devenus assez fous pour aider ces gens-là contre nous ? N'avez-vous pas compris que s'ils l'emportent à Damas, ils chercheront à vous arracher vos propres cités ? Quant à moi, si je ne parviens pas à défendre la ville, je la livrerai à Saifeddin, et vous savez bien que, s'il prend Damas, vous ne pourrez plus vous maintenir en Syrie.*

Le succès de la manœuvre d'Ounar est immédiat. Parvenu à un accord secret avec les Franj locaux qui entreprennent de convaincre le roi des Allemands de s'éloigner de Damas avant que les armées de renfort n'arrivent, il distribue, pour assurer le succès de ses intrigues diplomatiques, d'importants pots-de-vin, tout en semant, dans les vergers qui entourent sa capitale, des centaines de francs-tireurs qui s'embusquent et harcèlent les Franj. Dès le lundi soir, les dissensions suscitées par le vieux Turc commencent à produire leur effet. Les assiégeants qui, brusquement démoralisés, ont décidé d'opérer un recul tactique pour regrouper leurs forces, se retrouvent, harcelés par les Damascains, dans une plaine ouverte de tous côtés, sans le moindre point d'eau à leur disposition. Au bout de quelques heures, leur situation devient si intenable que leurs rois ne songent plus à prendre la métropole syrienne mais à sauver leurs troupes et leurs personnes de l'anéantissement. Le mardi matin, les armées franques refluent déjà vers Jérusalem, poursuivies par les hommes de Moinuddin.

Décidément, les Franj ne sont plus ce qu'ils étaient. L'incurie des dirigeants et la désunion des chefs militaires ne sont plus, semble-t-il, le triste privilège des Arabes. Les Damascains en sont stupéfaits : est-il possible que la puissante expédition franque qui fait trembler l'Orient depuis des mois se retrouve en pleine décomposition, après moins de quatre jours de combat ? *On pensa qu'ils préparaient une ruse,* dit Ibn al-Qalanissi. Il n'en est rien. La nouvelle invasion franque est bel et bien finie. *Les Franj allemands,* dira Ibn al-Athir, *retournèrent dans leur pays qui se trouve là-bas, derrière Constantinople, et Dieu débarrassa les croyants de cette calamité.*

La surprenante victoire d'Ounar va rehausser son prestige et faire oublier ses compromissions passées avec les envahisseurs. Mais Moinuddin vit les derniers jours de sa carrière. Il meurt un an après la bataille. *Un jour qu'il avait mangé copieusement comme à son habitude, il fut pris d'un malaise. On apprit qu'il était atteint de la dysenterie. C'est,* précise Ibn al-Qalanissi, *une maladie redoutable dont on réchappe rarement.* Et, à sa mort, le pouvoir échoit au souverain nominal de la cité, Abaq, descendant de Toghtekin, un jeune homme de seize ans, sans grande intelligence, qui ne parviendra jamais à voler de ses propres ailes.

Le véritable gagnant de la bataille de Damas est incontestablement Noureddin. En juin 1149, il réussit à écraser l'armée du prince d'Antioche, Raymond, que Chirkouh, l'oncle de Saladin, tue de ses propres mains. Ce dernier lui coupe la tête et la porte à son maître qui, selon l'usage, l'envoie au calife de Baghdad dans un coffret en argent. Ayant ainsi écarté toute menace franque en Syrie du Nord, le fils de Zinki a les mains libres pour consacrer désormais tous ses efforts à la réalisation du vieux rêve paternel : la conquête de Damas. En 1140, la cité avait préféré s'allier aux Franj plutôt que de se soumettre au joug brutal de Zinki. Mais les choses ont changé. Moinuddin n'est plus là, le comportement des Occidentaux a ébranlé leurs plus chauds partisans et, surtout, la réputation de Noureddin ne ressemble guère à celle de son père. Il ne veut pas violer la fière cité des Omayyades, mais la séduire.

En atteignant, à la tête de ses troupes, les vergers qui entourent la ville, il se préoccupe davantage de gagner la sympathie de la population que de préparer un assaut. *Noureddin,* raconte Ibn al-Qalanissi, *se montra bienveillant envers les paysans et leur rendit sa présence légère; partout on pria Dieu en sa faveur, à Damas et dans ses dépendances.* Quand, peu après son arrivée, des pluies abondantes viennent mettre fin à une longue période de sécheresse, les gens lui en attribuent le mérite. « C'est grâce à lui, dirent-ils, à sa justice et à sa conduite exemplaire. »

Bien que la nature de ses ambitions soit évidente, le maître d'Alep refuse d'apparaître comme un conquérant.

Je ne suis pas venu camper en ce lieu dans l'intention de vous faire la guerre ou de vous assiéger, *écrit-il dans une lettre aux dirigeants de Damas.* Seules les nombreuses plaintes des musulmans m'ont incité à agir ainsi, car les paysans sont dépouillés de tous leurs biens et séparés de leurs enfants par les Franj, et ils n'ont personne pour les défendre. Etant donné la puissance que Dieu m'a confiée pour secourir les musulmans et faire la guerre aux infidèles, étant donné la quantité de richesses et d'hommes dont je dispose, il ne m'est pas permis de négliger les musulmans et de ne pas prendre leur défense. Surtout que je connais votre incapacité à protéger vos provinces et votre abaissement qui vous a conduits à demander du secours aux Franj et à leur livrer les biens de vos sujets les plus pauvres, que vous lésez criminellement. Voilà qui ne plaît ni à Dieu ni à aucun musulman !

Cette lettre révèle toute la subtilité de la stratégie du nouveau maître d'Alep qui se pose en défenseur des

Damascains, en particulier des plus déshérités d'entre eux, et tente visiblement de les soulever contre leurs maîtres. La réponse de ces derniers, par sa brusquerie, ne fait que rapprocher les citadins du fils de Zinki : « Entre toi et nous, il n'y a plus désormais que le sabre. Les Franj vont arriver pour nous aider à nous défendre. »

En dépit des sympathies qu'il s'est faites dans la population, Noureddin, préférant ne pas affronter les forces réunies de Jérusalem et de Damas, accepte de se retirer vers le nord; non sans avoir obtenu que, dans les mosquées, son nom soit cité dans les sermons juste après ceux du calife et du sultan, et que la monnaie soit frappée à son nom, une manifestation d'allégeance souvent utilisée par les villes musulmanes pour apaiser les conquérants.

Ce demi-succès, Noureddin le juge encourageant. Un an plus tard, il retourne avec ses troupes dans les parages de Damas, faisant parvenir une nouvelle lettre à Abaq et aux autres dirigeants de la cité : *Je ne veux que le bien-être des musulmans, le jihad contre les infidèles et la délivrance des prisonniers qu'ils détiennent. Si vous vous rangez à mes côtés avec l'armée de Damas, si nous nous entraidons pour mener le jihad, mon vœu sera comblé.* Pour toute réponse, Abaq fait de nouveau appel aux Franj, qui se présentent sous la conduite de leur jeune roi Baudouin III, fils de Foulque, et s'installent aux portes de Damas durant quelques semaines. Leurs chevaliers sont même autorisés à circuler dans les souks, ce qui ne manque pas de créer quelque tension avec la population de la ville qui n'a pas encore oublié ses enfants tombés trois ans plus tôt.

Noureddin, prudemment, continue à éviter tout affrontement avec les coalisés. Il éloigne ses troupes de Damas, attendant que les Franj retournent vers Jérusalem. Pour lui, la bataille est avant tout politique. Exploitant au mieux l'amertume des citadins, il fait parvenir quantité de messages aux notables damascains et aux hommes de religion pour dénoncer la trahison d'Abaq. Il entre même en contact avec de nombreux militaires que la collaboration ouverte avec les

Franj exaspère. Pour le fils de Zinki, il ne s'agit plus seulement de susciter des protestations qui gêneront Abaq, mais d'organiser à l'intérieur de la ville convoitée un réseau de complicités pouvant amener Damas à capituler. C'est le père de Saladin qu'il charge de cette mission délicate. En 1153, après un habile travail d'organisation, Ayyoub parvient en effet à s'assurer de la neutralité bienveillante de la milice urbaine, dont le commandant est un jeune frère d'Ibn al-Qalanissi. Plusieurs personnages de l'armée adoptent la même attitude, ce qui de jour en jour renforce l'isolement d'Abaq. Il ne reste à ce dernier qu'un petit groupe d'émirs qui l'encouragent encore à tenir tête. Décidé à se débarrasser de ces derniers irréductibles, Noureddin fait parvenir au maître de Damas de faux renseignements faisant état d'un complot qu'ourdirait son entourage. Sans trop chercher à en vérifier le bienfondé, Abaq s'empresse d'exécuter ou d'emprisonner plusieurs de ses collaborateurs. Son isolement est désormais total.

Dernière opération : Noureddin intercepte subitement tous les convois de vivres qui se dirigent vers Damas. Le prix d'un sac de blé est passé en deux jours d'un demi-dinar à vingt-cinq dinars, et la population commence à craindre la famine. Reste aux agents du maître d'Alep à convaincre l'opinion qu'il n'y aurait aucune pénurie si Abaq n'avait pas choisi de s'allier aux Franj contre ses coreligionnaires d'Alep.

Le 18 avril 1154, Noureddin revient avec ses troupes devant Damas. Abaq envoie, une fois de plus, un message urgent à Baudouin. Mais le roi de Jérusalem n'aura pas le temps d'arriver.

Le dimanche 25 avril, l'assaut final est donné à l'est de la ville.

Il n'y avait personne sur les murs, *raconte le chroniqueur de Damas,* ni soldats ni citadins, à l'exception d'une poignée de Turcs préposés à la garde d'une tour. L'un des soldats de Noureddin se précipita vers un rempart au sommet duquel se trouvait une femme juive qui lui lança une corde. Il s'en servit pour grimper, parvint au sommet du

178

rempart sans que personne s'en aperçût et fut suivi par certains de ses camarades qui hissèrent un drapeau, le plantèrent sur le mur et se mirent à crier : « Ya mansour! O victorieux! » Les troupes de Damas et la population renoncèrent à toute résistance à cause de la sympathie qu'ils éprouvaient pour Noureddin, sa justice et sa bonne réputation. Un sapeur courut à la porte de l'Est, bab-Charki, avec sa pioche et brisa la fermeture. Les soldats y pénétrèrent et se répandirent dans les principales artères sans rencontrer d'opposition. La porte de Thomas, bab-Touma, fut également ouverte aux troupes. Enfin, le roi Noureddin fit son entrée, accompagné de sa suite, à la grande joie des habitants et des soldats, qui étaient tous obsédés par la peur de la famine ainsi que par la crainte d'être assiégés par les Franj infidèles.

Généreux dans sa victoire, Noureddin offre à Abaq et à ses proches des fiefs dans la région de Homs et les laisse s'enfuir avec tous leurs biens.

Sans combat, sans effusion de sang, Noureddin a conquis Damas par la persuasion plus que par les armes. La cité qui depuis un quart de siècle avait farouchement résisté à tous ceux qui tentaient de l'assujettir, qu'il s'agisse des Assassins, des Franj ou de Zinki, s'était laissé séduire par la douce fermeté d'un prince qui promettait à la fois d'assurer sa sécurité et de respecter son indépendance. Elle ne le regrettera pas et vivra, grâce à lui et à ses successeurs, l'une des périodes les plus glorieuses de son histoire.

Au lendemain de sa victoire, Noureddin, rassemblant ulémas, cadis et commerçants, leur tient des propos rassurants, non sans se faire amener d'importants stocks de vivres et supprimer quelques taxes affectant la halle aux fruits, le souk des légumes ainsi que la distribution de l'eau. Un décret est rédigé en ce sens et lu le vendredi suivant, du haut de la chaire, après la prière. A quatre-vingt-un ans, Ibn al-Qalanissi est toujours là pour s'associer à la joie de ses concitoyens. *La population applaudit*, relate-t-il. *Les citadins, les paysans, les femmes, les gagne-petit, tout le monde adressa publiquement des prières à Dieu pour que se*

*prolongent les jours de Noureddin et que ses bannières
soient toujours victorieuses.*

Pour la première fois depuis le début des guerres
franques, les deux grandes métropoles syriennes, Alep
et Damas, sont réunies au sein d'un même Etat, sous
l'autorité d'un prince de trente-sept ans, fermement
décidé à se consacrer à la lutte contre l'occupant. En
fait, c'est toute la Syrie musulmane qui se trouve désormais
unifiée, à l'exception du petit émirat de Chayzar
où la dynastie des Mounqidhites parvient encore à préserver
son autonomie. Mais pas pour longtemps, puisque
l'histoire de ce petit Etat est destinée à s'interrompre
de la manière la plus brusque et la plus imprévue
qui soit.

En août 1157, alors que des rumeurs circulent à
Damas, laissant présager une prochaine campagne de
Noureddin contre Jérusalem, un tremblement de terre
d'une rare violence dévaste la Syrie tout entière,
semant la mort chez les Arabes comme chez les Franj.
A Alep, plusieurs tours de la muraille s'écroulent, et la
population, terrorisée, se disperse dans la campagne
avoisinante. A Harran, la terre se fend et à travers
l'immense brèche ainsi ouverte les vestiges d'une cité
ancienne réapparaissent en surface. A Tripoli, à Beyrouth,
à Tyr, à Homs, à Maara, on ne compte plus les
morts ni les bâtiments détruits.

Mais deux villes sont plus touchées que les autres
par le cataclysme : ce sont Hama et Chayzar. On
raconte qu'un instituteur de Hama, sorti de sa classe
pour satisfaire un besoin pressant dans un terrain
vague, trouva à son retour son école détruite et tous
ses élèves morts. Atterré, il s'était assis sur les décombres,
se demandant de quelle manière il devait annoncer
la nouvelle aux parents, mais aucun d'eux n'avait
survécu pour venir réclamer son enfant.

A Chayzar, ce même jour, le souverain de la cité,
l'émir Mohammed Ibn Soultan, cousin d'Oussama,
organise une réception dans la Citadelle pour fêter la
circoncision de son fils. Tous les dignitaires de la ville
s'y trouvent rassemblés ainsi que les membres de la
famille régnante, quand soudain la terre se met à trem-

bler, les murs s'écroulent, décimant toute l'assistance. L'émirat des Mounqidhites a tout simplement cessé d'exister. Oussama, qui se trouve alors à Damas, est l'un des rares membres de sa famille à survivre. Il écrira, sous le coup de l'émotion : *La mort ne s'est pas avancée pas à pas pour tuer les gens de ma race, pour les anéantir deux à deux ou chacun séparément. Ils sont tous morts en un clin d'œil, et leurs palais sont devenus leurs tombeaux.* Avant d'ajouter, désabusé : *Les tremblements de terre n'ont frappé ce pays d'indifférents que pour le tirer de sa torpeur.*

Le drame des Mounqidhites inspirera en effet aux contemporains bien des réflexions sur la futilité des choses humaines, mais le cataclysme sera aussi, plus prosaïquement, l'occasion pour certains de conquérir ou de piller sans peine quelque ville désolée ou quelque forteresse aux murs écroulés. Chayzar, en particulier, est immédiatement attaquée aussi bien par les Assassins que par les Franj, avant d'être prise par l'armée d'Alep.

En octobre 1157, alors qu'il passe de ville en ville pour superviser la réparation des murailles, Noureddin tombe malade. Le médecin damascain Ibn al-Waqqar, qui le suit dans tous ses déplacements, se montre pessimiste. Pendant un an et demi, le prince demeure entre la vie et la mort, ce dont les Franj vont profiter pour occuper quelques forteresses et razzier les environs de Damas. Mais Noureddin met à profit ce temps d'inaction pour réfléchir à son destin. Il a réussi, durant la première partie de son règne, à réunir la Syrie musulmane sous son égide et à mettre un terme aux luttes intestines qui l'affaiblissaient. Désormais, il faudra mener le jihad pour reconquérir les grandes villes occupées par les Franj. Certains de ses proches, notamment les Alépins, lui suggèrent de commencer par Antioche mais, à leur grande surprise, Noureddin s'y oppose. Cette ville, leur explique-t-il, appartient historiquement aux Roum. Toute tentative de s'en emparer inciterait l'empire à venir s'occuper directement des affaires syriennes, ce qui obligerait les armées musulmanes à se battre sur deux fronts. Non, insiste-t-il, il ne faut pas provoquer les Roum, mais tenter plutôt de récupérer une importante cité de la côte, ou même, si Dieu le permet, Jérusalem.

Hélas pour Noureddin, les événements vont très vite justifier ses craintes. En 1159, alors qu'il commence à peine à se rétablir, il apprend qu'une puissante armée byzantine, commandée par l'empereur Manuel, fils et successeur de Jean Comnène, s'est rassemblée au nord de la Syrie. Noureddin s'empresse d'envoyer des ambassadeurs au-devant de l'empereur pour lui souhaiter courtoisement la bienvenue. En les recevant, le basileus, homme majestueux, sage, passionné de médecine, proclame son intention de maintenir avec leur maître les rapports les plus amicaux possible. S'il est venu en Syrie, assure-t-il, c'est uniquement pour infliger une leçon aux maîtres d'Antioche. On se souvient que le père de Manuel était venu, arguant des mêmes raisons, vingt-deux ans plus tôt, ce qui ne l'avait pas empêché de s'allier aux Occidentaux contre les musulmans. Et pourtant les émissaires de Noureddin ne mettent pas en doute la parole du basileus. Ils savent quelle rage éprouvent les Roum à chaque fois qu'est mentionné le nom de Renaud de Châtillon, ce chevalier qui, depuis 1153, préside aux destinées de la principauté d'Antioche, un homme brutal, arrogant, cynique et méprisant, qui symbolisera un jour pour les Arabes toute la malfaisance des Franj et que Saladin jurera de tuer de ses propres mains !

Le prince Renaud, le « brins Arnat » des chroniqueurs, est arrivé en Orient en 1147 avec la mentalité déjà anachronique des premiers envahisseurs : assoiffé d'or, de sang et de conquête. Peu après la mort de Raymond d'Antioche, il est parvenu à séduire sa veuve puis à l'épouser, devenant ainsi le seigneur de la ville. Très vite, ses exactions l'ont rendu odieux, non seulement à ses voisins alépins, mais aussi aux Roum et à ses propres sujets. En 1156, prétextant le refus de Manuel de lui payer une somme promise, il a décidé de se venger en lançant un raid punitif contre l'île byzantine de Chypre et demande au patriarche d'Antioche de financer l'expédition. Comme le prélat se montrait récalcitrant, Renaud l'a jeté en prison, l'a torturé, puis, après avoir enduit ses blessures de miel, l'a enchaîné et exposé au soleil une journée entière, laissant des milliers d'insectes s'acharner sur son corps.

Bien entendu, le patriarche a fini par ouvrir ses caisses et le prince, ayant rassemblé une flottille, a débarqué sur les côtes de l'île méditerranéenne, écrasant sans difficulté la petite garnison byzantine, lâchant ses hommes sur l'île. De ce qui lui est arrivé en ce printemps de 1156, Chypre ne se remettra jamais. Du nord au sud, tous les champs cultivés ont été systématiquement ravagés, tous les troupeaux massacrés, les palais, les églises et les couvents ont été pillés, tandis que tout ce qui ne pouvait pas être emporté était démoli sur place ou incendié. Les femmes ont été violées, les vieillards et les enfants ont eu la gorge tranchée, les hommes riches ont été emmenés en otages et les pauvres décapités. Avant de repartir chargé de butin, Renaud a encore ordonné de rassembler tous les prêtres et les moines grecs, à qui il a fait couper le nez avant de les envoyer, mutilés, à Constantinople.

Manuel doit répondre. Mais en tant qu'héritier des empereurs romains, il ne peut le faire par un vulgaire coup de main. Ce qu'il cherche, c'est à rétablir son prestige en humiliant publiquement le chevalier-brigand d'Antioche. Renaud, qui sait toute résistance inutile, décide, dès qu'il apprend que l'armée impériale est en route pour la Syrie, de demander pardon. Aussi doué pour la servilité que pour l'arrogance, il se présente au camp de Manuel, pieds nus, vêtu comme un mendiant, et se jette à plat ventre devant le trône impérial.

Les ambassadeurs de Noureddin sont là pour assister à la scène. Ils voient le « brins Arnat » couché dans la poussière aux pieds du basileus qui, sans avoir l'air de le remarquer, poursuit tranquillement son entretien avec ses invités, attendant plusieurs minutes avant de daigner lancer un regard à son adversaire, lui indiquant d'un geste condescendant de se relever.

Renaud obtiendra le pardon, et pourra ainsi conserver sa principauté, mais son prestige en Syrie du Nord sera à jamais terni. Dès l'année suivante, il est d'ailleurs capturé par les soldats d'Alep au cours d'une opération de pillage qu'il menait au nord de la ville, ce qui lui vaudra seize années de captivité avant de réapparaître sur le devant de la scène où le destin le désigne pour jouer le plus exécrable des rôles.

Quant à Manuel, son autorité, au lendemain de cette expédition, ne cesse de se renforcer. Il parvient à imposer sa suzeraineté aussi bien à la principauté franque d'Antioche qu'aux Etats turcs d'Asie Mineure, redonnant ainsi à l'empire un rôle déterminant dans les affaires de Syrie. Et cette résurgence de la puissance militaire byzantine, la dernière de l'Histoire, bouleverse, dans l'immédiat, les données du conflit qui oppose les Arabes aux Franj. La menace constante que représentent les Roum à ses frontières empêche Noureddin de se lancer dans la vaste entreprise de reconquête qu'il souhaitait. Comme, en même temps, la puissance du fils de Zinki interdit aux Franj toute velléité d'expansion, la situation en Syrie se trouve en quelque sorte bloquée.

Néanmoins, comme si les énergies contenues des Arabes et des Franj cherchaient à se libérer d'un coup, voici que le poids de la guerre va se déplacer vers un nouveau théâtre d'opérations : l'Egypte.

CHAPITRE IX

LA RUÉE VERS LE NIL

« Mon oncle Chirkouh se tourna vers moi et dit : " Youssef, range tes affaires, on s'en va ! " En recevant cet ordre, je me sentis frappé au cœur comme par un coup de poignard, et je répondis : " Par Dieu, si l'on me donnait tout le royaume d'Egypte, je n'irais pas ! " »

L'homme qui parle ainsi n'est autre que Saladin racontant les débuts pour le moins timides de l'aventure qui fera de lui l'un des souverains les plus prestigieux de l'Histoire. Avec l'admirable sincérité qui caractérise tous ses propos, Youssef se garde bien de s'attribuer le mérite de l'épopée égyptienne. « J'ai fini par accompagner mon oncle, ajoute-t-il. Il a conquis l'Egypte, puis il est mort. Dieu m'a mis alors entre les mains un pouvoir que je n'attendais nullement. » De fait, si Saladin émerge bientôt comme le grand bénéficiaire de l'expédition égyptienne, il n'y jouera pas le rôle principal. Noureddin non plus d'ailleurs, même si le pays du Nil est conquis en son nom.

Cette campagne, qui dure de 1163 à 1169, aura pour protagonistes trois étonnants personnages : un vizir égyptien, Chawer, dont les intrigues démoniaques mettront la région à feu et à sang, un roi franc, Amaury, tellement obsédé par l'idée de conquérir l'Egypte qu'il envahira ce pays cinq fois en six ans, et un général kurde, Chirkouh, « le lion », qui s'imposera comme l'un des génies militaires de son temps.

Lorsque Chawer s'empare du pouvoir au Caire en décembre 1162, il accède à une dignité et à une charge qui procurent honneurs et richesses, mais il n'ignore pas l'envers de la médaille : sur les quinze dirigeants qui l'ont précédé à la tête de l'Egypte, un seul s'en est sorti vivant. Tous les autres ont été, selon les cas, pendus, décapités, poignardés, crucifiés, empoisonnés ou lynchés par la foule; l'un a été tué par son fils adoptif, l'autre par son propre père. Tout cela pour dire qu'il ne faut pas chercher chez cet émir basané, aux tempes grisonnantes, les traces d'un quelconque scrupule. Dès son accession au pouvoir, il s'est hâté de massacrer son prédécesseur et toute sa famille, de s'approprier leur or, leurs bijoux et leurs palais.

La roue de la fortune n'en continue pas moins à tourner : après moins de neuf mois de gouvernement, le nouveau vizir est lui-même renversé par l'un de ses lieutenants, un certain Dirgham. Prévenu à temps, Chawer parvient à quitter l'Egypte sain et sauf et à se réfugier en Syrie, où il cherche à obtenir le soutien de Noureddin pour reprendre le pouvoir. Bien que son visiteur soit intelligent et beau parleur, le fils de Zinki ne lui prête, au début, qu'une oreille distraite. Mais très vite, les événements l'obligent à changer d'attitude.

Car, à Jérusalem, on observe de près, semble-t-il, les bouleversements dont le Caire est le théâtre. Depuis février 1162, les Franj ont un nouveau roi à l'ambition indomptable : « Morri », Amaury, deuxième fils de Foulque. Visiblement influencé par la propagande de Noureddin, ce monarque de vingt-six ans essaie de donner de lui-même l'image d'un homme sobre, pieux, porté sur les lectures religieuses et soucieux de justice. Mais la ressemblance n'est qu'apparente. Le roi franc a plus d'audace que de sagesse et, en dépit de sa grande taille et de sa chevelure abondante, il manque singulièrement de majesté. Les épaules anormalement étroites, pris souvent d'accès de rire si longs et si bruyants que son entourage en est embarrassé, il est en outre affligé d'un bégaiement qui ne facilite pas ses contacts avec les autres. Seule l'idée fixe qui l'anime — la conquête de l'Egypte — et sa poursuite inlassable donnent à Morri une envergure certaine.

La chose, il est vrai, paraît tentante. Depuis qu'en 1153 les chevaliers occidentaux se sont emparés d'Ascalon, dernier bastion fatimide en Palestine, la route du pays du Nil leur est ouverte. Les vizirs successifs, trop occupés à se battre contre leurs rivaux, ont pris d'ailleurs l'habitude, depuis 1160, de payer un tribut annuel aux Franj pour qu'ils s'abstiennent d'intervenir dans leurs affaires. Au lendemain de la chute de Chawer, Amaury a profité de la confusion qui règne au pays du Nil pour l'envahir, sous le simple prétexte que la somme convenue, soixante mille dinars, n'a pas été payée à temps. Traversant le Sinaï le long de la côte méditerranéenne, il est venu mettre le siège devant la ville de Bilbeis, située sur une branche du fleuve — destinée à se dessécher au cours des siècles suivants. Les défenseurs de la cité sont à la fois stupéfaits et amusés de voir les Franj installer leurs machines de siège autour de leurs murs, car on est en septembre, et le fleuve commence sa crue. Il suffit donc aux autorités de faire rompre quelques digues pour que les guerriers d'Occident se voient peu à peu encerclés d'eau : ils n'ont que le temps de s'enfuir et de regagner la Palestine. Leur première invasion a tourné court, mais elle a eu le mérite de révéler à Alep et à Damas les intentions d'Amaury.

Noureddin hésite. S'il n'a aucune envie de se laisser entraîner vers le terrain glissant des intrigues cairotes, et cela d'autant plus que, sunnite fervent, il éprouve une méfiance non dissimulée à l'égard de tout ce qui concerne le califat chiite des Fatimides, il ne tient pas à ce que l'Egypte bascule, avec ses richesses, du côté des Franj, qui deviendraient alors la plus grande puissance de l'Orient. Or, vu l'anarchie qui y règne, Le Caire ne tiendra pas longtemps face à la détermination d'Amaury. Bien entendu, Chawer se fait un plaisir de vanter à son hôte les avantages d'une expédition au pays du Nil. Pour l'appâter, il promet, si on l'aide à se réinstaller au pouvoir, de payer tous les frais de l'expédition, de reconnaître la suzeraineté du maître d'Alep et de Damas, et de lui envoyer, chaque année, le tiers des recettes de l'Etat. Mais surtout, Noureddin doit compter avec son homme de confiance, Chirkouh lui-même, totalement acquis à l'idée d'une intervention armée. Il manifeste même à ce projet un tel enthousiasme que le fils de Zinki l'autorise à organiser un corps expéditionnaire.

On pourrait difficilement imaginer deux personnages à la fois aussi étroitement unis et aussi différents que le sont Noureddin et Chirkouh. Alors que le fils de Zinki est devenu, avec l'âge, de plus en plus majestueux, digne, sobre et réservé, l'oncle de Saladin est un officier de petite taille, obèse, borgne, le visage constamment congestionné par la boisson et les excès alimentaires. Quand il entre en colère, il hurle comme un forcené, et il lui arrive de perdre complètement la tête, allant jusqu'à tuer son adversaire. Mais son sale caractère ne déplaît pas à tous. Ses soldats adorent cet homme qui vit constamment parmi eux, partage leur soupe et leurs plaisanteries. Dans les nombreux combats auxquels il a pris part en Syrie, Chirkouh est apparu comme un meneur d'hommes doté d'un immense courage physique; la campagne d'Egypte va révéler ses remarquables qualités de stratège. Car, de bout en bout, l'entreprise sera une véritable gageure. Pour les Franj, il est relativement facile d'atteindre le pays du Nil. Un seul obstacle sur leur chemin : l'étendue semi-désertique du Sinaï. Mais en emportant, à dos de chameaux, quelques centaines d'outres remplies d'eau, les chevaliers se retrouvent en trois jours aux portes de Bilbeis. Pour Chirkouh, les choses sont moins simples. Pour aller de Syrie en Egypte, il faut traverser la Palestine, et s'exposer aux attaques des Franj.

Le départ du corps expéditionnaire syrien vers Le Caire, en avril 1164, implique donc une véritable mise en scène. Tandis que l'armée de Noureddin opère une diversion pour attirer Amaury et ses chevaliers au nord de la Palestine, Chirkouh, accompagné de Chawer et d'environ deux mille cavaliers, se dirige vers l'est, suit le cours du Jourdain sur sa rive orientale, à travers la future Jordanie, puis, au sud de la mer Morte, tourne vers l'ouest, franchit le fleuve et chevauche à vive allure en direction du Sinaï. Là, il poursuit sa course, s'éloignant de la route côtière pour éviter d'être repéré. Le 24 avril, il s'empare de Bilbeis, porte orientale de l'Egypte et, le 1er mai, il campe sous les murs du Caire. Pris au dépourvu, le vizir Dirgham n'a pas le temps d'organiser la résistance. Abandonné de tous, il est tué en tentant de s'enfuir et son corps est jeté aux chiens des rues. Chawer est officiellement réinvesti dans sa charge par le calife fatimide al-Adid, un adolescent de treize ans.

La campagne éclair de Chirkouh représente un modèle d'efficacité militaire. L'oncle de Saladin n'est pas peu fier d'avoir conquis l'Egypte en si peu de temps, pratiquement sans pertes, et d'avoir ainsi damé le pion à Morri. Mais à peine a-t-il repris le pouvoir que Chawer opère une étonnante volte-face. Oubliant les promesses faites à Noureddin, il somme Chirkouh de quitter l'Egypte dans les plus brefs délais. Abasourdi par tant d'ingratitude et fou de colère, l'oncle de Saladin fait savoir à son ancien allié sa décision de rester quoi qu'il arrive.

Le voyant aussi résolu, Chawer, qui ne fait pas vraiment confiance à sa propre armée, envoie une ambassade à Jérusalem pour demander l'aide d'Amaury contre le corps expéditionnaire syrien. Le roi franc ne se fait pas prier. Lui qui cherchait un prétexte pour intervenir en Egypte, que pouvait-il espérer de mieux qu'un appel à l'aide venant du maître du Caire lui-même ? Dès juillet 1164, l'armée franque s'engage dans le Sinaï pour la seconde fois. Aussitôt, Chirkouh décide de quitter les environs du Caire, où il campait depuis mai, pour venir se retrancher dans Bilbeis. Là, semaine après semaine, il repousse les attaques de ses ennemis, mais sa situation paraît désespérée. Très éloigné de ses bases, encerclé par les Franj et leur nouvel allié Chawer, le général kurde ne peut espérer tenir longtemps.

Lorsque Noureddin vit comment la situation évoluait à Bilbeis, *racontera Ibn al-Athir quelques années plus tard*, il décida de lancer une grande offensive contre les Franj afin de les obliger à quitter l'Egypte. Il écrivit à tous les émirs musulmans pour leur demander de participer au jihad, et il alla attaquer la puissante forteresse de Harim, près d'Antioche. Tous les Franj qui étaient restés en Syrie se rassemblèrent pour lui faire face — parmi eux le prince Bohémond, seigneur d'Antioche, et le comte de Tripoli. Durant la bataille, les Franj furent écrasés. Ils eurent dix mille morts et tous leurs chefs, dont le prince et le comte, furent capturés.

Aussitôt la victoire acquise, Noureddin se fait apporter des étendards croisés ainsi que les chevelures blondes de quelques Franj exterminés au combat. Puis, plaçant le tout dans un sac, il le confie à l'un de ses hommes les plus avisés en lui disant : « Tu vas aller de ce pas à Bilbeis, tu t'arrangeras pour y pénétrer et tu remettras ces trophées à Chirkouh en lui annonçant que Dieu nous a accordé la victoire. Il les exposera sur les remparts et ce spectacle sèmera la frayeur parmi les infidèles. »

De fait, les nouvelles de la victoire de Harim bouleversent les données de la bataille d'Egypte. Elles rehaussent le moral des assiégés et surtout imposent aux Franj de rentrer en Palestine. La capture du jeune Bohémond III, successeur de Renaud à la tête de la principauté d'Antioche, chargé par Amaury de s'occuper en son absence des affaires du royaume de Jérusalem, ainsi que le massacre de ses hommes obligent le roi à chercher un compromis avec Chirkouh. Après quelques contacts, les deux hommes s'entendent pour quitter l'Egypte en même temps. Fin octobre 1164, Morri revient vers la Palestine en longeant la côte, tandis que le général kurde rentre à Damas en moins de deux semaines, empruntant l'itinéraire qu'il avait choisi à l'aller.

Chirkouh n'est pas mécontent d'avoir pu sortir de Bilbeis indemne et la tête haute, mais le grand vainqueur de ces six mois de campagne est incontestablement Chawer. Il a utilisé Chirkouh pour revenir au pouvoir, puis il s'est servi d'Amaury pour neutraliser le général kurde. Désormais ils se sont enfuis l'un et l'autre, lui laissant l'entière maîtrise de l'Egypte. Pendant plus de deux ans, il va s'employer à consolider son pouvoir.

Non sans inquiétude pourtant quant à la suite des événements. Car il sait que Chirkouh ne pourra lui pardonner sa trahison. Des informations lui parviennent d'ailleurs régulièrement de Syrie selon lesquelles le général kurde harcèlerait Noureddin pour entreprendre une nouvelle campagne d'Egypte. Mais le fils de Zinki est réticent. Le statu quo ne lui déplaît pas. L'important est de maintenir les Franj loin du Nil. Seulement, comme toujours, il n'est pas facile de sortir d'un engrenage : craignant une nouvelle expédition éclair de Chirkouh, Chawer prend ses précautions en concluant un traité d'assistance mutuelle avec Amaury. Ce qui conduit Noureddin à autoriser son lieutenant à mettre sur pied une nouvelle force d'intervention, au cas où les Franj interviendraient en Egypte. Chirkouh choisit pour son expédition les meilleurs éléments de l'armée, dont son neveu Youssef. A leur tour, ces préparatifs effraient le vizir, qui insiste auprès d'Amaury pour qu'il lui envoie des troupes. Et, aux premiers jours de 1167, la course vers le Nil reprend. Le roi franc et le général kurde arrivent presque en même temps dans le pays convoité, chacun par sa route habituelle.

Chawer et les Franj ont rassemblé leurs forces alliées devant Le Caire pour y attendre Chirkouh. Mais celui-ci préfère fixer lui-même les modalités du rendez-vous. Poursuivant sa longue marche commencée à Alep, il contourne la capitale égyptienne par le sud, fait traverser le Nil à ses troupes sur de petites barques, puis remonte, sans s'être même arrêté, vers le nord. Chawer et Amaury qui s'attendaient à une apparition venant de l'est le voient surgir de la direction opposée. Pire, il s'est installé à l'ouest du Caire, près des pyramides de Guizèh, séparé de ses ennemis par le formidable obstacle naturel que constitue le fleuve. De ce camp solidement retranché, il envoie un message au vizir : *L'ennemi franc est à notre portée*, lui écrit-il, *coupé de ses bases. Unissons nos forces et exterminons-le. L'occasion est favorable, elle ne se représentera peut-être plus.* Mais Chawer ne se contente pas de refuser. Il fait exécuter le messager et porte la lettre de Chirkouh à Amaury pour lui prouver sa loyauté.

En dépit de ce geste, les Franj continuent à se méfier de leur allié, qui, ils le savent, dès qu'il n'aura plus besoin d'eux, les trahira. Ils jugent le temps venu de profiter de la proximité menaçante de Chirkouh pour asseoir leur autorité en Egypte : Amaury exige qu'une alliance officielle, scellée par le calife fatimide lui-même, soit conclue entre Le Caire et Jérusalem.

Deux cavaliers connaissant l'arabe — le cas n'était pas rare parmi les Franj d'Orient — se rendent ainsi à la résidence du jeune al-Adid. Chawer, qui tient visible-ment à les impressionner, les conduit vers un superbe palais richement orné qu'ils traversent à vive allure, entourés d'une nuée de gardes armés. Puis le cortège franchit une interminable allée voûtée, imperméable à la lumière du jour, avant de se retrouver au seuil d'une immense porte ciselée qui mène à un vestibule, puis à une nouvelle porte. Après avoir parcouru de nombreu-ses salles ornementées, Chawer et ses invités débou-chent sur une cour pavée de marbre et entourée de colonnades dorées, au centre de laquelle une fontaine laisse admirer ses tuyaux d'or et d'argent, tandis que tout autour volent des oiseaux de couleur venus de tous les coins d'Afrique. C'est à cet endroit que les gardes qui les accompagnent les confient aux eunuques qui vivent dans la familiarité du calife. A nouveau, il faut traverser une succession de salons, puis un jardin rempli de fauves apprivoisés, lions, ours, panthères, avant d'atteindre enfin le palais d'al-Adid.

Ils viennent à peine d'être introduits dans une vaste pièce, dont le mur du fond est fait d'une tenture de soie émaillée d'or, de rubis et d'émeraudes, que Chawer se prosterne trois fois et dépose son épée à terre. Alors seulement la tenture se soulève et le calife apparaît, le corps drapé de soieries et la face voilée. S'approchant et s'asseyant à ses pieds, le vizir expose le projet d'al-liance avec les Franj. Après l'avoir écouté calmement, al-Adid, qui n'est alors âgé que de seize ans, rend hom-mage à la politique de Chawer. Celui-ci s'apprête déjà à se relever lorsque les deux Franj demandent au prince des croyants de jurer qu'il restera fidèle à l'alliance. Visiblement pareille exigence fait scandale parmi les dignitaires qui entourent al-Adid. Le calife lui-même semble choqué et le vizir se hâte d'intervenir. L'accord avec Jérusalem, explique-t-il à son souverain, est affaire de vie ou de mort pour l'Egypte. Il le conjure de ne pas voir dans la demande formulée par les Franj une manifestation d'irrespect mais seulement la marque de leur ignorance des coutumes orientales.

Souriant à contrecœur, al-Adid tend sa main gantée de soie et jure de respecter l'alliance. Mais l'un des émissaires francs l'arrête : « Un serment, dit-il, doit être prêté main nue, le gant pourrait être signe d'une trahison à venir. » L'exigence fait à nouveau scandale. Les dignitaires chuchotent entre eux que le calife a été insulté, on parle de punir les insolents. Pourtant, sur une nouvelle intervention de Chawer, le calife, sans se départir de son calme, se dégante, tend sa main nue et répète mot à mot le serment que lui dictent les représentants de Morri.

Aussitôt conclue cette singulière entrevue, Egyptiens et Franj coalisés élaborent un plan pour traverser le Nil et décimer l'armée de Chirkouh, qui se dirige désormais vers le sud. Un détachement ennemi, commandé par Amaury, se lance à ses trousses. L'oncle de Saladin veut donner l'impression qu'il est aux abois. Sachant que son principal handicap est d'être coupé de ses bases, il cherche à placer ses poursuivants dans la même situation. Arrivé à plus d'une semaine de marche du Caire, il ordonne à ses troupes de s'arrêter et leur annonce, dans une harangue enflammée, que le jour de la victoire est arrivé.

De fait, l'affrontement a lieu le 18 mars 1167, près de la localité d'El-Babein, sur la rive ouest du Nil. Les deux armées, épuisées par leur course interminable, se jettent dans la mêlée avec la volonté d'en finir une fois pour toutes. Chirkouh a confié à Saladin le commandement du centre, en lui ordonnant de reculer dès que l'ennemi aura chargé. De fait, Amaury et ses chevaliers marchent vers lui tous étendards dehors et, lorsque

193

Saladin fait mine de s'enfuir, ils se lancent à sa pour-suite sans se rendre compte que les ailes droite et gau-che de l'armée syrienne leur coupent déjà toute retraite. Les pertes des chevaliers francs sont sévères, mais Amaury réussit à s'échapper. Il revient vers Le Caire où est resté le gros de ses troupes, fermement décidé à se venger au plus vite. Avec la collaboration de Chawer, il se prépare déjà à revenir à la tête d'une puissante expédition vers la haute Egypte, quand par-vient une nouvelle à peine croyable : Chirkouh s'est emparé d'Alexandrie, la plus grande ville d'Egypte, située à l'extrême nord du pays, sur la côte méditerra-néenne !

De fait, au lendemain de sa victoire d'El-Babein, l'im-prévisible général kurde, sans attendre un seul jour et avant que ses ennemis aient le temps de se repren-dre, a traversé, à une allure vertigineuse, tout le terri-toire égyptien, du sud au nord, et a fait une entrée triomphale à Alexandrie. La population du grand port méditerranéen, hostile à l'alliance avec les Franj, a accueilli les Syriens en libérateurs.

Chawer et Amaury, contraints de suivre le rythme infernal que Chirkouh impose à cette guerre, vont assiéger Alexandrie. Dans la cité, les vivres sont si peu abondants qu'au bout d'un mois la population, mena-cée de famine, commence à regretter d'avoir ouvert ses portes au corps expéditionnaire syrien. La situation semble même désespérée le jour où une flotte franque vient mouiller au large du port. Cependant Chirkouh ne s'avoue pas battu. Il confie le commandement de la place à Saladin, puis, rassemblant quelques centaines de ses meilleurs cavaliers, effectue avec eux une auda-cieuse sortie nocturne. A bride abattue, il traverse les lignes ennemies, puis chevauche, nuit et jour... jusqu'en haute Egypte.

A Alexandrie, le blocus devient de plus en plus rigou-reux. A la famine s'ajoutent bientôt les épidémies, ainsi qu'un pilonnage quotidien par catapultes. Pour le gar-çon de vingt-neuf ans qu'est Saladin, la responsabilité est lourde. Mais la diversion opérée par son oncle va porter ses fruits. Chirkouh n'ignore pas que Morri est

194

impatient d'en finir avec cette campagne et de rentrer vers son royaume constamment harcelé par Noureddin. En ouvrant un nouveau front dans le Sud, au lieu de se laisser enfermer à Alexandrie, le général kurde menace de prolonger indéfiniment le conflit. En haute Egypte, il organise même un véritable soulèvement contre Chawer, amenant de nombreux paysans en armes à se joindre à lui. Quand ses troupes sont suffisamment importantes, il s'approche du Caire et envoie à Amaury un message habilement libellé. Nous perdons tous deux notre temps ici, lui fait-il dire en substance. Si le roi voulait bien considérer les choses calmement, il s'apercevrait clairement qu'après m'avoir chassé de ce pays, il n'aura fait que servir l'intérêt de Chawer. Amaury en est convaincu. Très vite, on parvient à un accord : le siège d'Alexandrie est levé, et Saladin quitte la ville salué par une garde d'honneur. En août 1167, les deux armées repartent, comme trois ans auparavant, vers leurs pays respectifs. Noureddin, satisfait de récupérer l'élite de son armée, souhaite ne plus se laisser entraîner dans ces stériles aventures égyptiennes.

Et pourtant, dès l'année suivante, comme une sorte de fatalité, la course vers le Nil va reprendre. En quittant Le Caire, Amaury avait cru bon d'y laisser un détachement de chevaliers chargés de veiller à la bonne application du traité d'alliance. Une de leurs missions consistait notamment à contrôler les portes de la cité et à protéger les fonctionnaires francs chargés d'encaisser le tribut annuel de cent mille dinars que Chawer avait promis de payer au royaume de Jérusalem. Un impôt aussi lourd, joint à la présence prolongée de cette force étrangère, ne pouvait que provoquer le ressentiment des citadins.

L'opinion s'est donc peu à peu mobilisée contre les occupants. On chuchote, et dans l'entourage même du calife, qu'une alliance avec Noureddin serait un moindre mal. Des messages commencent à circuler, à l'insu de Chawer, entre Le Caire et Alep. Le fils de Zinki, peu pressé d'intervenir, se contente d'observer les réactions du roi de Jérusalem.

Ne pouvant ignorer cette rapide montée de l'hostilité, les chevaliers et les fonctionnaires francs installés dans la capitale égyptienne prennent peur. Ils envoient des messages à Amaury pour qu'il vienne à leur secours. Le monarque commence par hésiter. La sagesse lui commande de retirer sa garnison du Caire et de se contenter du voisinage d'une Egypte neutre et inoffensive. Mais son tempérament l'incline à la fuite en avant. Encouragé par la récente arrivée en Orient d'un grand nombre de chevaliers occidentaux impatients de « casser du Sarrasin », il se décide en octobre 1168, pour la quatrième fois, à lancer son armée à l'assaut de l'Egypte.

Cette nouvelle campagne débute par une tuerie aussi affreuse que gratuite. Les Occidentaux s'emparent en effet de la ville de Bilbeis où, sans aucune raison, ils massacrent les habitants, les hommes, les femmes et les enfants, aussi bien les musulmans que les chrétiens de rite copte. Comme le dira très justement Ibn al-Athir, *si les Franj s'étaient mieux conduits à Bilbeis, ils auraient pu prendre Le Caire le plus facilement du monde, car les notables de la ville étaient prêts à la livrer.* Mais, en voyant les massacres perpétrés à Bilbeis, les gens décidèrent de résister jusqu'au bout. De fait, à l'approche des envahisseurs, Chawer ordonne de mettre le feu à la vieille cité du Caire. Vingt mille cruches de naphte sont déversées sur les échoppes, les maisons, les palais et les mosquées. Les habitants sont évacués vers la ville nouvelle, fondée par les Fatimides au xe siècle, et qui groupe essentiellement les palais, les administrations, les casernes ainsi que l'université religieuse d'al-Azhar. Pendant cinquante-quatre jours, l'incendie fait rage.

Entre-temps, le vizir a essayé de maintenir le contact avec Amaury pour le convaincre de renoncer à sa folle entreprise. Il espère y parvenir sans une nouvelle intervention de Chirkouh. Mais au Caire son parti faiblit. Le calife al-Adid, en particulier, prend l'initiative d'envoyer une lettre à Noureddin lui demandant de voler au secours de l'Egypte. Pour émouvoir le fils de Zinki, le souverain fatimide a joint à sa missive des mèches de cheveux : *Ce sont,* lui explique-t-il, *les cheveux de mes femmes. Elles te supplient de venir les soustraire aux outrages des Franj.*

La réaction de Noureddin à ce message angoissé nous est connue grâce à un témoignage particulièrement précieux, qui n'est autre que celui de Saladin, cité par Ibn al-Athir :

> Quand les appels d'al-Adid arrivèrent, Noureddin me convoqua et m'informa de ce qui se passait. Puis il me dit : « Va voir ton oncle Chirkouh à Homs et presse-le de venir ici au plus vite, car cette affaire ne souffre aucun délai. » Je quittai Alep et, à un mille de la cité, je rencontrai mon oncle qui venait précisément pour cette affaire. Noureddin lui ordonna de se préparer à partir pour l'Egypte.

Le général kurde demande alors à son neveu de l'accompagner, mais Saladin se récuse.

> Je répondis que je n'étais pas près d'oublier les souffrances endurées à Alexandrie. Mon oncle dit alors à Noureddin : « Il faut absolument que Youssef vienne avec moi ! » Et Noureddin répéta donc ses ordres. J'eus beau lui exposer l'état de gêne où je me trouvais, il me fit remettre de l'argent et je dus partir comme un homme qu'on mène à la mort.

Cette fois, il n'y aura pas d'affrontement entre Chirkouh et Amaury. Impressionné par la détermination des Cairotes, prêts à détruire leur ville plutôt qu'à la lui livrer, et craignant d'être pris à revers par l'armée de Syrie, le roi franc rentre en Palestine le 2 janvier 1169. Six jours plus tard, le général kurde arrive au Caire pour y être accueilli comme un sauveur, aussi bien par la population que par les dignitaires fatimides. Chawer lui-même semble s'en réjouir. Mais personne ne s'y trompe. Bien qu'il se soit battu contre les Franj au cours des dernières semaines, on le considère comme leur ami et il doit payer. Dès le 18 janvier, il est attiré dans une embuscade, séquestré sous une tente, puis tué, des propres mains de Saladin, avec l'approbation écrite du calife. Ce même jour, Chirkouh le remplace au vizirat. Quand, vêtu de soie brodée, il se rend à la résidence de son prédécesseur pour s'y installer, il ne trouve même pas un coussin pour s'asseoir. Tout a été pillé dès l'annonce de la mort de Chawer.

Il a fallu trois campagnes au général kurde pour devenir le véritable maître de l'Egypte. Un bonheur qui lui est compté : le 23 mars, deux mois après son triomphe, et à la suite d'un repas trop copieux, il est victime d'un malaise, d'une atroce sensation d'étouffement. Il meurt quelques instants plus tard. C'est la fin d'une épopée, mais le début d'une autre, dont le retentissement sera infiniment plus grand.

> A la mort de Chirkouh, *racontera Ibn al-Athir,* les conseillers du calife al-Adid lui suggérèrent de choisir Youssef comme nouveau vizir parce qu'il était le plus jeune et semblait le plus inexpérimenté et le plus faible des émirs de l'armée.

De fait, Saladin est convoqué au palais du souverain où il reçoit le titre d'al-malik en-nasser, « le roi victorieux », ainsi que les parures distinctives des vizirs : un turban blanc broché d'or, une robe avec une tunique doublée d'écarlate, une épée incrustée de pierreries, une jument alezane avec une selle et une bride ornées d'or ciselé et de perles, et bien d'autres objets précieux. En sortant du palais, il se dirige en grand cortège vers la résidence vizirale.

En quelques semaines, Youssef parvient à s'imposer. Il élimine les fonctionnaires fatimides dont le loyalisme lui semble douteux, les remplace par ses proches, écrase sévèrement une révolte au sein des troupes égyptiennes, repousse enfin, en octobre 1169, une lamentable invasion franque, celle que mène Amaury, arrivé en Egypte pour la cinquième et dernière fois avec l'espoir de s'emparer du port de Damiette, dans le delta du Nil. Manuel Comnène, inquiet de voir un lieutenant de Noureddin à la tête de l'Etat fatimide, a accordé aux Franj le soutien de la flotte byzantine. Mais en vain. Les Roum n'ont pas de provisions suffisantes, et leurs alliés refusent de leur en fournir. Au bout de quelques semaines, Saladin peut entamer des pourparlers avec eux et les persuader sans peine de mettre fin à une entreprise par trop mal engagée.

Il n'a donc pas fallu attendre la fin de 1169 pour que Youssef soit le maître incontesté de l'Egypte. A Jérusalem, Morri se promet de s'allier au neveu de Chirkouh contre le principal ennemi des Franj, Noureddin. Si l'optimisme du roi peut paraître excessif, il n'est pas sans fondement. Très tôt, en effet, Saladin commence à prendre quelques distances par rapport à son maître. Bien entendu, il l'assure continuellement de sa fidélité et de sa soumission, mais l'autorité effective sur l'Egypte ne peut s'exercer à partir de Damas ou d'Alep.

Les relations entre les deux hommes vont finir par prendre une réelle intensité dramatique. Malgré la solidité de son pouvoir au Caire, Youssef n'osera en effet jamais affronter directement son aîné. Et lorsque le fils de Zinki l'invitera à le rencontrer, il se dérobera toujours, non par peur de tomber dans un piège, mais par crainte de faiblir personnellement s'il se trouvait en présence de son maître.

La première crise grave éclate durant l'été 1171, lorsque Noureddin exige du jeune vizir qu'il abolisse le califat fatimide. En tant que musulman sunnite, le maître de la Syrie ne peut admettre que l'autorité spirituelle d'une dynastie « hérétique » continue à s'exercer sur une terre qui dépend de lui. Il envoie donc plusieurs messages en ce sens à Saladin, mais celui-ci se montre réticent. Il craint de heurter les sentiments de la population, en bonne partie chiite, et de s'aliéner les dignitaires fatimides. Par ailleurs, il n'ignore pas que c'est en tant que vizir du calife al-Adid qu'il tient son autorité légitime et il craint de perdre, en le détrônant, ce qui garantit officiellement son pouvoir en Egypte, auquel cas il redeviendrait un simple représentant de Noureddin. Il voit d'ailleurs dans l'insistance du fils de Zinki bien davantage une tentative de remise au pas politique qu'un acte de zèle religieux. Au mois d'août, les exigences du maître de la Syrie quant à l'abolition du califat chiite sont devenues un ordre comminatoire.

Acculé, Saladin commence à prendre des dispositions

pour faire face aux réactions hostiles de la population et va jusqu'à préparer une proclamation publique annonçant la déchéance du calife. Mais il hésite encore à la diffuser. Al-Adid, bien qu'âgé de vingt ans, est très gravement malade, et Saladin, qui s'est lié d'amitié avec lui, ne se fait pas à l'idée de trahir sa confiance. Subitement, le vendredi 10 septembre 1171, un habitant de Mossoul, en visite au Caire, entre dans une mosquée, et, montant en chaire avant le prédicateur, fait la prière au nom du calife abbasside. Curieusement, personne ne réagit, ni sur le moment ni les jours suivants. Est-ce un agent envoyé par Noureddin pour embarrasser Saladin ? C'est possible. Mais, en tout cas, après cet incident, le vizir, quels que soient ses scrupules, ne peut plus différer sa décision. Dès le vendredi suivant, ordre est donné de ne plus mentionner les Fatimides dans les prières. Al-Adid est alors sur son lit de mort, à moitié inconscient, et Youssef interdit à quiconque de lui annoncer la nouvelle. « S'il se rétablit, leur dit-il, il aura toujours le temps de la connaître. Sinon, laissez-le mourir sans tourments. » De fait, al-Adid s'éteindra peu de temps après, sans avoir appris la triste fin de sa dynastie.

La chute du califat chiite, après deux siècles d'un règne parfois glorieux, va, comme on pouvait s'y attendre, éprouver sur-le-champ la secte des Assassins qui, comme au temps de Massan as-Sabbah, attendait encore que les Fatimides sortent de leur léthargie pour inaugurer un nouvel âge d'or du chiisme. Voyant que ce rêve s'évanouissait à jamais, ses adeptes sont si désarçonnés que leur chef en Syrie, Rachideddin Sinan, « le vieux de la montagne », envoie un message à Amaury pour lui annoncer qu'il est prêt, avec tous ses partisans, à se convertir au christianisme. Les Assassins possèdent alors plusieurs forteresses et villages en Syrie centrale, où ils mènent une vie relativement paisible. Depuis des années, ils semblent avoir renoncé aux opérations spectaculaires. Rachideddin, bien entendu, dispose encore d'équipes de tueurs parfaitement entraînés, ainsi que de prédicateurs dévoués, mais beaucoup d'adeptes de la secte sont devenus de braves paysans, souvent contraints de verser un tribut régulier à l'ordre des Templiers.

En promettant de se convertir, le « vieux » espère, entre autres choses, exempter ses fidèles du tribut que seuls les non-chrétiens sont tenus de payer. Les Templiers, qui ne prennent pas leurs intérêts financiers à la légère, suivent avec inquiétude ces contacts entre Amaury et les Assassins. Dès que l'accord est en vue, ils décident de le faire échouer. Un jour de 1173, alors que des envoyés de Rachideddin reviennent d'une entrevue avec le roi, les Templiers leur tendent une embuscade et les massacrent. Plus jamais on ne reparlera de la conversion des Assassins.

Indépendamment de cet épisode, l'abolition du califat fatimide a une conséquence aussi importante qu'imprévue : donner à Saladin une dimension politique qu'il n'avait pas jusque-là. Noureddin, évidemment, ne s'attendait pas à un tel résultat. La disparition du calife, au lieu de réduire Youssef au rang d'un simple représentant du maître de la Syrie, fait de lui le souverain effectif de l'Egypte et le gardien légitime des fabuleux trésors accumulés par la dynastie déchue. Dès lors, les relations entre les deux hommes ne cesseront de s'envenimer.

Au lendemain de ces événements, tandis que Saladin dirige, à l'est de Jérusalem, une expédition audacieuse contre la forteresse franque de Chawbak, la garnison semble sur le point de capituler, lorsque Saladin apprend que Noureddin vient le rejoindre à la tête de ses troupes pour participer aux opérations. Sans attendre un instant, Youssef ordonne à ses hommes de lever le camp et de rentrer à marches forcées vers Le Caire. Il prétexte, par une lettre au fils de Zinki, que des troubles auraient éclaté en Egypte le contraignant à ce départ précipité.

Mais Noureddin ne se laisse pas abuser. Accusant Saladin de félonie et de trahison, il jure de se rendre en personne au pays du Nil afin de reprendre les choses en main. Inquiet, le jeune vizir réunit ses proches collaborateurs, parmi lesquels son propre père Ayyoub, et les consulte sur l'attitude à adopter au cas où Noureddin mettrait sa menace à exécution. Alors que certains émirs se déclarent prêts à prendre les armes contre le fils de Zinki et que Saladin lui-même semble partager leur avis, Ayyoub intervient, tremblant de colère. Interpellant Youssef comme s'il n'était qu'un galopin, il déclare : « Je suis ton père et, s'il y a une personne ici qui t'aime et désire ton bien, ce ne peut être que moi. Pourtant, sache que si Noureddin venait, rien ne pourrait m'empêcher de me prosterner et de baiser le sol à ses pieds. S'il m'ordonnait de te couper la tête avec mon sabre, je le ferais. Car cette terre est à lui. Tu vas lui écrire ceci : " J'ai appris que tu voulais diriger une expédition vers l'Egypte, mais tu n'en as pas besoin; ce pays est à toi, et il te suffit de m'envoyer un coursier ou un chameau pour que je vienne à toi en homme humble et soumis. " »

À l'issue de cette réunion, Ayyoub sermonne à nouveau son fils en privé : « Par Dieu, si Noureddin tentait de te prendre un pouce de ton territoire, je me battrais contre lui jusqu'à la mort. Mais pourquoi te montres-tu ouvertement ambitieux ? Le temps est de ton côté, laisse faire la Providence ! » Convaincu, Youssef envoie en Syrie le message proposé par son père et Noureddin, rassuré, renonce in extremis à son expédition punitive. Mais, instruit par cette alerte, Saladin dépêche l'un de ses frères, Touranshah, au Yémen, avec pour mission de conquérir cette terre montagneuse du sud-ouest de l'Arabie afin d'y ménager à la famille d'Ayyoub un lieu de refuge au cas où le fils de Zinki songerait à nouveau à prendre le contrôle de l'Egypte. Le Yémen sera effectivement occupé sans grande difficulté... « au nom du roi Noureddin ».

En juillet 1173, moins de deux ans après le rendez-vous manqué de Chawbak, un incident analogue se produit. Saladin étant parti guerroyer à l'est du Jourdain, Noureddin rassemble ses troupes et vient à sa rencontre. Mais, une fois de plus, terrorisé à l'idée de se trouver face à son maître, le vizir se dépêche de reprendre la route de l'Egypte en affirmant que son père est mourant. De fait, Ayyoub vient de sombrer dans le coma à la suite d'une chute de cheval. Mais Noureddin n'est pas prêt à se contenter de cette nouvelle excuse. Et, lorsque Ayyoub meurt en août, il prend conscience de ce qu'il n'y a plus au Caire un seul homme en qui avoir pleinement confiance. Aussi considère-t-il le moment venu de prendre personnellement en main les affaires égyptiennes.

Noureddin commença ses préparatifs pour envahir l'Egypte et l'arracher à Salaheddin Youssef, car il avait constaté que celui-ci évitait de se battre contre les Franj par crainte de se réunir avec lui. Notre chroniqueur Ibn al-Athir, qui a quatorze ans lors de ces événements, prend nettement position en faveur du fils de Zinki. *Youssef préférait avoir les Franj à ses frontières plutôt que d'être le voisin direct de Noureddin. Celui-ci écrivit donc à Mossoul et ailleurs pour demander qu'on lui envoie des troupes. Mais, pendant qu'il s'apprêtait à marcher avec ses soldats vers l'Egypte, Dieu lui intima l'ordre qu'on ne discute pas.* Le maître de la Syrie vient en effet de tomber gravement malade, atteint, semble-t-il, d'une très forte angine. Ses médecins lui prescrivent une saignée, mais il refuse : « On ne saigne pas un homme de soixante ans », dit-il. On essaie d'autres traitements, mais rien n'y fait. Le 15 mai 1174, est annoncée à Damas la mort de Noureddin Mahmoud, le roi saint, le moujahid qui a unifié la Syrie musulmane et permis au monde arabe de se préparer à la lutte décisive contre l'occupant. Dans toutes les mosquées, on s'est rassemblé le soir pour réciter quelques versets du Coran à sa mémoire. En dépit de son conflit, les dernières années, avec Saladin, celui-ci, avec le temps, apparaîtra bien davantage comme son continuateur que comme son rival.

Dans l'immédiat, toutefois, c'est la rancœur qui domine parmi les parents et les collaborateurs du disparu, qui craignent de voir Youssef profiter de la confusion générale pour attaquer la Syrie. Aussi, pour gagner du temps, évite-t-on de notifier au Caire la nouvelle. Mais Saladin, qui a des amis partout, envoie à Damas, par pigeon voyageur, un message subtilement libellé : *Une nouvelle nous est parvenue de chez l'ennemi maudit au sujet du maître Noureddin. Si, à Dieu* ne plaise, la chose s'avérait exacte, il faudrait surtout éviter que la division ne s'installe dans les cœurs et que la déraison ne s'empare des esprits, car seul l'ennemi en tirerait profit.

En dépit de ces paroles conciliantes, l'hostilité soulevée par l'ascension de Saladin sera farouche.

CHAPITRE X

LES LARMES DE SALADIN

Tu vas trop loin, Youssef, tu dépasses les bornes. Tu n'es qu'un serviteur de Noureddin et tu voudrais maintenant t'emparer du pouvoir pour toi tout seul ? Ne te fais surtout aucune illusion, car nous qui t'avons sorti du néant, nous saurons t'y ramener !

Quelques années plus tard, cet avertissement envoyé à Saladin par les dignitaires d'Alep paraîtra absurde. Mais en 1174, alors que le maître du Caire commence à émerger comme la principale figure de l'Orient arabe, ses mérites ne sont pas encore évidents pour tous. Dans l'entourage de Noureddin, aussi bien du vivant de celui-ci qu'au lendemain de sa mort, on ne prononce même plus le nom de Youssef. Pour le désigner, on emploie les mots de « parvenu », d' « ingrat », de « félon » ou, le plus souvent, d' « insolent ».

Insolent, Saladin s'est généralement gardé de l'être; mais insolente, sa chance l'est à coup sûr. Et c'est bien ce qui irrite ses adversaires. Car cet officier kurde de trente-six ans n'a jamais été un homme ambitieux, et ceux qui ont observé ses débuts savent qu'il se serait aisément contenté de n'être qu'un émir parmi tant d'autres si le sort ne l'avait projeté, à son corps défendant, au-devant de la scène.

C'est malgré lui qu'il est parti en Egypte, où son rôle a été minime dans la conquête; et pourtant, en raison même de son effacement, il s'est hissé au sommet du pouvoir. Il n'avait pas osé proclamer la déchéance des Fatimides, mais, lorsqu'il a été forcé de prendre une décision dans ce sens, il s'est retrouvé l'héritier de la plus riche des dynasties musulmanes. Et quand Noureddin a résolu de le remettre à sa place, Youssef n'a même pas eu besoin de résister : son maître s'est subitement éteint, laissant pour tout successeur un adolescent de onze ans, as-Saleh.

Moins de deux mois plus tard, le 11 juillet 1174, Amaury disparaît à son tour, victime d'une dysenterie, alors qu'il préparait une nouvelle invasion de l'Egypte avec l'appui d'une puissante flotte sicilienne. Il lègue le royaume de Jérusalem à son fils Baudouin IV, un jeune homme de treize ans affligé de la plus terrible des malédictions : la lèpre. Il ne reste plus dans tout l'Orient qu'un seul monarque qui puisse faire obstacle à l'irrésistible ascension de Saladin et c'est Manuel, l'empereur des Roum, qui rêve, en effet, d'être un jour le suzerain de la Syrie et veut envahir l'Egypte en collaboration avec les Franj. Mais justement, comme pour compléter la série, la puissante armée byzantine, qui avait paralysé Noureddin pendant près de quinze ans, se fera écraser en septembre 1176 par Kilij Arslan II, petit-fils du premier, à la bataille de Myriocephalum. Manuel mourra peu de temps après, condamnant l'empire chrétien d'Orient à sombrer dans l'anarchie.

Peut-on en vouloir aux panégyristes de Saladin d'avoir vu dans cette succession d'événements imprévus la main de la Providence ? Youssef lui-même n'a jamais cherché à s'attribuer le mérite de sa fortune. Il a toujours pris soin de remercier, après Dieu, « mon oncle Chirkouh » et « mon maître Noureddin ». Il est vrai que la grandeur de Saladin réside aussi dans sa modestie.

Un jour que Salaheddin était fatigué et qu'il cherchait à se reposer, un de ses mamelouks vint à lui et lui présenta un papier à signer. « Je suis épuisé, dit le sultan, reviens dans une heure ! » Mais l'homme insista. Il colla presque la feuille au visage de Salaheddin en lui disant : « Que le maître signe ! » Le sultan répondit : « Mais je n'ai pas d'encrier sous la main ! » Il était assis à l'entrée de sa tente, et le mamelouk remarqua qu'il y avait à l'intérieur un encrier. « Le voilà, l'encrier, au fond de la tente », lança-t-il, ce qui signifiait qu'il ordonnait à Salaheddin d'aller prendre lui-même l'encrier, rien de moins. Le sultan se retourna, vit l'encrier et dit : « Par Dieu, c'est vrai ! » Il s'étendit alors vers l'arrière, s'appuya sur son bras gauche et prit l'encrier de la main droite. Puis il signa le papier.

Cet incident, relaté par Bahaeddin, secrétaire particulier et biographe de Saladin, illustre de manière frappante ce qui différenciait celui-ci des monarques de son époque, comme de toutes les époques : savoir rester humble avec les humbles même quand on est devenu le plus puissant parmi les puissants. Ses chroniqueurs évoquent certes son courage, sa justice et son zèle pour le jihad mais, à travers leurs récits, transparaît sans cesse une image plus émouvante, plus humaine.

Un jour, *raconte Bahaeddin*, alors que nous étions en pleine campagne contre les Franj, Salaheddin appela ses proches autour de lui. Il tenait à la main une lettre qu'il venait de lire, et, quand il voulut parler, il éclata en sanglots. En le voyant dans cet état, nous ne pûmes nous empêcher de pleurer, nous aussi, alors que nous ignorions de quoi il s'agissait. Il dit enfin, la voix étouffée par les larmes : « Takieddin, mon neveu, est mort ! » Et il recommença à pleurer à chaudes larmes, et nous de même. Je repris mes esprits et lui dis : « N'oublions pas dans quelle campagne nous sommes engagés, et demandons pardon à Dieu de nous être laissés aller à ces pleurs. » Salaheddin m'approuva. « Oui, dit-il, que Dieu me pardonne ! Que Dieu me pardonne ! » Il répéta cela plusieurs fois, puis il ajouta : « Que personne ne sache ce qui est arrivé ! » Puis il fit amener de l'eau de rose pour se laver les yeux.

Les larmes de Saladin ne coulent pas seulement à la mort de ses proches.

Une fois, *se rappelle Bahaeddin*, alors que je chevauchais aux côtés du sultan face aux Franj, un éclaireur de l'armée vint à nous avec une femme qui sanglotait en se frappant la poitrine. « Elle est sortie de chez les Franj, nous expliqua l'éclaireur, pour rencontrer le maître, et nous l'avons amenée. » Salaheddin demanda à son interprète de l'interroger. Elle dit : « Des voleurs musulmans sont entrés hier dans ma tente et ils ont volé ma petite fille. J'ai passé toute la nuit à pleurer, alors nos chefs m'ont dit : " Le roi des musulmans est miséricordieux, nous te laisserons aller vers lui et tu pourras lui demander ta fille. " Alors je suis venue et j'ai mis tous mes espoirs en toi. » Salaheddin fut ému et des larmes lui vinrent aux yeux. Il envoya quelqu'un au marché des esclaves pour chercher la fille, et moins d'une heure après un cavalier arriva portant l'enfant sur ses épaules. Dès qu'elle les vit, la mère se jeta à terre, se barbouilla le visage de sable, et tous les présents pleuraient d'émotion. Elle regarda vers le ciel et se mit à dire des choses incompréhensibles. On lui rendit donc sa fille et on la raccompagna au camp des Franj.

Ceux qui ont connu Saladin s'attardent peu sur sa description physique — petit, frêle, la barbe courte et régulière. Ils préfèrent parler de son visage, de ce visage pensif et quelque peu mélancolique, qui s'illuminait soudain d'un sourire réconfortant mettant l'interlocuteur en confiance. Il était toujours affable avec ses visiteurs, insistant pour les retenir à manger, les traitant avec tous les honneurs, même s'ils étaient des infidèles, et satisfaisant à toutes leurs demandes. Il ne pouvait accepter que quelqu'un vienne à lui et reparte déçu, et certains n'hésitaient pas à en profiter. Un jour, au cours d'une trêve avec les Franj, le « brins », seigneur d'Antioche, arriva à l'improviste devant la tente de Salaheddin et lui demanda de lui rendre une région que le sultan avait prise quatre ans plus tôt. Il la lui donna !

On le voit, la générosité de Saladin a frôlé parfois l'inconscience.

Ses trésoriers, *révèle Bahaeddin*, gardaient toujours en cachette une certaine somme d'argent pour parer à tout imprévu, car ils savaient bien que, si le maître apprenait l'existence de cette réserve, il la dépenserait immédiatement. En dépit de cette précaution, il n'y avait dans le trésor de l'État à la mort du sultan qu'un lingot d'or de Tyr et quarante-sept dirhams d'argent.

208

Quand certains de ses collaborateurs lui reprochent sa prodigalité, Saladin leur répond avec un sourire désinvolte : « Il est des gens pour qui l'argent n'a pas plus d'importance que le sable. » De fait, il a un mépris sincère pour la richesse et le luxe, et, lorsque les fabuleux palais des califes fatimides tombent en sa possession, il y installe ses émirs, préférant, quant à lui, demeurer dans la résidence, plus modeste, réservée aux vizirs.

Ce n'est qu'un des nombreux traits qui permettent de rapprocher l'image de Saladin de celle de Noureddin. Ses adversaires ne verront d'ailleurs en lui qu'un pâle imitateur de son maître. En réalité il sait se montrer dans ses contacts avec les autres, notamment avec ses soldats, beaucoup plus chaleureux que son prédécesseur. Et s'il observe à la lettre les préceptes de la religion, il n'a pas ce côté légèrement bigot qui caractérisait certains comportements du fils de Zinki. On pourrait dire que Saladin est, en général, aussi exigeant avec lui-même mais qu'il l'est moins avec les autres, et pourtant il se montrera plus impitoyable encore que son aîné à l'égard de ceux qui insultent l'islam, qu'il s'agisse des « hérétiques » ou de certains Franj.

Au-delà de ces différences de personnalité, Saladin reste fortement influencé, surtout à ses débuts, par l'impressionnante stature de Noureddin dont il cherche à se montrer le digne successeur, poursuivant sans relâche les mêmes objectifs que lui : unifier le monde arabe, mobiliser les musulmans, aussi bien moralement, grâce à un puissant appareil de propagande, que militairement, en vue de la reconquête des terres occupées et surtout de Jérusalem.

Dès l'été 1174, tandis que les émirs réunis à Damas autour du jeune as-Saleh discutent du meilleur moyen de tenir tête à Saladin, envisageant même de s'allier aux Franj, le maître du Caire leur adresse une lettre de véritable défi où, occultant souverainement son conflit avec Noureddin, il se présente sans hésiter comme le continuateur de l'œuvre de son suzerain et le fidèle gardien de son héritage.

Si notre regretté roi, *écrit-il*, avait décelé parmi vous un homme aussi digne de confiance que moi, n'est-ce pas à lui qu'il aurait attribué l'Egypte, qui est la plus importante de ses provinces ? Soyez-en convaincus, si Noureddin n'était pas mort aussi tôt, c'est moi qu'il aurait chargé d'éduquer son fils et de veiller sur lui. Or je vois que vous vous comportez comme si vous étiez les seuls à servir mon maître et son fils, et que vous essayez de m'exclure. Mais je vais venir bientôt. Je vais accomplir, pour honorer la mémoire de mon maître, des actes qui laisseront des traces, et chacun de vous sera puni de son inconduite.

On reconnaît difficilement ici l'homme circonspect des années précédentes, comme si la disparition du maître avait libéré en lui une agressivité longtemps contenue. Il est vrai que les circonstances sont exceptionnelles, car ce message a une fonction précise : c'est la déclaration de guerre par laquelle Saladin commence la conquête de la Syrie musulmane. Lorsqu'il envoie son message, en octobre 1174, le maître du Caire est déjà en route pour Damas à la tête de sept cents cavaliers. C'est peu pour assiéger la métropole syrienne, mais Youssef a bien calculé son affaire. Effrayés par le ton inhabituellement violent de sa missive, as-Saleh et ses collaborateurs ont préféré se replier sur Alep. Traversant sans encombre le territoire des Franj, en empruntant ce que l'on peut appeler désormais la « piste Chirkouh », Saladin arrive fin octobre devant Damas, où des hommes liés à sa famille s'empressent d'ouvrir les portes pour l'accueillir.

Encouragé par cette victoire acquise sans un coup de sabre, il continue sur sa lancée. Laissant la garnison de Damas sous les ordres d'un de ses frères, il se dirige vers la Syrie centrale où il s'empare de Homs et de Hama. Au cours de cette campagne éclair, nous dit Ibn al-Athir, *Salaheddin prétendait agir au nom du roi as-Saleh, fils de Noureddin. Il disait que son but était de défendre le pays contre les Franj.* Fidèle à la dynastie de Zinki, l'historien de Mossoul est pour le moins méfiant à l'égard de Saladin, qu'il accuse de duplicité. Il n'a pas entièrement tort. Youssef, qui ne veut pas jouer les usurpateurs, se présente, en effet, comme le protecteur d'as-Saleh. « De toute manière, dit-il, cet adolescent ne peut pas gouverner seul. Il lui faut un tuteur, un régent, et nul n'est mieux placé que moi pour exercer ce rôle. » Il envoie d'ailleurs lettre sur lettre à as-Saleh pour l'assurer de sa fidélité, fait prier pour lui dans les mosquées du Caire et de Damas, frappe la monnaie à son nom.

Le jeune monarque est totalement insensible à ces gestes. Lorsque Saladin vient assiéger Alep même en décembre 1174, « pour protéger le roi as-Saleh de l'influence néfaste de ses conseillers », le fils de Noureddin rassemble les gens de la cité et leur tient un discours émouvant : « Regardez cet homme injuste et ingrat qui veut me prendre mon pays sans égard pour Dieu ni pour les hommes ! Je suis orphelin et je compte sur vous pour me défendre en souvenir de mon père qui vous a tant aimés. » Profondément touchés, les Alépins décident de résister jusqu'au bout au « félon ». Youssef, qui cherche à éviter un conflit direct avec as-Saleh, lève le siège. En revanche, il décide de se proclamer « roi d'Egypte et de Syrie » pour ne plus dépendre d'aucun suzerain. Les chroniqueurs lui conféreront, en outre, le titre de sultan, mais lui-même ne s'en parera jamais. Saladin reviendra plus d'une fois encore sous les murs d'Alep, mais sans jamais se résoudre à croiser le fer avec le fils de Noureddin.

Pour tenter d'écarter cette menace permanente, les conseillers d'as-Saleh décident de recourir aux services des Assassins. Ils entrent en contact avec Rachideddin Sinan, qui promet de les débarrasser de Youssef. Le « vieux de la montagne » ne demande pas mieux que de régler son compte au fossoyeur de la dynastie fatimide. Un premier attentat a lieu début 1175 : des Assassins pénètrent dans le camp de Saladin, parviennent jusqu'à sa tente, où un émir les reconnaît et leur barre la route. Il est grièvement blessé, mais l'alerte est donnée. Les gardes accourent et, après un combat acharné, les batinis sont massacrés. Ce n'est que partie remise. Le

22 mai 1176, alors que Saladin est à nouveau en campagne dans la région d'Alep, un Assassin fait irruption dans sa tente et lui assène un coup de poignard sur la tête. Fort heureusement, le sultan, qui est sur ses gardes depuis le dernier attentat, a pris la précaution de porter une coiffe de mailles sous son fez. Le tueur s'acharne alors sur le cou de sa victime. Mais là encore la lame est arrêtée. Saladin porte en effet une longue tunique d'étoffe épaisse dont le haut col est renforcé de mailles. Un des émirs de l'armée arrive alors, saisit le poignard avec une main et de l'autre frappe le batini qui s'écroule. Saladin n'a même pas eu le temps de se relever qu'un deuxième tueur bondit sur lui, puis un troisième. Mais les gardes sont déjà là et les assaillants sont massacrés. Youssef sort de la tente hagard, titubant, ahuri d'être encore indemne.

Dès qu'il a repris ses esprits, il décide d'aller attaquer les Assassins dans leur repaire, en Syrie centrale, où Sinan contrôle une dizaine de forteresses. C'est la plus redoutable d'entre elles, Massiaf, perchée au sommet d'un mont escarpé, que Saladin vient assiéger. Mais ce qui se passe en ce mois d'août 1176 au pays des Assassins demeurera sans doute à jamais un mystère. Une première version, celle d'Ibn al-Athir, dit que Sinan aurait envoyé une lettre à l'oncle maternel de Saladin, jurant de faire tuer tous les membres de la famille régnante. Venant de la part de la secte, surtout après les deux tentatives d'assassinat dirigées contre le sultan, cette menace ne pouvait être prise à la légère. Le siège de Massiaf aurait alors été levé.

Mais une seconde version des événements nous vient des Assassins eux-mêmes. Elle est consignée dans l'un des rares écrits qui aient survécu à la secte, un récit signé par l'un de ses adeptes, un certain Abou-Firas. Selon lui, Sinan, qui était absent de Massiaf lorsque la forteresse fut assiégée, serait venu se poster avec deux compagnons sur une colline voisine pour observer le déroulement des opérations et Saladin aurait ordonné à ses hommes d'aller le capturer. Une troupe importante aurait encerclé Sinan, mais, lorsque les soldats auraient tenté de s'approcher de lui, leurs membres auraient été paralysés par une force mystérieuse. On dit que le « vieux de la montagne » leur demanda alors d'avertir le sultan qu'il désirait le rencontrer personnellement et en privé, que, terrorisés, ils coururent raconter à leur maître ce qui venait de se produire, et que Saladin n'en présageant rien de bon fit répandre de la chaux et des cendres tout autour de sa tente pour détecter toute trace de pas, tandis qu'à la tombée du jour il installa des gardes munis de torches pour le protéger. Soudain, en pleine nuit, il se réveilla en sursaut, remarqua l'espace d'un instant une figure inconnue qui se glissait hors de sa tente et dans laquelle il crut reconnaître Sinan en personne. Le mystérieux visiteur avait laissé sur le lit une galette empoisonnée avec un papier où Saladin put lire : *Tu es en notre pouvoir.* Alors Saladin aurait poussé un cri, et ses gardes seraient accourus, jurant qu'ils n'avaient rien vu. Dès le lendemain, Saladin s'empressait de lever le siège et de revenir à toute vitesse vers Damas.

Ce récit est sans doute fortement romancé, mais c'est un fait que Saladin a décidé fort subitement de changer totalement de politique à l'égard des Assassins. Malgré son aversion pour les hérétiques de toutes sortes, il ne tentera jamais plus de menacer le territoire des batinis. Bien au contraire, il cherchera désormais à se les concilier, privant ainsi ses ennemis, aussi bien musulmans que franj, d'un précieux auxiliaire. Car, dans la bataille pour le contrôle de la Syrie, le sultan est décidé à mettre tous les atouts de son côté. Il est vrai qu'il est virtuellement gagnant depuis qu'il s'est emparé de Damas, mais le conflit s'éternise. Ces campagnes qu'il faut mener contre les Etats francs, contre Alep, contre Mossoul, dirigée elle aussi par un descendant de Zinki et contre divers autres princes de la Jézira et de l'Asie Mineure sont épuisantes. D'autant qu'il doit se rendre régulièrement au Caire pour décourager intrigants et comploteurs.

La situation ne commence à se décanter qu'à la fin de l'année 1181, lorsque as-Saleh meurt subitement, peut-être empoisonné, à l'âge de dix-huit ans. Ibn al-Athir raconte ses derniers moments avec émotion :

Quand son état empira, les médecins lui conseillèrent de prendre un peu de vin. Il leur dit : « Je ne le ferai pas avant d'avoir l'opinion d'un docteur de la loi. » Un des principaux ulémas vint à son chevet et lui expliqua que la religion autorisait l'emploi du vin comme médicament. As-Saleh demanda : « Et pensez-vous vraiment que si Dieu a décidé de mettre fin à ma vie il pourrait changer d'avis s'il me voyait boire du vin ? » L'homme de religion fut bien obligé de dire non. « Alors, conclut le mourant, je ne veux pas rencontrer mon créateur en ayant dans l'estomac un aliment interdit. »

Un an et demi plus tard, le 18 juin 1183, Saladin fait son entrée solennelle à Alep. Désormais, la Syrie et l'Egypte ne font plus qu'un, non pas nominalement, comme au temps de Noureddin, mais effectivement, sous l'autorité incontestée du souverain ayyoubide. Curieusement, l'émergence de ce puissant Etat arabe qui les enserre chaque jour davantage n'amène pas les Franj à faire preuve d'une plus grande solidarité. Bien au contraire. Tandis que le roi de Jérusalem, affreusement mutilé par la lèpre, sombre dans l'impotence, deux clans rivaux se disputent le pouvoir. Le premier, favorable à un arrangement avec Saladin, est dirigé par Raymond, comte de Tripoli. Le second, extrémiste, a pour porte-parole Renaud de Châtillon, l'ancien prince d'Antioche.

Très brun, le nez en bec d'aigle, parlant couramment l'arabe, lecteur attentif des textes islamiques, Raymond serait passé pour un émir syrien comme les autres si sa grande taille ne trahissait ses origines occidentales.

Il n'y avait, *nous dit Ibn al-Athir*, parmi les Franj de cette époque aucun homme plus courageux ni plus sage que le seigneur de Tripoli, Raymond Ibn Raymond as-Sanjili, descendant de saint Gilles. Mais il était très ambitieux et désirait ardemment devenir roi. Pendant un temps, il assura la régence, mais il en fut bientôt écarté. Il en conçut tant de rancœur qu'il écrivit à Salaheddin, se rangea à ses côtés et lui demanda de l'aider à devenir roi des Franj. Salaheddin s'en réjouit et il s'empressa de libérer un certain nombre de chevaliers de Tripoli qui étaient prisonniers chez les musulmans.

Saladin est attentif à ces discordes. Lorsque le courant « oriental » dirigé par Raymond semble triompher à Jérusalem, il se fait conciliant. En 1184, Baudouin IV est entré dans la phase ultime de la lèpre. Ses pieds et ses jambes sont flasques et ses yeux éteints. Mais il ne manque ni de courage ni de bon sens et fait confiance au comte de Tripoli, qui s'efforce d'établir des rapports de bon voisinage avec Saladin. Le voyageur andalou Ibn Jobair, qui visite Damas cette année-là, se montre surpris de voir qu'en dépit de la guerre les caravanes vont et viennent aisément du Caire à Damas à travers le territoire des Franj. « Les chrétiens, constate-t-il, font payer aux musulmans une taxe qui est appliquée sans abus. Les commerçants chrétiens, à leur tour, paient des droits sur leurs marchandises quand ils traversent le territoire des musulmans. L'entente entre eux est parfaite et l'équité est respectée. Les gens de guerre s'occupent de leur guerre mais le peuple demeure en paix. »

Saladin, loin d'être pressé de mettre fin à cette coexistence, se montre même disposé à aller plus loin sur le chemin de la paix. En mars 1185, en effet, le roi lépreux meurt à vingt-quatre ans, laissant le trône à son neveu, Baudouin V, un enfant de six ans, et la régence au comte de Tripoli, qui, sachant qu'il a besoin de temps pour consolider son pouvoir, s'empresse d'envoyer des émissaires à Damas pour demander une trêve. Saladin, qui se sait tout à fait en mesure d'engager un combat décisif avec les Occidentaux, prouve, en acceptant de conclure une trêve de quatre ans, qu'il ne cherche pas l'affrontement à tout prix.

Mais lorsque l'enfant-roi meurt un an plus tard, en août 1186, le rôle du régent est remis en cause. *La mère du petit monarque*, explique Ibn al-Athir, *s'était éprise d'un Franj récemment arrivé d'Occident, un certain Guy. Elle l'avait épousé et, à la mort de l'enfant, elle mit la couronne sur la tête de son mari, fit venir le patriarche, les prêtres, les moines, les hospitaliers, les*

Templiers, les barons, leur annonça qu'elle avait transmis le pouvoir à Guy et leur fit jurer de lui obéir. Raymond refusa et préféra s'entendre avec Salaheddin. Ce Guy est le roi Guy de Lusignan, un bel homme parfaitement falot, dénué de toute compétence politique ou militaire, toujours prêt à se ranger à l'avis de son dernier interlocuteur. Il n'est en fait qu'une marionnette entre les mains des « faucons », dont le chef de file est le « brins Arnat », Renaud de Châtillon.

Après son aventure chypriote et ses exactions en Syrie du Nord, ce dernier a passé quinze ans dans les prisons d'Alep avant d'être relâché en 1175 par le fils de Noureddin. Sa captivité n'a fait qu'aggraver ses défauts. Plus fanatique, plus avide, plus sanguinaire que jamais, Arnat suscitera à lui seul plus de haine entre les Arabes et les Franj que des décennies de guerres et de massacres. Après sa libération, il n'est pas parvenu à reprendre Antioche, où règne son beau-fils Bohémond III. Il s'est donc installé dans le royaume de Jérusalem où il s'est empressé d'épouser une jeune veuve qui lui a amené en dot les territoires situés à l'est du Jourdain, notamment les puissantes forteresses de Kerak et de Chawbak. Allié aux Templiers et à de nombreux chevaliers nouvellement arrivés, il exerce sur la cour de Jérusalem une influence grandissante que seul Raymond parvient pendant un temps à contrebalancer. La politique qu'il cherche à imposer est celle de la première invasion franque : se battre sans arrêt contre les Arabes, piller et massacrer sans ménagement, conquérir de nouveaux territoires. Pour lui, toute conciliation, tout compromis est une trahison. Il ne se sent tenu par aucune trêve, par aucune parole. Que vaut d'ailleurs un serment prêté à des infidèles ? explique-t-il cyniquement.

En 1180, un accord avait été signé entre Damas et Jérusalem garantissant la libre circulation des biens et des hommes dans la région. Quelques mois plus tard, une caravane de riches commerçants arabes qui traversait le désert de Syrie en direction de La Mecque était attaquée par Renaud, qui faisait main basse sur la marchandise. Saladin s'en plaignit à Baudouin IV, mais celui-ci n'osa sévir contre son vassal. En automne 1182, c'était plus grave : Arnat décidait d'aller razzier La Mecque elle-même. S'étant embarquée à Eilat, alors petit port de pêche arabe situé sur le golfe d'Aqaba, et s'étant fait guider par quelques pirates de la mer Rouge, l'expédition, descendue le long de la côte, s'était attaquée à Yanboh, port de Médine, puis à Rabigh, non loin de La Mecque. En chemin, les hommes de Renaud coulaient un bateau de pèlerins musulmans qui se dirigeait vers Jeddah. *Tout le monde était pris par surprise*, explique Ibn al-Athir, *car les gens de ces régions n'avaient jamais connu un seul Franj, ni commerçant ni guerrier.* Enivrés par leur succès, les assaillants avaient pris leur temps, remplissant leurs bateaux de butin. Et tandis que Renaud lui-même remontait vers ses terres, ses hommes passaient de longs mois à sillonner la mer Rouge. Le frère de Saladin, al-Adel, qui gouvernait l'Egypte en son absence, arma une flotte et la lança à la poursuite des pillards, qui furent écrasés. Certains d'entre eux furent conduits à La Mecque pour être décapités en public, *châtiment exemplaire*, conclut l'historien de Mossoul, *pour ceux qui ont cherché à violer les lieux saints.* Les nouvelles de cette folle équipée avaient bien entendu fait le tour du monde musulman, où Arnat symbolisera désormais ce qu'il y a de plus hideux chez l'ennemi franc.

Saladin avait répondu en lançant plusieurs raids contre le territoire de Renaud. Mais, malgré sa fureur, le sultan savait rester magnanime. En novembre 1183, par exemple, alors qu'il avait installé des catapultes autour de la citadelle de Kerak et commencé à la bombarder avec des quartiers de roc, les défenseurs lui firent dire que des noces princières se déroulaient au même moment à l'intérieur. Bien que la mariée fût la belle-fille de Renaud, Saladin avait demandé aux assiégés de lui indiquer le pavillon où allaient résider les jeunes époux, et ordonné à ses hommes d'épargner ce secteur.

De tels gestes, hélas ! ne servent à rien avec Arnat. Un moment neutralisé par le sage Raymond, il peut, à l'avènement du roi Guy, en septembre 1186, dicter à nouveau sa loi. Quelques semaines plus tard, ignorant la trêve qui devait se prolonger pendant deux ans et demi encore, le prince fond, tel un oiseau de proie, sur une importante caravane de pèlerins et de marchands arabes qui avançait tranquillement sur la route de La Mecque. Il en massacre les hommes armés, emmenant le reste de la troupe en captivité à Kerak. Lorsque certains d'entre eux osent rappeler à Renaud la trêve, il leur lance sur un ton de défi : « Que votre Mahomet vienne donc vous délivrer ! » Quand on rapportera ces mots à Saladin quelques semaines plus tard, il jurera de tuer Arnat de ses propres mains.

Mais, dans l'immédiat, le sultan s'efforce de temporiser. Il envoie des émissaires à Renaud pour demander, conformément aux accords, la libération des captifs et la restitution de leurs biens. Le prince refusant de les recevoir, ces derniers se dirigent vers Jérusalem où les reçoit le roi Guy, qui se dit choqué des agissements de son vassal, mais n'ose pas entrer en conflit avec lui. Les ambassadeurs insistent : les otages du prince Arnat continueraient donc à croupir dans les oubliettes de Kerak au mépris de tous les accords et de tous les serments ? L'incapable Guy s'en lave les mains.

La trêve est rompue. Saladin, qui l'aurait respectée jusqu'à son terme, ne s'inquiète nullement du retour des hostilités. Dépêchant des messagers aux émirs d'Egypte, de Syrie, de la Jézira et d'ailleurs, pour leur annoncer que les Franj ont traîtreusement bafoué leurs engagements, il appelle alliés et vassaux à s'unir avec toutes les forces dont ils disposent pour prendre part au jihad contre l'occupant. De toutes les contrées de l'islam, des milliers de cavaliers et de fantassins affluent vers Damas. La ville n'est plus qu'un vaisseau échoué dans une mer de toiles ondulantes, petites tentes en poil de chameau, où les soldats s'abritent du soleil et de la pluie, ou vastes pavillons princiers en tissus richement colorés, ornés de versets coraniques ou de poèmes calligraphiés.

Tandis que la mobilisation se poursuit, les Franj s'enfoncent dans leurs querelles internes. Le roi Guy jugeant le moment propice pour se débarrasser de son rival Raymond, qu'il accuse de complaisance à l'égard des musulmans, l'armée de Jérusalem se prépare à attaquer Tibériade, une petite ville de Galilée qui appartient à la femme du comte de Tripoli. Alerté, celui-ci va rencontrer Saladin pour lui proposer une alliance, acceptée aussitôt par le sultan qui envoie un détachement de ses troupes afin de renforcer la garnison de Tibériade. L'armée de Jérusalem recule.

Le 30 avril 1187, alors que les combattants arabes, turcs et kurdes continuent d'affluer sur Damas par vagues successives, Saladin dépêche à Tibériade un messager pour demander à Raymond, conformément à leur alliance, de laisser ses éclaireurs faire un tour de reconnaissance du côté du lac de Galilée. Le comte est embarrassé, mais ne peut refuser. Il a pour seule exigence que les soldats musulmans quittent son territoire avant le soir et promettent de ne s'attaquer ni aux personnes ni aux biens de ses sujets. Pour éviter tout incident, il prévient toutes les localités des environs du passage des troupes musulmanes et demande aux habitants de ne pas sortir de chez eux.

Le lendemain, vendredi 1er mai, à l'aube, sept mille cavaliers commandés par un lieutenant de Saladin passent sous les murs de Tibériade. Le soir même, quand ils refont ce même chemin en sens inverse, ils ont respecté à la lettre les exigences du comte, ils ne s'en sont pris ni aux villages ni aux châteaux, ils n'ont raflé ni or ni bétail et pourtant ils n'ont pu éviter l'incident. En effet, les grands maîtres des Templiers et des Hospitaliers se trouvaient tous deux, par hasard, dans une forteresse des environs, lorsque la veille un messager de Raymond est venu annoncer la venue du détachement musulman. Le sang des moines-soldats n'a fait qu'un tour. Pour eux, il n'y a pas de pacte avec les Sarrasins ! Rassemblant à la hâte quelques centaines de chevaliers et de fantassins, ils ont donc décidé de courir à l'assaut des cavaliers musulmans, près du village de Saffouriya, au nord de Nazareth. En quelques minutes, les Franj ont été décimés. Seul le grand maître des Templiers est parvenu à s'échapper.

Apeurés par cette défaite, *relate Ibn al-Athir*, les Franj envoyèrent à Raymond leur patriarche, leurs prêtres et leurs moines, ainsi qu'un grand nombre de chevaliers, et lui reprochèrent amèrement son alliance avec Salaheddin. Ils lui dirent : « Tu t'es certainement converti à l'islam, sinon tu n'aurais pas pu supporter ce qui vient d'arriver. Tu n'aurais pas admis que les musulmans passent à travers ton territoire, qu'ils massacrent les Templiers et les Hospitaliers et qu'ils se retirent en emmenant des prisonniers sans que tu essaies de t'y opposer. » Les propres soldats du comte, ceux de Tripoli et de Tibériade, lui firent les mêmes reproches, et le patriarche menaça de l'excommunier et d'annuler son mariage. Soumis à ces pressions, Raymond prit peur. Il s'excusa et se repentit. Ils lui pardonnèrent, se réconcilièrent avec lui et lui demandèrent de mettre ses troupes à la disposition du roi et de participer au combat contre les musulmans. Le comte partit donc avec eux. Les Franj réunirent alors leurs troupes, cavaliers et fantassins, près d'Acre, puis ils marchèrent, traînant le pas, vers le village de Saffouriya.

Dans le camp musulman, la débâcle de ces ordres religieux militaires, unanimement craints et détestés, donne un avant-goût de victoire. Désormais, émirs et soldats ont hâte de croiser le fer avec les Franj. En juin, Saladin rassemble donc toutes ses troupes à mi-chemin entre Damas et Tibériade : douze mille cavaliers qui défilent devant lui, sans compter fantassins et volontaires. Du haut de son destrier, le sultan a hurlé son ordre du jour, bientôt répété en écho par des milliers de voix enflammées : « Victoire sur l'ennemi de Dieu ! »

Pour son état-major, Saladin a analysé calmement la situation : « L'occasion qui s'offre à nous ne se reproduira sans doute jamais plus. A mon avis, l'armée musulmane doit affronter tous les infidèles en une bataille rangée. Il faut se lancer résolument dans le jihad avant que nos troupes ne se dispersent. » Ce que le sultan veut éviter, c'est que, la saison des combats se terminant en automne, ses vassaux et ses alliés ne rentrent chez eux avec leurs troupes avant qu'il ait pu remporter la victoire décisive. Mais les Franj sont des guerriers d'une extrême prudence. En voyant les forces musulmanes ainsi regroupées, ne vont-ils pas chercher à éviter le combat ?

Saladin décide de leur tendre un piège, tout en priant Dieu pour qu'ils s'y laissent prendre. Il se dirige vers Tibériade, occupe la ville en une seule journée, ordonne d'y allumer de nombreux incendies et met le siège devant la citadelle, occupée par la comtesse, épouse de Raymond, et une poignée de défenseurs. L'armée musulmane est parfaitement capable d'écraser leur résistance, mais le sultan retient ses hommes. Il faut accentuer lentement la pression, faire semblant de préparer l'assaut final, et attendre les réactions.

Quand les Franj apprirent que Salaheddin avait occupé et incendié Tibériade, *raconte Ibn al-Athir*, ils se réunirent en conseil. Certains proposèrent de marcher contre les musulmans pour les combattre et les empêcher de s'emparer de la citadelle. Mais Raymond intervint : « Tibériade m'appartient, leur dit-il, et c'est ma propre femme qui est assiégée. Mais je suis prêt à accepter que la citadelle soit prise et que ma femme soit capturée si l'offensive de Saladin s'arrête là. Car, par Dieu, j'ai vu bien des armées musulmanes par le passé et aucune n'était aussi nombreuse ni aussi puissante que celle dont dispose Saladin aujourd'hui. Evitons donc de nous mesurer à lui. Nous pourrons toujours reprendre Tibériade plus tard et payer une rançon pour libérer les nôtres. » Mais le prince Arnat, seigneur de Kerak, lui dit : « Tu cherches à nous faire peur en nous décrivant la force des musulmans, parce que tu les aimes et que tu préfères leur amitié, sinon tu ne proférerais pas de telles paroles. Et si tu me dis qu'ils sont nombreux, je te réponds : le feu ne se laisse pas impressionner par la quantité de bois à brûler. » Le comte dit alors : « Je suis l'un de vous, je ferai comme vous voudrez, je me battrai à vos côtés, mais vous verrez ce qui va arriver. »

Une fois de plus, la raison du plus extrémiste avait triomphé chez les Occidentaux.

Désormais, tout est en place pour la bataille. L'armée de Saladin s'est déployée dans une plaine fertile, couverte d'arbres fruitiers. Derrière, s'étend l'eau douce du lac de Tibériade, que traverse le Jourdain, tandis que plus loin, vers le nord-est, se détache la silhouette majestueuse des hauteurs du Golan. Proche du camp musulman, s'élève une colline surmontée de deux sommets, qu'on appelle « les cornes de Hittin », du nom du village qui se trouve sur leur flanc.

Le 3 juillet, l'armée franque, forte d'environ douze mille hommes, se met en mouvement. Le chemin qu'elle doit parcourir entre Saffouriya et Tibériade n'est pas long, tout au plus quatre heures de marche en temps normal. En été, toutefois, cet espace de la terre palestinienne est complètement aride. Il n'y a ni source ni puits, et les cours d'eau sont à sec. Mais en quittant Saffouriya de bon matin, les Franj ne doutent pas de pouvoir se désaltérer au bord du lac dès l'après-midi. Saladin a minutieusement préparé son piège. Toute la journée ses cavaliers harcèlent l'ennemi, l'attaquant aussi bien par-devant, par-derrière, que sur les côtés, dirigeant sans arrêt contre lui des nuées de flèches. Ils infligent ainsi aux Occidentaux quelques pertes et, surtout, ils les forcent à ralentir leur allure.

Peu avant la tombée du jour, les Franj ont atteint un promontoire du haut duquel ils peuvent dominer tout le paysage. Juste à leurs pieds, s'étend le petit village de Hittin, quelques maisons couleur de terre, tandis que tout au fond de la vallée scintillent les eaux du lac de Tibériade. Et plus proche, dans la plaine verdoyante qui s'étend le long de la rive, l'armée de Saladin. Pour boire, il faut demander l'autorisation du sultan !

Saladin sourit. Il sait que les Franj sont épuisés, morts de soif, qu'ils n'ont plus ni la force ni le temps, avant le soir, de se frayer un passage jusqu'au lac, condamnés à rester jusqu'au matin sans une goutte d'eau. Pourront-ils vraiment se battre dans ces conditions ? Cette nuit-là, Saladin partagera son temps entre la prière et les réunions d'état-major. Tout en chargeant plusieurs de ses émirs de se porter à l'arrière de l'ennemi pour lui couper toute retraite, il s'assure que chacun a bien pris position et répète ses directives.

Le lendemain, 4 juillet 1187, dès les premières lueurs de l'aube, les Franj, totalement encerclés, étourdis par la soif, tentent désespérément de dévaler la colline et d'atteindre le lac. Leurs fantassins qui, plus éprouvés que leurs cavaliers par la marche épuisante de la veille, courent à l'aveuglette, portant leurs haches et leurs masses comme un fardeau, viennent s'écraser, vague après vague, sur un solide mur de sabres et de lances. Les survivants sont refoulés en désordre vers la colline, où ils se mêlent aux chevaliers, sûrs désormais de leur défaite. Aucune ligne de défense ne peut tenir. Et pourtant ils continuent de se battre avec le courage du désespoir. Raymond, à la tête d'une poignée de ses proches, essaie de se frayer un passage à travers les lignes musulmanes. Les lieutenants de Saladin, qui l'ont reconnu, lui permettent de s'échapper. Il poursuivra sa chevauchée jusqu'à Tripoli.

Après le départ du comte, les Franj faillirent capituler, *raconte Ibn al-Athir*. Les musulmans avaient mis le feu à l'herbe sèche, et le vent soufflait la fumée dans les yeux des chevaliers. Assaillis par la soif, les flammes, la fumée, la chaleur de l'été et le feu du combat, les Franj n'en pouvaient plus. Mais ils se dirent qu'ils ne pourraient échapper à la mort qu'en l'affrontant. Ils lancèrent alors des attaques si violentes que les musulmans faillirent céder. Cependant, à chaque assaut, les Franj subissaient des pertes et leur nombre diminuait. Les musulmans s'emparèrent de la vraie croix. Ce fut, pour les Franj, la plus lourde des pertes, car c'est sur elle, prétendent-ils, que le Messie, la paix soit sur lui, aurait été crucifié.

Selon l'islam, c'est seulement en apparence que le Christ a été crucifié, car Dieu aimait trop le fils de Marie pour permettre qu'un supplice aussi odieux lui fût infligé.

En dépit de cette perte, les derniers survivants parmi les Franj, près de cent cinquante de leurs meilleurs chevaliers, continuent à se battre vaillamment, se retranchant sur un terrain élevé, au-dessus du village de Hittin, pour dresser leurs tentes et organiser la résistance. Mais les musulmans les pressent de toutes parts et seule la tente du roi reste debout. La suite est racontée par le propre fils de Saladin, al-Malik al-Afdal, qui a alors dix-sept ans.

J'étais, *dit-il*, aux côtés de mon père à la bataille de Hittin, la première à laquelle j'ai assisté. Lorsque le roi des Franj se retrouva sur la colline, il lança avec ses gens une farouche attaque qui fit reculer nos propres troupes jusqu'à l'endroit où se tenait mon père. Je le regardais alors. Il était triste, crispé, et tirait nerveusement sur sa barbe. Il s'avança en criant : « Satan ne doit pas gagner ! » Les musulmans partirent de nouveau à l'assaut de la colline. Quand je vis les Franj reculer sous la pression de nos troupes, je hurlai de joie : « Nous les avons battus ! » Mais les Franj attaquèrent de plus belle, et les nôtres se retrouvèrent à nouveau auprès de mon père. Il les poussa cette fois encore à l'assaut, et ils forcèrent l'ennemi à se retirer vers la colline. Je hurlai à nouveau : « Nous les avons battus ! » Mais mon père se tourna vers moi et me dit : « Tais-toi ! Nous ne les aurons écrasés que lorsque cette tente là-haut sera tombée ! » Avant qu'il ait pu terminer sa phrase, la tente du roi s'écroula. Le sultan descendit alors de cheval, se proste...a et remercia Dieu en pleurant de joie.

C'est au milieu des cris d'allégresse que Saladin se relève, reprend sa monture et se dirige vers sa tente. On conduit à lui les prisonniers de marque, notamment le roi Guy et le prince Arnat. L'écrivain Imadeddin al-Asfahani, conseiller du sultan, assiste à la scène.

Salaheddin, *raconte-t-il*, invita le roi à s'asseoir près de lui, et lorsque Arnat entra à son tour il l'installa près de son roi et lui rappela ses méfaits : « Que de fois tu as juré puis violé tes serments, que de fois tu as signé des accords que tu n'as pas respectés ! » Arnat fit répondre par l'interprète : « Tous les rois se sont toujours comportés ainsi. Je n'ai rien fait de plus. » Pendant ce temps, Guy haletait de soif, il dodelinait de la tête comme s'il était ivre, et son visage trahissait une grande frayeur. Salaheddin lui adressa des paroles rassurantes et fit amener de l'eau glacée qu'il lui offrit. Le roi but, puis il présenta le reste à Arnat, qui se désaltéra à son tour. Le sultan dit alors à Guy : « Tu n'as pas demandé ma permission avant de lui donner à boire. Cela ne m'oblige donc pas à lui accorder la grâce. »

Selon la tradition arabe, en effet, un prisonnier à qui l'on offre à boire ou à manger doit avoir la vie sauve, un engagement que Saladin ne saurait évidemment pas prendre en faveur de l'homme qu'il a juré de tuer de ses propres mains. Imadeddin poursuit :

> Après avoir prononcé ces paroles, le sultan sortit, monta à cheval, puis s'éloigna, laissant les captifs en proie à la terreur. Il supervisa le retour des troupes, puis il revint vers sa tente. Là, il fit amener Arnat, avança vers lui en tenant son sabre et le frappa entre le cou et l'omoplate. Lorsque Arnat tomba à terre, on lui coupa la tête, puis on traîna le corps par les pieds devant le roi, qui commença à trembler. Le voyant ainsi secoué, le sultan lui dit d'un ton rassurant : « Cet homme n'a été tué qu'en raison de sa malfaisance et de sa perfidie ! »

De fait le roi et la plupart des prisonniers seront épargnés, mais les Templiers et les Hospitaliers subiront le sort de Renaud de Châtillon.

Saladin n'a pas attendu la fin de cette mémorable journée pour rassembler ses principaux émirs et les féliciter de leur victoire qui a rétabli, dit-il, l'honneur trop longtemps bafoué par les envahisseurs. Désormais, estime-t-il, les Franj n'ont plus d'armée, et il faut en profiter sans aucun délai pour leur reprendre les terres qu'ils ont injustement occupées. Dès le lendemain, qui est un dimanche, il attaque donc la citadelle de Tibériade où l'épouse de Raymond sait qu'il ne sert plus à rien de résister. Elle s'en remet à Saladin qui, bien entendu, laisse partir les défenseurs avec tous leurs biens sans qu'ils soient inquiétés.

Le mardi suivant l'armée victorieuse marche sur le port d'Acre, qui capitule sans résistance. La cité a acquis, au cours des dernières années, une importance économique considérable, puisque c'est par elle que passe tout le commerce avec l'Occident. Le sultan essaie d'engager les nombreux marchands italiens à demeurer, promettant de leur offrir toute la protection nécessaire. Mais ils préfèrent partir vers le port voisin de Tyr. Tout en le regrettant, il ne s'y oppose pas. Il les autorise même à transporter toutes leurs richesses et leur offre une escorte pour les protéger des brigands.

Jugeant inutile de se déplacer lui-même, à la tête d'une si puissante armée, le sultan charge ses émirs de réduire les diverses places fortes de Palestine. Les uns après les autres, les établissements francs de Galilée et de Samarie se rendent, en quelques heures ou en quelques jours. C'est notamment le cas de Naplouse, de Haïfa et de Nazareth, dont les habitants se dirigent tous vers Tyr ou vers Jérusalem. Le seul accrochage sérieux a lieu à Jaffa, où une armée venue d'Egypte, sous le commandement d'al-Adel, frère de Saladin, se heurte à une farouche résistance. Quand il parvient à l'emporter, al-Adel réduit l'ensemble de la population en esclavage. Ibn al-Athir raconte qu'il a lui-même acheté dans un marché d'Alep une jeune captive frânque venue de Jaffa.

> Elle avait un enfant d'un an. Un jour, pendant qu'elle le portait dans ses bras, il tomba et s'égratigna le visage. Elle éclata en sanglots. Je cherchai à la consoler en lui disant que la blessure n'était pas grave et qu'il ne fallait pas pleurer ainsi pour si peu de chose. Elle me répondit : « Ce n'est pas pour cela que je pleure, mais à cause du malheur qui s'est abattu sur nous. J'avais six frères qui ont tous péri; quant à mon mari et à mes sœurs, je ne sais pas ce qu'ils sont devenus. » De tous les Franj du littoral, précise l'historien arabe, seuls les gens de Jaffa ont subi un tel sort.

De fait, partout ailleurs, la reconquête se fait en douceur. Après son court séjour à Acre, Saladin se dirige vers le nord. Il passe devant Tyr, mais, décidant de ne pas s'attarder au pied de sa puissante muraille, il entame une marche triomphale le long de la côte. Le 29 juillet, après soixante-dix-sept ans d'occupation, Saïda capitule sans coup férir, suivie, à quelques jours d'intervalle, par Beyrouth et Jbail. Les troupes musulmanes sont désormais toutes proches du comté de Tripoli, mais Saladin, qui croit n'avoir plus rien à craindre de ce côté-là, revient vers le sud, pour s'arrêter à nouveau devant Tyr, se demandant s'il ne devrait pas l'assiéger.

Après quelque hésitation, *nous dit Bahaeddin*, le sultan y renonça. Ses troupes étaient dispersées un peu partout, ses hommes étaient fatigués par cette trop longue campagne, et Tyr était trop bien défendue car tous les Franj du littoral y étaient maintenant rassemblés. Il préféra donc attaquer Ascalon, qui était plus aisée à prendre.

Un jour viendra où Saladin regrettera amèrement cette décision. Mais, pour le moment, la marche triomphale se poursuit. Le 4 septembre, Ascalon capitule, puis Gaza, qui appartenait aux Templiers. Au même moment, Saladin dépêche quelques émirs de son armée vers la région de Jérusalem où ils s'emparent de plusieurs localités, dont Bethléem. Désormais, le sultan n'a plus qu'un seul désir : couronner sa campagne victorieuse, ainsi que sa carrière, par la reconquête de la Ville sainte.

Pourra-t-il, à l'instar du calife Omar, entrer dans ce lieu vénéré sans destruction et sans effusion de sang ? Aux habitants de Jérusalem, il envoie un message les invitant à engager des pourparlers sur l'avenir de la cité. Une délégation de notables vient le rencontrer à Ascalon. La proposition du vainqueur est raisonnable : on lui remet la ville sans combat, les habitants qui le désirent pourront partir en emportant tous leurs biens, les lieux de culte chrétiens seront respectés, et ceux qui, à l'avenir, voudront venir en pèlerinage ne seront pas inquiétés. Mais, à la grande surprise du sultan, les Franj répondent avec autant d'arrogance qu'au temps de leur puissance. Livrer Jérusalem, la cité où Jésus est mort ? Il n'en est pas question ! La ville est à eux et ils la défendront jusqu'au bout.

Alors, jurant qu'il ne prendra Jérusalem que par l'épée, Saladin ordonne à ses troupes dispersées aux quatre coins de la Syrie de se regrouper autour de la Ville sainte. Tous les émirs accourent. Quel musulman ne voudrait pas pouvoir dire à son créateur au jour du Jugement : j'ai combattu pour Jérusalem ! Ou mieux encore : je suis mort en martyr pour Jérusalem ! Saladin, à qui un astrologue avait prédit un jour qu'il perdrait un œil s'il entrait dans la Ville sainte, avait répondu : « Pour m'en emparer, je suis prêt à perdre les deux yeux ! »

A l'intérieur de la cité assiégée, la défense est assurée par Balian d'Ibelin, maître de Ramleh, *un seigneur qui*, selon Ibn al-Athir, *avait chez les Franj un rang à peu près égal à celui du roi*. Il avait pu quitter Hittin peu avant la défaite des siens, puis s'était réfugié à Tyr. Sa femme se trouvant à Jérusalem, il avait, durant l'été, demandé à Saladin l'autorisation d'aller la chercher, tout en promettant de ne pas porter d'armes et de ne passer qu'une seule nuit dans la Ville sainte. Arrivé là, on l'avait toutefois supplié d'y rester, car personne d'autre n'avait assez d'autorité pour diriger la résistance. Mais Balian, qui était homme d'honneur et ne pouvait accepter de défendre Jérusalem et son peuple sans trahir son accord avec le sultan, s'en était remis à Saladin lui-même pour savoir ce qu'il devait faire, et le sultan, magnanime, l'avait délié de son engagement. Si le devoir lui imposait de rester dans la Ville sainte et de porter les armes, qu'il le fasse ! Et, puisque Balian, trop occupé à organiser la défense de Jérusalem, ne pouvait plus mettre sa femme à l'abri, le sultan lui avait procuré une escorte pour la conduire à Tyr !

Saladin ne refusait rien à un homme d'honneur, fût-il le plus farouche de ses ennemis. Il est vrai que dans ce cas précis le risque est minime. En dépit de sa bravoure, Balian ne peut sérieusement inquiéter l'armée musulmane. Si les remparts sont solides et la population franque profondément attachée à sa capitale, les effectifs des défenseurs se limitent à une poignée de chevaliers et à quelques centaines de bourgeois sans aucune expérience militaire. Par ailleurs, les chrétiens orientaux, orthodoxes et jacobites, qui vivent à Jérusalem, sont favorables à Saladin, surtout le clergé, qui a été constamment bafoué par les prélats latins; l'un des principaux conseillers du sultan est un prêtre orthodoxe du nom de Youssef Batit. C'est lui qui s'occupe des contacts avec les Franj, ainsi qu'avec les communautés chrétiennes orientales. Peu avant le début du siège, le clergé orthodoxe a promis à Batit d'ouvrir les portes de la cité si les Occidentaux s'entêtaient trop longtemps.

En fait, la résistance des Franj sera courageuse mais brève, et sans illusions. L'encerclement de Jérusalem commence le 20 septembre. Six jours plus tard, Saladin, qui a installé son camp sur le mont des Oliviers, demande à ses troupes d'accentuer leur pression en vue de l'assaut final. Le 29 septembre, les sapeurs parviennent à ouvrir une brèche au nord de l'enceinte, très près de l'endroit par lequel les Occidentaux ont opéré leur percée en juillet 1099. Voyant qu'il ne sert plus à rien de poursuivre le combat, Balian demande un sauf-conduit et se présente devant le sultan.

Saladin se montre intraitable. N'a-t-il pas proposé aux habitants, bien avant la bataille, les meilleures conditions de capitulation ? Maintenant, le temps n'est plus aux négociations, car il a juré qu'il prendra la ville par l'épée comme l'avaient fait les Franj ! Le seul moyen de le délier de son serment, c'est que Jérusalem lui ouvre ses portes et s'en remette totalement à lui, sans conditions.

Balian insiste pour obtenir une promesse de vie sauve, *relate Ibn al-Athir*, mais Salaheddin ne promet rien. Il essaie de l'attendrir, mais en vain. Alors il s'adresse à lui en ces termes : « O sultan, sache qu'il y a dans cette ville une foule de gens dont Dieu seul connaît le nombre. Ils hésitent à poursuivre le combat, parce qu'ils espèrent que tu préserveras leurs vies comme tu l'as fait avec bien d'autres, parce qu'ils aiment la vie et détestent la mort. Mais si nous voyons que la mort est inévitable, alors, par Dieu, nous tuerons nos enfants et nos femmes, nous brûlerons tout ce que nous possédons, nous ne vous laisserons, comme butin, pas un seul dinar, pas un seul dirham, pas un seul homme ni une seule femme à emmener en captivité. Ensuite, nous détruirons le Rocher sacré, la mosquée al-Aqsa et bien d'autres lieux, nous tuerons les cinq mille prisonniers musulmans que nous détenons, puis nous exterminerons les montures et toutes les bêtes. A la fin, nous sortirons, et nous nous battrons contre vous comme on se bat pour sa vie. Aucun de nous ne mourra sans avoir tué plusieurs des vôtres. »

Sans être impressionné par les menaces, Saladin est ému par la ferveur de son interlocuteur. Pour ne pas se montrer trop aisément attendri, il se tourne vers ses conseillers et leur demande si, pour éviter la destruction des lieux saints de l'islam, il ne pourrait pas être délié de son serment de prendre la ville par l'épée. Leur réponse est affirmative, mais, connaissant l'incorrigible générosité de leur maître, ils insistent pour qu'il obtienne des Franj, avant de les laisser partir, une compensation financière, car la longue campagne en cours a totalement vidé les caisses de l'Etat. Les infidèles, expliquent les conseillers, sont virtuellement prisonniers. Pour se racheter, chacun devra payer sa rançon : dix dinars pour les hommes, cinq pour les femmes et un pour les enfants. Balian accepte le principe, mais plaide en faveur des pauvres qui ne peuvent, dit-il, payer une telle somme. Ne pourrait-on pas libérer sept mille d'entre eux pour trente mille dinars ? Une fois encore la demande est acceptée, à la fureur des trésoriers. Satisfait, Balian ordonne à ses hommes de déposer les armes.

Et le vendredi 2 octobre 1187, le 27 rajab de l'an 583 de l'hégire, le jour même où les musulmans fêtent le voyage nocturne du Prophète à Jérusalem, Saladin fait son entrée solennelle dans la Ville sainte. Ses émirs et ses soldats ont des ordres stricts : aucun chrétien, qu'il soit franc ou oriental, ne doit être inquiété. De fait, il n'y aura ni massacre ni pillage. Quelques fanatiques ont réclamé la destruction de l'église du Saint-Sépulcre en guise de représailles contre les exactions commises par les Franj, mais Saladin les remet à leur place. Bien plus, il renforce la garde sur les lieux du culte et annonce que les Franj eux-mêmes pourront venir en pèlerinage quand ils le voudront. Bien entendu, la croix franque, installée sur le dôme du Rocher est ramenée; et la mosquée al-Aqsa, qui avait été transformée en église, redevient un lieu de culte musulman, après que ses murs ont été aspergés d'eau de rose.

Tandis que Saladin, entouré d'une nuée de compagnons, passe d'un sanctuaire à l'autre, pleurant, priant et se prosternant, la plupart des Franj sont demeurés dans la cité. Les riches se préoccupent de vendre leurs maisons, leurs commerces ou leurs meubles avant de s'exiler, les acheteurs étant généralement des chrétiens orthodoxes ou jacobites qui restent sur place. D'autres biens seront vendus plus tard aux familles juives que Saladin installera dans la Ville sainte.

Balian s'efforce, quant à lui, de réunir l'argent nécessaire pour racheter la liberté des plus pauvres. En elle-même, la rançon n'est pas très lourde. Celle des princes atteint habituellement plusieurs dizaines de milliers de dinars, voire cent mille ou plus. Mais, pour les humbles, une vingtaine de dinars par famille représente le revenu d'une année ou de deux. Des milliers de malheureux se sont rassemblés devant les portes de la cité pour mendier quelques pièces. Al-Adel, qui n'est pas moins sensible que son frère, demande à Saladin la permission de libérer sans rançon mille prisonniers pauvres. En l'apprenant, le patriarche franc en demande sept cents autres, et Balian cinq cents. Ils sont tous libérés. Puis, de sa propre initiative, le sultan annonce pour toutes les personnes âgées la possibilité de partir sans rien payer, ainsi que la libération des pères de famille emprisonnés. Quant aux veuves et aux orphelins francs, il ne se contente pas de les exempter de tout paiement, il leur offre des cadeaux avant de les laisser partir.

Les trésoriers de Saladin sont au désespoir. Si on libère les moins fortunés sans contrepartie, que l'on augmente au moins la rançon des riches ! La colère de ces braves serviteurs de l'Etat atteint son comble lorsque le patriarche de Jérusalem sort de la ville accompagné de nombreux chariots remplis d'or, de tapis et de toutes sortes de biens des plus précieux. Imadeddin al-Asfahani en est scandalisé, comme il le raconte lui-même.

Je dis au sultan : « Ce patriarche transporte des richesses qui ne valent pas moins de deux cent mille dinars. Nous leur avons permis d'emporter leurs biens, mais pas les trésors des églises et des couvents. Il ne faut pas les leur laisser ! » Mais Salaheddin répondit : « Nous devons appliquer à la lettre les accords que nous avons signés, ainsi personne ne pourra accuser les croyants d'avoir trahi les traités. Bien au contraire, les chrétiens évoqueront en tous lieux les bienfaits dont nous les avons comblés. »

De fait, le patriarche paiera dix dinars, comme tous les autres, et bénéficiera même d'une escorte pour pouvoir atteindre Tyr sans être inquiété.

Si Saladin a conquis Jérusalem, ce n'est pas pour amasser de l'or, encore moins pour se venger. Il a surtout cherché, explique-t-il, à accomplir son devoir à l'égard de son Dieu et de sa foi. Sa victoire, c'est d'avoir libéré la Ville sainte du joug des envahisseurs, et cela sans bain de sang, sans destruction, sans haine. Son bonheur, c'est de pouvoir se prosterner en ces lieux où, sans lui, aucun musulman n'aurait pu prier. Le vendredi 9 octobre, une semaine après la victoire, une cérémonie officielle est organisée dans la mosquée al-Aqsa. Pour cette occasion mémorable, de nombreux hommes de religion se sont disputé l'honneur de prononcer le sermon. Finalement, c'est le cadi de Damas Mohieddin Ibn al-Zaki, successeur d'Abou-Saad al-Harawi, que le sultan désigne pour monter en chaire, vêtu d'une précieuse robe noire. Sa voix est claire et puissante, mais un léger tremblement trahit son émotion : « Gloire à Dieu qui a gratifié l'islam de cette victoire et qui a ramené cette cité au bercail après un siècle de perdition ! Honneur à cette armée qu'Il a choisie pour achever la reconquête ! Et salut à toi, Salaheddin Youssef, fils d'Ayyoub, qui as redonné à cette nation sa dignité bafouée ! »

CINQUIÈME PARTIE

LE SURSIS (1187-1244)

> *Lorsque le maître de l'Egypte décida de livrer Jérusalem aux Franj, une immense tempête d'indignation secoua tous les pays d'islam.*
>
> Sibt Ibn AL-JAWZI,
> chroniqueur arabe (1186-1256).

CHAPITRE XI

L'IMPOSSIBLE RENCONTRE

Vénéré comme un héros au lendemain de la reconquête de Jérusalem, Saladin n'en est pas moins critiqué. Amicalement par ses proches, de plus en plus sévèrement par ses adversaires.

Salaheddin, dit *Ibn al-Athir*, ne montrait jamais aucune fermeté dans ses décisions. Lorsqu'il assiégeait une ville et que les défenseurs résistaient pendant quelque temps, il se lassait et levait le siège. Or un monarque ne doit jamais agir ainsi, même si le destin le favorise. Il est souvent préférable d'échouer en restant ferme plutôt que de réussir et de gaspiller ensuite les fruits de son succès. Rien n'illustre mieux cette vérité que le comportement de Salaheddin à Tyr. C'est uniquement sa faute si les musulmans ont subi un revers devant cette place.

Bien qu'il ne fasse nullement preuve d'une hostilité systématique, l'historien de Mossoul, fidèle à la dynastie de Zinki, s'est toujours montré réservé à l'égard de Saladin. Après Hittin, après Jérusalem, Ibn al-Athir s'associe à l'allégresse générale du monde arabe. Ce qui ne l'empêche pas de relever, sans complaisance aucune, les erreurs du héros. S'agissant de Tyr, les reproches formulés par l'historien sont parfaitement justifiés.

Chaque fois qu'il s'emparait d'une ville ou d'une forteresse franque, comme Acre, Ascalon ou Jérusalem, Salaheddin permettait aux chevaliers et aux soldats ennemis de s'exiler à Tyr, si bien que cette cité était devenue pratiquement imprenable. Les Franj du littoral envoyèrent des messages à ceux qui étaient au delà des mers, et ces derniers promirent de venir à leur secours. Ne devrait-on pas dire que c'est Salaheddin lui-même qui a en quelque sorte organisé la défense de Tyr contre sa propre armée?

Certes, on ne peut reprocher au sultan la magnanimité avec laquelle il a traité les vaincus. Sa répugnance à verser le sang inutilement, le strict respect de ses engagements, la noblesse émouvante de chacun de ses gestes ont, aux yeux de l'Histoire, au moins autant de valeur que ses conquêtes. Il est cependant incontestable qu'il a commis une grave erreur politique et militaire. En s'emparant de Jérusalem, il sait qu'il défie l'Occident, et que celui-ci réagira. Permettre, dans ces conditions, à des dizaines de milliers de Franj de se retrancher à Tyr, la plus puissante place forte du littoral, c'est offrir une tête de pont idéale à une nouvelle invasion. Surtout que les chevaliers ont trouvé, en l'absence du roi Guy, toujours captif, un chef particulièrement tenace en la personne de celui que les chroniqueurs arabes appellent « al-Markich », le marquis Conrad de Montferrat, nouvellement arrivé d'Occident.

Sans être inconscient du danger, Saladin le sous-estime. Dès novembre 1187, quelques semaines après la conquête de la Ville sainte, il entame le siège de Tyr. Mais il le fait sans grande détermination. L'antique cité phénicienne ne peut être prise qu'avec le concours massif de la flotte égyptienne. Saladin le sait. Pourtant, il se présente devant les remparts avec en tout et pour tout dix vaisseaux, dont cinq sont rapidement brûlés par les défenseurs au cours d'un audacieux coup de main. Les autres s'enfuient en direction de Beyrouth. Privée de marine, l'armée musulmane ne peut plus attaquer Tyr qu'à travers l'étroite corniche qui relie la cité à la terre ferme. Dans ces conditions, le siège peut durer des mois. D'autant que les Franj, efficacement mobilisés par al-Markich, semblent prêts à se battre jusqu'au dernier. Epuisés par cette interminable campagne, la plupart des émirs conseillent à Saladin de renoncer. Avec de l'or, le sultan aurait pu convaincre certains d'entre eux de rester à ses côtés. Mais les soldats coûtent cher en hiver, et les caisses de l'Etat sont vides. Lui-même est las. Il démobilise donc la moitié de ses troupes, puis, levant le siège, se dirige vers le nord, où bien des villes, bien des forteresses peuvent être reconquises sans grand effort.

Pour l'armée musulmane, c'est à nouveau une marche triomphale : Lattaquié, Tartous, Baghras, Safed, Kawkab..., la liste des conquêtes est longue. Il serait plus simple d'énumérer ce qui reste aux Franj en Orient : Tyr, Tripoli, Antioche et son port, ainsi que trois forteresses isolées. Mais, dans l'entourage de Saladin, les plus perspicaces ne s'y trompent pas. A quoi bon accumuler les conquêtes si rien n'assure qu'on pourra décourager toute nouvelle invasion ? Le sultan lui-même affiche une sérénité à toute épreuve. « Si des Franj viennent d'au delà des mers, ils subiront le même sort que ceux d'ici ! » clame-t-il lorsqu'une flotte sicilienne se manifeste devant Lattaquié. En juillet 1188, il n'hésite d'ailleurs pas à relâcher Guy, non sans lui avoir fait jurer solennellement de ne plus jamais prendre les armes contre les musulmans.

Ce dernier cadeau lui coûtera cher. En août 1189, le roi franj, reniant sa parole, vient assiéger le port d'Acre. Les forces dont il dispose sont modestes, mais des navires arrivent désormais chaque jour, déversant sur le littoral des vagues successives de combattants occidentaux.

Après la chute de Jérusalem, *raconte Ibn al-Athir*, les Franj se sont habillés en noir, et ils sont partis au delà des mers afin de demander aide et secours dans toutes les contrées, notamment à Rome la Grande. Pour inciter les gens à la vengeance, ils portaient un dessin représentant le Messie, la paix soit sur lui, tout ensanglanté avec un Arabe qui le rouait de coups. Ils disaient : « Regardez! Voici le Messie, et voici Mohammed, prophète des musulmans, qui le frappe à mort! ». Emus, les Franj se rassemblèrent, y compris les femmes, et ceux qui ne pouvaient venir payèrent les frais de ceux qui allaient se battre à leur place. Un des prisonniers ennemis m'a raconté qu'il était fils unique et que sa mère avait vendu sa maison pour lui fournir son équipement. Les motivations religieuses et psychologiques des Franj étaient telles qu'ils étaient prêts à surmonter n'importe quelles difficultés pour arriver à leurs fins.

Dès les premiers jours de septembre, de fait, les troupes de Guy reçoivent renforts sur renforts. Commence alors la bataille d'Acre, l'une des plus longues et des plus éprouvantes de toutes les guerres franques. Acre est bâtie sur une péninsule en forme d'appendice nasal : au sud, le port; à l'ouest, la mer; au nord et à l'est, deux solides murailles qui forment un angle droit. La cité est doublement encerclée. Autour des remparts, solidement tenus par la garnison musulmane, les Franj forment un arc de cercle de plus en plus épais, mais ils doivent compter, sur leurs arrières, avec l'armée de Saladin. Les premiers temps, celui-ci a tenté de prendre l'ennemi en tenailles avec l'espoir de le décimer. Mais rapidement il se rend compte qu'il n'en viendra pas à bout. Car, si l'armée musulmane remporte plusieurs victoires successives, les Franj compensent immédiatement leurs pertes. De Tyr ou d'au-delà des mers, chaque jour qui se lève leur amène son lot de combattants.

En octobre 1189, alors que la bataille d'Acre fait rage, Saladin reçoit un message d'Alep l'informant que le « roi des Alman », l'empereur Frédéric Barberousse, s'approche de Constantinople, en route vers la Syrie, avec deux cents à deux cent soixante mille hommes. Le sultan en est vivement préoccupé, nous dit son fidèle Bahaeddin, qui se trouve alors à ses côtés. *Vu l'extrême gravité de la situation, il jugea nécessaire d'appeler*

236

tous les musulmans au jihad et d'informer le calife des développements de la situation. Il me chargea donc d'aller voir les maîtres de Sinjar, de la Jézira, de Mossoul, d'Irbil, et de les pousser à venir eux-mêmes avec leurs soldats pour participer au jihad. Je devais me diriger ensuite vers Baghdad afin d'inciter le prince des croyants à réagir. Ce que je fis. Pour tenter de tirer le calife de sa léthargie, Saladin lui précise dans une lettre que *le pape qui réside à Rome a ordonné aux peuples francs de marcher sur Jérusalem.* En même temps, Saladin envoie des messages aux dirigeants du Maghreb et de l'Espagne musulmane pour les inviter à se porter au secours de leurs frères *comme les Franj d'Occident ont agi avec ceux d'Orient.* Dans tout le monde arabe, l'enthousiasme suscité par la reconquête cède la place à la peur. On chuchote que la vengeance des Franj sera terrible, qu'on assistera à un nouveau bain de sang, que la Ville sainte sera à nouveau perdue, que la Syrie et l'Egypte vont tomber toutes deux aux mains des envahisseurs. Mais, une fois de plus, le hasard, ou la providence, intervient en faveur de Saladin.

Après avoir traversé triomphalement l'Asie Mineure, l'empereur allemand arrive au printemps de 1190 devant Konya, le capitale des successeurs de Kilij Arslan, dont il force rapidement les portes, avant d'envoyer des émissaires à Antioche pour annoncer sa venue. Les Arméniens du sud de l'Anatolie s'en alarment. Leur clergé dépêche un messager à Saladin pour le supplier de les protéger contre cette nouvelle invasion franque. Mais l'intervention du sultan ne sera pas nécessaire. Le 10 juin, par un temps de canicule, Frédéric Barberousse se baigne dans un petit cours d'eau au pied des monts Taurus, quand, sans doute victime d'une crise cardiaque, il se noie *dans un endroit,* précise Ibn al-Athir, *où l'eau arrive à peine à la hanche. Son armée se dispersa, et Dieu évita ainsi aux musulmans la malfaisance des Allemands, qui sont, parmi les Franj, une espèce particulièrement nombreuse et tenace.*

Le danger allemand est donc miraculeusement

écarté, mais non sans avoir paralysé Saladin pendant plusieurs mois, l'empêchant d'engager la bataille décisive contre les assiégeants d'Acre. Désormais, autour du port palestinien, la situation est figée. Si le sultan a reçu suffisamment de renforts pour être à l'abri d'une contre-attaque, les Franj ne peuvent plus être délogés. Peu à peu, un modus vivendi s'établit. Entre deux escarmouches, chevaliers et émirs s'invitent à banqueter et devisent tranquillement ensemble, s'adonnant même parfois à des jeux, comme le relate Bahaeddin.

Un jour, les hommes des deux camps, fatigués de se battre, décidèrent d'organiser un combat entre les enfants. Deux garçons sortirent de la ville pour se mesurer à deux jeunes infidèles. Dans le feu de la lutte, un des garçons musulmans sauta sur son émule, le renversa et le prit à la gorge. En voyant qu'il risquait de le tuer, les Franj s'approchèrent et lui dirent : « Arrête ! Il est devenu ton prisonnier pour de vrai, et nous allons te le racheter. » Il prit deux dinars et le relâcha.

Malgré ce climat de fête foraine, la situation des belligérants n'est guère réjouissante. Les morts et les blessés sont nombreux, les épidémies font des ravages et, en hiver, le ravitaillement n'est pas facile. C'est surtout la situation de la garnison d'Acre qui préoccupe Saladin. A mesure que les vaisseaux arrivent d'Occident, le blocus maritime devient de plus en plus rigoureux. Par deux fois, une flotte égyptienne, comptant plusieurs dizaines de bâtiments, parvient à se frayer un chemin jusqu'au port, mais les pertes sont lourdes et le sultan doit bientôt recourir à la ruse pour ravitailler les assiégés. En juillet 1190, il fait armer à Beyrouth un immense bateau tout empli de blé, de fromage, d'oignons et de moutons.

Un groupe de musulmans prit place sur le navire, *raconte Bahaeddin*. Ils s'habillèrent comme les Franj, se rasèrent la barbe, accrochèrent des croix sur le mât et placèrent des porcs bien en évidence sur le pont. Ils s'approchèrent de la ville, passant tranquillement au milieu des vaisseaux ennemis. On les arrêta en leur disant : « On voit que vous vous dirigez vers Acre! » Feignant l'étonnement, les nôtres demandèrent : « N'avez-vous pas pris la ville? » Les Franj, qui croyaient vraiment avoir affaire à des congénères, répondirent : « Non, nous ne l'avons pas encore prise. — Bon, dirent les nôtres, nous allons donc accoster près du camp, mais il y a derrière nous un autre bateau. Il faut l'avertir tout de suite de peur qu'il n'aille vers la cité. » Les Beyrouthins, en fait, avaient tout simplement remarqué en venant qu'un navire franc avançait derrière eux. Les marins ennemis se dirigèrent tout de suite vers lui, tandis que les nôtres cinglaient toutes voiles dehors vers le port d'Acre, où ils furent reçus avec des cris de joie car la disette régnait dans la ville.

De tels stratagèmes ne peuvent toutefois se répéter trop souvent. Si l'armée de Saladin ne parvient pas à desserrer l'étau, Acre finira par capituler. Or, à mesure que les mois passent, les chances d'une victoire musulmane, d'un nouveau Hittin, semblent de plus en plus faibles. Loin de se tarir, le flot de combattants occidentaux ne fait que s'amplifier : en avril 1191, c'est le roi de France Philippe Auguste qui débarque avec ses troupes dans le voisinage d'Acre, suivi, début juin, par Richard Cœur de Lion.

Ce roi d'Angleterre, Malek al-Inkitar, *nous dit Bahaeddin*, était un homme courageux, énergique, audacieux au combat. Bien qu'inférieur au roi de France par le rang, il était plus riche et plus renommé comme guerrier. Sur son chemin, il s'arrêta à Chypre, dont il s'empara, et lorsqu'il fit son apparition devant Acre, accompagné de vingt-cinq galères bourrées d'hommes et de matériel de guerre, les Franj poussèrent des cris de joie, allumant de grands feux pour célébrer sa venue. Quant aux musulmans, cet événement remplit leurs cœurs de crainte et d'appréhension.

A trente-trois ans, le géant roux qui porte la couronne d'Angleterre est le prototype du chevalier belliqueux et frivole, dont la noblesse des idéaux cache mal la brutalité déroutante et la totale absence de scrupules. Mais si aucun Occidental n'est insensible à son charme et à son indéniable charisme, Richard lui-même est fasciné par Saladin. Dès son arrivée, il cher-

239

che à le rencontrer. Dépêchant un messager à al-Adel, il lui demande d'organiser une entrevue avec son frère. Le sultan répond sans un moment d'hésitation : « Les rois ne se réunissent qu'après la conclusion d'un accord, car il n'est pas convenable de se faire la guerre une fois qu'on se connaît et qu'on a mangé ensemble », mais il autorise son frère à rencontrer Richard, à condition que chacun d'eux soit entouré de ses soldats. Les contacts se poursuivent donc, mais sans grands résultats. *En fait*, explique Bahaeddin, *l'intention des Franj, en nous envoyant des messagers, était surtout de connaître nos points forts et nos faiblesses. Nous-mêmes, en les recevant, avions exactement le même but.* Si Richard a sincèrement envie de connaître le conquérant de Jérusalem, il n'est certainement pas venu en Orient pour négocier.

Tandis que ces échanges se poursuivent, le roi anglais prépare activement l'assaut final contre Acre. Entièrement coupée du monde, la ville vit dans la famine. Seuls quelques nageurs d'élite peuvent encore l'atteindre, au péril de leur vie. Bahaeddin relate l'aventure de l'un de ces commandos.

Il s'agit, *précise-t-il*, de l'un des épisodes les plus curieux et les plus exemplaires de cette longue bataille. Il y avait un nageur musulman du nom de Issa qui avait l'habitude de plonger la nuit sous les vaisseaux ennemis et de faire irruption de l'autre côté, où l'attendaient les assiégés. Il transportait généralement, attachés à sa ceinture, de l'argent et des messages destinés à la garnison. Une nuit qu'il avait plongé avec trois bourses contenant mille dinars et plusieurs lettres, il fut repéré et tué. Nous sûmes très vite qu'un malheur était arrivé car Issa nous informait régulièrement de son arrivée en lâchant un pigeon de la ville en notre direction. Cette nuit-là, aucun signe ne nous parvint. Quelques jours plus tard, des habitants d'Acre qui se trouvaient au bord de l'eau virent un corps s'échouer sur le rivage. En s'approchant, ils reconnurent Issa le nageur, qui avait toujours autour de sa ceinture l'or et la cire avec laquelle les lettres étaient scellées. A-t-on jamais vu un homme remplir sa mission même après sa mort aussi fidèlement que s'il était encore en vie ?

L'héroïsme de certains combattants arabes n'y suffit pas. La situation de la garnison d'Acre devient critique. Au début de l'été 1191, les appels des assiégés ne sont plus que des cris de désespoir : « Nous sommes au bout de nos forces et nous n'avons plus d'autre choix que la capitulation. Dès demain, si vous ne faites rien pour nous, nous demanderons la vie sauve et nous livrerons la ville. » Saladin cède à la dépression. Ayant désormais perdu toute illusion sur la cité assiégée, il pleure à chaudes larmes. Ses proches craignent pour sa santé, et les médecins lui prescrivent des potions pour le calmer. Il demande aux hérauts d'aller crier par tout le camp qu'une attaque massive va être lancée pour dégager Acre. Mais ses émirs ne le suivent pas. « Pourquoi, rétorquent-ils, mettre toute l'armée musulmane inutilement en péril ? » Les Franj sont maintenant si nombreux et si solidement retranchés que toute offensive serait suicidaire.

Le 11 juillet 1191, après deux ans de siège, des drapeaux croisés apparaissent subitement sur les remparts d'Acre.

Les Franj poussèrent un immense cri de joie, alors que dans notre camp, tout le monde était hébété. Les soldats pleuraient et se lamentaient. Quant au sultan, il était comme une mère qui vient de perdre son enfant. J'allai le voir en faisant mon possible pour le réconforter. Je lui dis qu'il devait désormais songer à l'avenir de Jérusalem et des villes du littoral, et se préoccuper du sort des musulmans capturés à Acre.

Surmontant sa peine, Saladin envoie un messager à Richard pour discuter des conditions pour la libération des prisonniers. Mais l'Anglais est pressé. Bien décidé à profiter de son succès pour lancer une vaste offensive, il n'a pas le temps de s'occuper des captifs, pas plus que le sultan quatre ans plus tôt, lorsque les villes franques tombaient entre ses mains les unes après les autres. La seule différence est que ne voulant pas s'encombrer de prisonniers Saladin les avait relâchés. Alors que Richard, lui, préfère les exterminer. Deux mille sept cents soldats de la garnison d'Acre sont rassemblés devant les murs de la cité, avec près de trois cents femmes et enfants de leurs familles. Attachés par des cordes pour ne plus former qu'une seule masse de chair, ils sont livrés aux combattants francs qui s'acharnent sur eux avec leurs sabres, leurs lances et mêmes des pierres, jusqu'à ce que tous les gémissements se soient tus.

Ayant ainsi résolu ce problème de manière expéditive, Richard quitte Acre à la tête de ses troupes. Il se dirige vers le sud, le long de la côte, sa flotte le suivant de près, tandis que Saladin emprunte une route parallèle, à l'intérieur des terres. Les affrontements sont nombreux entre les deux armées, mais aucun n'est décisif. Le sultan sait à présent qu'il ne peut empêcher les envahisseurs de reprendre le contrôle du littoral palestinien, encore moins détruire leur armée. Son ambition se borne à les contenir, à leur barrer, coûte que coûte, la route de Jérusalem, dont la perte serait terrible pour l'islam. Il sent qu'il vit l'heure la plus sombre de sa carrière. Profondément affecté, il s'efforce cependant de préserver le moral de ses troupes et de ses proches. Devant ces derniers, il reconnaît qu'il a subi de graves revers, mais, explique-t-il, lui et son peuple sont ici pour rester, alors que les rois francs ne font que participer à une expédition qui tôt ou tard prendra fin. Le roi de France n'a-t-il pas quitté la Palestine en août, après avoir passé cent jours en Orient ? Celui d'Angleterre n'a-t-il pas souvent répété qu'il avait hâte de retourner vers son lointain royaume ?

Richard multiplie d'ailleurs les ouvertures diplomatiques. En septembre 1191, alors que ses troupes viennent de remporter quelques succès, notamment dans la plaine côtière d'Arsouf, au nord de Jaffa, il insiste auprès d'al-Adel pour parvenir à un accord rapide.

Les nôtres et les vôtres sont morts, *lui dit-il dans un message*, le pays est en ruine et l'affaire nous a complètement échappé, à nous tous. Ne crois-tu pas que cela suffit ? En ce qui nous concerne, il n'y a que trois sujets de discorde : Jérusalem, la vraie croix, et le territoire.

S'agissant de Jérusalem, c'est notre lieu de culte et nous n'accepterons jamais d'y renoncer, même si nous devions nous battre jusqu'au dernier. Pour le territoire, nous voudrions qu'on nous rende ce qui est à l'ouest du Jourdain. Quant à la croix, elle ne représente pour vous qu'un bout de bois, alors que pour nous sa valeur est inestimable. Que le sultan nous la donne, et qu'on mette fin à cette lutte épuisante.

Al-Adel s'en rapporte immédiatement à son frère, qui consulte ses principaux collaborateurs avant de dicter sa réponse :

La Ville sainte est autant à nous qu'à vous; elle est même plus importante pour nous, car c'est vers elle que notre prophète a accompli son miraculeux voyage nocturne, et c'est là que notre communauté sera réunie le jour du jugement dernier. Il est donc exclu que nous l'abandonnions. Jamais les musulmans ne l'admettraient. Pour ce qui est du territoire, il a toujours été nôtre, et votre occupation n'est que passagère. Vous avez pu vous y installer en raison de la faiblesse des musulmans qui alors le peuplaient, mais tant qu'il y aura la guerre nous ne vous permettrons pas de jouir de vos possessions. Quant à la croix, elle représente un grand atout entre nos mains, et nous ne nous en séparerons que si nous obtenons en contrepartie une concession importante en faveur de l'islam.

La fermeté des deux messages ne doit pas faire illusion. Si chacun présente ses exigences maximales, il est clair que la voie du compromis n'est pas fermée. De fait, trois jours après cet échange, Richard fait parvenir au frère de Saladin une bien curieuse proposition.

Al-Adel me convoqua, *raconte Bahaeddin*, pour me communiquer les résultats de ses derniers contacts. Selon l'accord envisagé, al-Adel épouserait la sœur du roi d'Angleterre. Celle-ci était mariée au maître de la Sicile, qui était mort. L'Anglais avait donc amené sa sœur avec lui en Orient, et il proposait de la marier à al-Adel. Le couple résiderait à Jérusalem. Le roi donnerait les terres qu'il contrôle, d'Acre à Ascalon, à sa sœur, qui deviendrait reine du littoral, du « sahel ». Le sultan céderait ses possessions du littoral à son frère, qui deviendrait roi du sahel. La croix leur serait confiée, et les prisonniers des deux camps seraient libérés. Puis, la paix étant conclue, le roi d'Angleterre repartirait vers son pays au delà des mers.

Visiblement, al-Adel est séduit. Il recommande à Bahaeddin de faire tout son possible pour convaincre Saladin. Le chroniqueur promet de s'y employer.

Je me présentai donc devant le sultan et lui répétai ce que j'avais entendu. D'emblée, il me dit qu'il n'y voyait aucun inconvénient, mais qu'à son avis le roi d'Angleterre lui-même n'accepterait jamais un tel arrangement et qu'il ne s'agissait là que d'une plaisanterie ou d'une ruse. Je lui demandai à trois reprises de confirmer son approbation, ce qu'il fit. Je revins donc chez al-Adel pour lui annoncer l'accord du sultan. Il s'empressa d'envoyer un messager vers le camp ennemi pour transmettre sa réponse. Mais le maudit Anglais lui fit dire que sa sœur était rentrée dans une colère terrible quand il lui avait soumis la proposition; elle avait juré que jamais elle ne se donnerait à un musulman!

Comme l'avait deviné Saladin, Richard essayait de ruser. Il espérait que le sultan allait rejeter son plan en bloc, ce qui aurait fortement déplu à al-Adel. En acceptant, Saladin obligeait au contraire le monarque franc à dévoiler son double jeu. Depuis plusieurs mois, Richard s'efforçait en effet d'établir des rapports privilégiés avec al-Adel, l'appelant « mon frère », flattant son ambition pour tenter de l'utiliser contre Saladin. C'était de bonne guerre. Le sultan emploie, de son côté, des méthodes similaires. Parallèlement à ses négociations avec Richard, il engage des pourparlers avec le maître de Tyr, al-Markich Conrad, qui entretient des rapports extrêmement tendus avec le monarque anglais, le soupçonnant de chercher à le priver de ses possessions. Il ira jusqu'à proposer à Saladin une alliance contre les « Franj de la mer ». Sans prendre cette offre au pied de la lettre, le sultan l'utilise pour accentuer sa pression diplomatique sur Richard, à ce point exaspéré par la politique du marquis qu'il le fera assassiner quelques mois plus tard!

Sa manœuvre ayant échoué, le roi d'Angleterre

demande à al-Adel d'organiser une entrevue avec Saladin. Mais la réponse de ce dernier est celle-là même qu'il avait faite quelques mois plus tôt :

Les rois ne se rencontrent qu'après la conclusion d'un accord. De toute manière, *ajoute-t-il,* je ne comprends pas ta langue et tu ignores la mienne, et nous avons besoin d'un traducteur en qui nous ayons tous les deux confiance. Que cet homme soit donc un messager entre nous. Lorsque nous parviendrons à une entente, nous nous réunirons, et l'amitié régnera entre nous.

Les négociations vont traîner un an encore. Retranché à Jérusalem, Saladin laisse passer le temps. Ses propositions de paix sont simples : chacun garde ce qu'il détient; que les Franj, s'ils le souhaitent, viennent sans armes effectuer leur pèlerinage dans la Ville sainte, mais celle-ci restera aux mains des musulmans. Richard, qui brûle de rentrer chez lui, essaie de forcer la décision en marchant par deux fois en direction de Jérusalem, sans toutefois l'attaquer. Afin de libérer son trop-plein d'énergie, il se lance, pendant des mois, dans la construction d'une formidable forteresse à Ascalon, dont il rêve de faire une base de départ pour une future expédition vers l'Egypte. Dès que l'ouvrage est terminé, Saladin exige qu'il soit démantelé, pierre par pierre, avant la conclusion de la paix.

En août 1192, Richard est à bout de nerfs. Gravement malade, abandonné par de nombreux chevaliers qui lui reprochent de n'avoir pas tenté de reprendre Jérusalem, accusé du meurtre de Conrad, pressé par ses amis de regagner sans délai l'Angleterre, il ne peut plus retarder son départ. Il supplie presque Saladin de lui laisser Ascalon. Mais la réponse est négative. Alors il envoie un nouveau message, renouvelant sa demande et précisant que, si une paix convenable n'était pas signée dans les six jours, *il serait obligé de passer l'hiver ici.* Cet ultimatum voilé fait sourire Saladin qui, invitant le messager à s'asseoir, s'adresse à lui en ces termes : « Tu diras au roi qu'en ce qui concerne Ascalon je ne céderai pas. Quant à son projet de passer l'hiver dans ce pays, je pense que c'est inévitable, car, cette terre dont il s'est emparé, il sait qu'on la lui reprendra dès qu'il sera parti. Il est même possible qu'on la lui prenne sans qu'il parte. A-t-il vraiment envie de passer l'hiver ici, à deux mois de distance de sa famille et de son pays, alors qu'il est dans la force de l'âge et qu'il peut profiter des plaisirs de la vie ? Pour ma part, je pourrais passer ici l'hiver, puis l'été, puis un autre hiver et un autre été, car je suis dans mon pays, parmi mes enfants et mes proches, qui sont à mes soins, et j'ai une armée pour l'été et une autre pour l'hiver. Je suis un vieil homme, qui n'a plus que faire des plaisirs de l'existence. Je vais rester ainsi à attendre, jusqu'à ce que Dieu donne la victoire à l'un de nous. »

Apparemment impressionné par ce langage, Richard fait savoir dans les jours qui suivent qu'il est prêt à renoncer à Ascalon. Et, au début de septembre 1192, une paix est signée pour cinq ans. Les Franj conservent la zone côtière allant de Tyr à Jaffa et reconnaissent l'autorité de Saladin sur le reste du pays, dont Jérusalem. Les guerriers occidentaux, qui ont obtenu du sultan des sauf-conduits, se précipitent vers la Ville sainte pour prier sur le tombeau du Christ. Saladin reçoit courtoisement les plus importants d'entre eux, les invitant même à partager ses repas et leur confirmant sa ferme volonté de préserver la liberté du culte. Mais Richard refuse de s'y rendre. Il ne veut pas entrer en invité dans une ville où il s'était promis d'entrer en conquérant. Un mois après la conclusion de la paix, il quitte la terre d'Orient sans avoir vu ni le Saint-Sépulcre ni Saladin.

Le sultan est finalement sorti gagnant de ce pénible affrontement avec l'Occident. Certes, les Franj ont repris le contrôle de quelques villes, obtenant ainsi un sursis de près de cent ans. Mais jamais plus ils ne constitueront une puissance capable de dicter sa loi au monde arabe. Ils ne contrôleront plus de vrais Etats, rien que des établissements.

En dépit de ce succès, Saladin se sent meurtri et quelque peu diminué. Il ne ressemble plus guère au héros charismatique de Hittin. Son autorité sur ses émirs s'est affaiblie, ses détracteurs sont de plus en plus virulents. Physiquement, il se porte mal. Sa santé, il est vrai, n'a jamais été excellente, l'obligeant, depuis des années déjà, à consulter régulièrement les médecins de la cour, à Damas comme au Caire. Dans la capitale égyptienne, il s'est notamment attaché les services d'un prestigieux « tabib » judéo-arabe venu d'Espagne, Moussa Ibn Maimoun, mieux connu sous le nom de Maimonide. Il n'en demeure pas moins que durant les années les plus dures de la lutte contre les Franj il a subi de fréquents accès de paludisme qui l'ont forcé à s'aliter pendant de longues journées. Pourtant, en 1192, ce n'est pas l'évolution d'une quelconque maladie qui inquiète ses médecins mais un affaiblissement général, une sorte de vieillissement prématuré que constatent tous ceux qui approchent le sultan. Saladin n'est que dans sa cinquante-cinquième année, mais lui-même a conscience d'avoir atteint le terme de son existence.

Les derniers jours de sa vie, Saladin les passe paisiblement dans sa ville préférée, Damas, au milieu des siens. Bahaeddin ne le quitte plus, notant affectueusement chacun de ses gestes. Le jeudi 18 février 1193, il le rejoint dans le jardin de son palais de la citadelle.

Le sultan s'était assis à l'ombre, entouré des plus jeunes de ses enfants. Il demanda qui l'attendait à l'intérieur. « Des messagers francs, lui répondit-on, ainsi qu'un groupe d'émirs et de notables. » Il fit appeler les Franj. Quand ils se présentèrent devant lui, il portait sur ses genoux l'un de ses petits garçons, l'émir Abou-Bakr, qu'il chérissait beaucoup. En voyant l'aspect des Franj, avec leurs visages glabres, leur coupe de cheveux, leurs vêtements curieux, l'enfant prit peur et se mit à pleurer. Le sultan s'excusa auprès des Franj et mit fin à l'entretien sans avoir écouté ce qu'ils voulaient lui communiquer. Puis il me dit : « Est-ce que tu as mangé quelque chose aujourd'hui ? » C'était sa manière d'inviter au repas. Il ajouta : « Qu'on nous apporte quelque chose à manger ! » On nous servit du riz avec du lait caillé et d'autres plats tout aussi légers, et il mangea. Cela me rassura car je pensais qu'il avait perdu tout appétit. Depuis quelque temps, il se sentait lourd et ne pouvait rien mettre en bouche. Il se déplaçait péniblement et s'en excusait auprès des gens.

Ce jeudi-là, Saladin se sent même suffisamment en forme pour aller à cheval accueillir une caravane de pèlerins de retour de La Mecque. Mais, deux jours plus tard, il n'arrive plus à se lever. Il a sombré peu à peu dans un état de léthargie. Ses moments de conscience se font de plus en plus rares. La nouvelle de sa maladie s'étant répandue de par la ville, les Damascains craignent de voir leur cité bientôt sombrer dans l'anarchie.

Les tissus furent retirés des souks par peur du pillage. Et tous les soirs, lorsque je quittais le chevet du sultan pour rentrer chez moi, les gens s'agglutinaient sur mon chemin pour tenter de deviner, d'après mon expression, si l'inévitable s'était déjà produit.

Le 2 mars au soir, la chambre du malade est envahie par les femmes du palais qui n'arrivent pas à retenir leurs larmes. L'état de Saladin est si critique que son fils aîné al-Afdal demande à Bahaeddin ainsi qu'à un autre collaborateur du sultan, le cadi al-Fadil, de passer la nuit dans la citadelle. « Ce serait imprudent, répond le cadi, car, si les gens de la ville ne nous voyaient pas sortir, ils penseraient au pire, et il pourrait y avoir du pillage. » Pour veiller le malade, on fait venir un cheikh qui habite à l'intérieur de la citadelle.

Celui-ci lisait des versets du Coran, parlait de Dieu et de l'au delà, alors que le sultan gisait sans conscience. Quand je suis revenu le lendemain matin, il était déjà mort. Dieu en ait miséricorde ! On m'a raconté que lorsque le cheikh a lu le verset disant : *Il n'y a pas d'autre divinité que Dieu, et c'est à lui que je m'en remets,* le sultan a souri, son visage s'est illuminé, puis il a rendu l'âme.

Aussitôt sue la nouvelle de sa mort, de nombreux Damascains se dirigent vers la citadelle, mais les gardes les empêchent d'y pénétrer. Seuls les grands émirs et les principaux ulémas sont autorisés à présenter leurs condoléances à al-Afdal, fils aîné du sultan défunt, assis dans un des salons du palais. Les poètes et les orateurs sont invités à garder le silence. Les plus jeunes enfants de Saladin sortent dans la rue et se mêlent à la foule en sanglotant.

Ces scènes insoutenables, *raconte Bahaeddin*, se poursuivirent jusqu'après la prière de midi. On s'employa alors à laver le corps et à le revêtir du linceul; tous les produits utilisés à cet effet durent être empruntés car le sultan ne possédait rien en propre. Bien qu'invité à la cérémonie du lavage, effectuée par le théologien al-Dawlahi, je n'ai pas eu le courage d'y assister. Après la prière de midi, on porta le corps au-dehors dans un cercueil enveloppé d'un drap. En apercevant le cortège funèbre, la foule commença à pousser des cris de lamentation. Puis on vint prier sur sa dépouille, groupe après groupe. Alors, le sultan fut transporté vers les jardins du palais, là où il avait été soigné pendant sa maladie, puis enseveli dans le pavillon occidental. On le mit en terre à l'heure de la prière de l'après-midi. Que Dieu sanctifie son âme et illumine sa tombe!

CHAPITRE XII

LE JUSTE ET LE PARFAIT

Comme tous les grands dirigeants musulmans de son époque, Saladin a pour successeur immédiat la guerre civile. A peine a-t-il disparu que l'empire est dépecé. Un de ses fils prend l'Egypte, un autre Damas, un troisième Alep. Fort heureusement, la plupart de ses dix-sept enfants mâles, ainsi que son unique fille, sont trop jeunes pour se battre, ce qui limite quelque peu le morcellement. Mais le sultan laisse aussi deux frères et plusieurs neveux qui veulent tous leur part de l'héritage et, si possible, le legs tout entier. Il faudra près de neuf années de combats, d'alliances, de trahisons et d'assassinats pour que l'empire ayyoubide obéisse à nouveau à un seul chef : al-Adel, « le Juste », l'habile négociateur qui a failli devenir le beau-frère de Richard Cœur de Lion.

Saladin se méfiait un peu de son cadet, trop beau parleur, trop intrigant, trop ambitieux et exagérément complaisant à l'égard des Occidentaux. Aussi lui avait-il confié un fief sans grande importance : les châteaux pris à Renaud de Châtillon sur la rive est du Jourdain. A partir de ce territoire aride et quasiment inhabité, estimait le sultan, il ne pourrait jamais prétendre diriger l'empire. C'était mal le connaître. En juillet 1196, al-Adel arrache Damas à al-Afdal. Le fils de Saladin, âgé de vingt-six ans, s'était montré totalement incapable de gouverner. Laissant le pouvoir effectif à son vizir

Diyaeddin Ibn al-Athir, frère de l'historien, il s'adonnait à l'alcool et aux plaisirs du harem. Son oncle s'en débarrasse à la faveur d'un complot et l'exile vers la forteresse voisine de Salkhad, où al-Afdal, dévoré par le remords, promet d'abandonner sa vie dissolue pour se consacrer à la prière et à la méditation. En novembre 1198, un autre fils de Saladin, al-Aziz, maître de l'Egypte, se tue en tombant de cheval au cours d'une chasse au loup dans le voisinage des Pyramides. Al-Afdal ne résiste pas à la tentation de quitter sa retraite pour prendre la succession, mais son oncle n'a aucun mal à lui arracher sa nouvelle possession et à le renvoyer à sa vie de reclus. A partir de 1202, al-Adel est, à cinquante-sept ans, le maître incontesté de l'empire ayyoubide.

S'il n'a ni le charisme ni le génie de son illustre frère, il est meilleur administrateur. Le monde arabe connaît sous son égide une ère de paix, de prospérité et de tolérance. Estimant que la guerre sainte n'avait plus de raison d'être après la récupération de Jérusalem et l'affaiblissement des Franj, le nouveau sultan adopte à l'égard de ces derniers une politique de coexistence et d'échanges commerciaux; il encourage même l'installation en Egypte de plusieurs centaines de marchands italiens. Une accalmie sans précédent va régner sur le front arabo-franc pendant plusieurs années.

Dans un premier temps, les Ayyoubides étant absorbés par leurs querelles, les Franj ont essayé de remettre un peu d'ordre dans leur territoire gravement amputé. Avant de quitter l'Orient, Richard a confié le royaume de Jérusalem, dont Acre est désormais la capitale, à l'un de ses neveux, « al-cond-Herri », le comte Henri de Champagne. Quant à Guy de Lusignan, déconsidéré après sa défaite à Hittin, il est exilé avec les honneurs en devenant roi de Chypre, où sa dynastie régnera pendant quatre siècles. Pour compenser la faiblesse de son Etat, Henri de Champagne cherche à conclure une alliance avec les Assassins. Il se rend en personne à l'une de leurs forteresses, al-Kahf, pour rencontrer leur grand maître. Sinan, le vieux de la montagne, est mort peu de temps auparavant, mais son successeur exerce sur la secte la même autorité absolue. Pour le prouver à son visiteur franc, il ordonne à deux adeptes de se jeter du haut des remparts, ce qu'ils font sans un instant d'hésitation — le grand maître s'apprête même à poursuivre la tuerie, mais Henri le supplie d'y mettre fin. Un traité d'alliance est conclu. Pour honorer leur invité, les Assassins lui demandent s'il n'a pas un meurtre à leur confier. Henri les remercie en promettant de recourir à leurs services si l'occasion s'en présente. Ironie du sort, peu après avoir assisté à cette scène, le neveu de Richard meurt le 10 septembre 1197 en tombant accidentellement d'une fenêtre de son palais d'Acre.

Durant les semaines qui suivent sa disparition ont lieu les seuls affrontements sérieux qui marquent cette période. Des pèlerins allemands fanatisés s'emparent en effet de Saïda et de Beyrouth, avant de se faire tailler en pièces sur la route de Jérusalem, tandis qu'au même moment al-Adel récupère Jaffa. Mais, le 1er juillet 1198, une nouvelle trêve est signée pour une durée de cinq ans et huit mois, trêve que le frère de Saladin met à profit pour consolider son pouvoir. En homme d'Etat avisé, il sait désormais qu'il ne suffit plus de s'entendre avec les Franj du littoral pour éviter une nouvelle invasion, mais que c'est à l'Occident même qu'il s'agit de s'adresser. Ne serait-il pas opportun d'utiliser ses bons rapports avec les marchands italiens pour les convaincre de ne plus déverser sur l'Egypte et la Syrie des flots de guerriers incontrôlés?

En 1202, il recommande à son fils al-Kamel, « le Parfait », vice-roi d'Egypte, d'engager des pourparlers avec la sérénissime république de Venise, principale puissance maritime de la Méditerranée. Les deux Etats parlant le langage du pragmatisme et des intérêts commerciaux, un accord est rapidement conclu. Al-Kamel garantit aux Vénitiens l'accès des ports du delta du Nil, tels Alexandrie ou Damiette, et leur offre toute la protection et l'assistance nécessaires; en échange, la République des doges promet de ne soutenir aucune expédition occidentale contre l'Egypte. Les Italiens, qui, contre la promesse d'une forte somme, viennent de signer avec un groupe de princes occidentaux un accord prévoyant précisément le transport de près de trente-cinq mille guerriers francs vers l'Egypte, préfèrent garder ce traité secret. Négociateurs habiles, les Vénitiens sont décidés à ne rompre aucun de leurs engagements.

Lorsque les chevaliers, prêts à s'embarquer, arrivent dans la cité de l'Adriatique, ils sont chaleureusement accueillis par le doge Dandolo. *C'était*, nous dit Ibn al-Athir, *un très vieil homme aveugle et, quand il montait à cheval, il avait besoin d'un écuyer pour guider sa monture.* En dépit de son âge et de son infirmité, Dandolo annonce son intention de participer lui-même à l'expédition sous l'étendard de la croix. Toutefois, avant le départ, il exige des chevaliers la somme convenue. Et lorsque ceux-ci demandent de retarder le paiement, il n'accepte qu'à la condition que l'expédition commence par l'occupation du port de Zara qui, depuis quelques années, concurrence les Vénitiens dans l'Adriatique. Ce n'est pas sans hésitations que les chevaliers s'y résignent, car Zara est une ville chrétienne appartenant au roi de Hongrie, fidèle serviteur de Rome, mais ils n'ont pas le choix : le doge exige ce petit service ou le paiement immédiat de la somme promise. Zara est donc attaquée et pillée en novembre 1202.

Mais les Vénitiens visent plus haut. Ils essaient maintenant de convaincre les chefs de l'expédition de faire un détour par Constantinople afin d'installer sur le trône impérial un jeune prince favorable aux Occidentaux. Si l'objectif final du doge est évidemment de donner à sa république le contrôle de la Méditerranée, les arguments qu'il avance sont habiles. Utilisant la méfiance des chevaliers envers les « hérétiques » grecs, leur faisant miroiter les immenses trésors de Byzance, expliquant à leurs chefs que le contrôle de la cité des Roum leur permettrait de lancer des attaques plus efficaces contre les musulmans, ils parviennent à emporter la décision. En juin 1203, la flotte vénitienne arrive devant Constantinople.

Le roi des Roum s'enfuit sans avoir combattu, *raconte Ibn al-Athir,* et les Franj installèrent leur jeune candidat sur le trône. Mais du pouvoir il n'avait que le nom, car toutes les décisions étaient prises par les Franj. Ils imposèrent aux gens de très lourds tributs et quand le paiement s'avéra impossible ils prirent tout l'or et les joyaux, même ce qui était sur les croix et sur les images du Messie, la paix soit avec lui ! Les Roum alors se révoltèrent, tuèrent le jeune monarque, puis, expulsant les Franj de la cité, ils barricadèrent les portes. Comme leurs forces étaient réduites, ils dépêchèrent un messager à Suleiman, fils de Kilij Arslan, maître de Konya, afin qu'il vienne à leur secours. Mais il en fut incapable.

Les Roum n'étaient effectivement pas en mesure de se défendre. Non seulement leur armée était formée en bonne partie de mercenaires francs, mais de nombreux agents vénitiens agissaient contre eux à l'intérieur même de leurs murs. En avril 1204, après à peine une semaine de combats, la ville était envahie et, pendant trois jours, livrée au pillage et au carnage. Des icônes, des statues, des livres, d'innombrables objets d'art, témoins des civilisations grecque et byzantine, étaient volés ou détruits, et des milliers d'habitants égorgés.

Tous les Roum furent tués ou dépouillés, *relate l'historien de Mossoul.* Quelques-uns de leurs notables tentèrent de se réfugier dans la grande église qu'ils appellent Sophia, poursuivis par les Franj. Un groupe de prêtres et de moines sortirent alors, portant des croix et des évangiles, pour supplier les attaquants de préserver leur vie, mais les Franj ne prêtèrent aucune attention à leurs prières. Ils les massacrèrent tous puis ils pillèrent l'église.

On raconte aussi qu'une prostituée venue avec l'expédition franque s'assit sur le trône du patriarche en entonnant des chansons paillardes, tandis que des soldats ivres violaient les nonnes grecques dans les monastères voisins. Le sac de Constantinople, l'un des actes les plus dégradants de l'Histoire, fut suivi, comme l'a dit Ibn al-Athir, de l'intronisation d'un empereur latin d'Orient, Baudouin de Flandre, dont, bien entendu, les Roum ne reconnaîtront jamais l'autorité. Les rescapés de la cour impériale iront s'installer à Nicée, qui deviendra la capitale provisoire de l'empire grec jusqu'à la reprise de Byzance, cinquante-sept ans plus tard.

Loin de renforcer les établissements francs en Syrie, la folle équipée de Constantinople leur porte un coup sévère. En effet, pour ces nombreux chevaliers qui viennent chercher fortune en Orient, la terre grecque offre désormais de meilleures perspectives. Des fiefs y sont à prendre, des richesses à amasser, alors que l'étroite bande côtière autour d'Acre, de Tripoli ou d'Antioche ne présente aucun attrait pour les aventuriers. Dans l'immédiat, le détournement de l'expédition prive les Franj de Syrie des renforts qui leur auraient permis de tenter une nouvelle opération contre Jérusalem et les force à demander en 1204 au sultan le renouvellement de la trêve. Ce qu'al-Adel accepte pour six ans. Bien qu'il soit désormais au faîte de sa puissance, le frère de Saladin n'a aucunement l'intention de se lancer dans une entreprise de reconquête. La présence des Franj sur le littoral ne le gêne nullement.

Dans leur majorité, les Franj de Syrie voudraient que la paix se prolonge, mais au-delà des mers, et notamment à Rome, on ne songe qu'à reprendre les hostilités. En 1210, le royaume d'Acre échoit, à la faveur d'un mariage, à Jean de Brienne, un chevalier de soixante ans récemment arrivé d'Occident. Bien que s'étant résigné à renouveler la trêve pour cinq ans en juillet 1212, il ne cesse d'envoyer des messagers au pape pour le presser d'accélérer les préparatifs d'une puissante expédition, de sorte qu'une offensive puisse être lancée dès l'été 1217. De fait les premiers vaisseaux de pèlerins armés atteignent Acre avec un peu de retard, au mois de septembre. Ils sont bientôt suivis de centaines d'autres. En avril 1218, une nouvelle invasion franque commence. Elle a pour objectif l'Egypte.

Al-Adel est surpris, et surtout déçu par cette agression. N'a-t-il pas tout fait, depuis son arrivée au pouvoir, et même auparavant, à l'époque des négociations avec Richard, pour mettre fin à l'état de guerre ? N'a-t-il pas supporté depuis des années les sarcasmes des hommes de religion qui l'accusaient d'avoir déserté la cause du jihad par amitié pour les hommes blonds ? Des mois durant, cet homme de soixante-treize ans, malade, refuse d'ajouter foi aux rapports qui lui parviennent. Qu'une bande d'Allemands enragés s'emploie à piller quelques villages de Galilée, c'est une péripétie dont il a l'habitude et qui ne l'inquiète pas. Mais qu'après un quart de siècle de paix l'Occident s'engage dans une invasion massive, cela lui semble impensable.

Pourtant, les informations se font de plus en plus précises. Des dizaines de milliers de combattants francs se sont rassemblés devant la ville de Damiette, qui contrôle l'accès de la branche principale du Nil. Sur instruction de son père, al-Kamel marche à leur rencontre à la tête de ses troupes. Effrayé par leur nombre, il évite de les affronter. Prudemment, il installe son camp au sud du port, de manière à soutenir la garnison sans être contraint à livrer une bataille rangée. La cité est l'une des mieux défendues d'Egypte. Ses remparts sont entourés, à l'est et au sud, d'une étroite bande de terre marécageuse, tandis qu'au nord et à l'ouest le Nil assure un lien permanent avec l'arrière-pays. Elle ne peut donc être efficacement encerclée que si l'ennemi peut s'assurer le contrôle du fleuve. Pour se prémunir contre un tel danger, la cité dispose d'un système ingénieux qui n'est autre qu'une très grosse chaîne en fer, fixée d'un côté aux remparts de la cité et de l'autre à une citadelle construite sur un îlot proche de la rive opposée, et qui barre l'accès du Nil. Constatant qu'aucun vaisseau ne peut passer si la chaîne n'est pas détachée, les Franj s'acharnent sur la citadelle. Trois mois durant tous leurs assauts sont repoussés, jusqu'au moment où ils ont l'idée d'arrimer deux grands vaisseaux et d'y construire une sorte de tour flottante arrivant à la hauteur de la citadelle. Ils la prennent d'assaut le 25 août 1218; la chaîne est rompue.

Lorsqu'un pigeon voyageur, quelques jours plus tard, porte la nouvelle de cette défaite à Damas, al-Adel s'en montre profondément affecté. Il est clair que la chute de la citadelle va entraîner celle de Damiette et qu'aucun obstacle ne pourra plus arrêter les envahisseurs sur la route du Caire. Une longue campagne s'annonce qu'il n'a ni la force ni l'envie de mener. Au bout de quelques heures, il succombe à une crise cardiaque.

Pour les musulmans, la véritable catastrophe n'est pas la chute de la citadelle fluviale mais bien la mort du vieux sultan. Sur le plan militaire, al-Kamel parvient, en effet, à contenir l'ennemi, à lui infliger des pertes sévères et à l'empêcher d'achever l'encerclement de Damiette. Par contre, sur le plan politique, l'inévitable lutte pour la succession s'engage, en dépit des efforts déployés par le sultan pour que ses fils échappent à cette fatalité. De son vivant, il a déjà partagé son domaine : l'Egypte à al-Kamel, Damas et Jérusalem à al-Moazzam, la Jézira à al-Achraf et des fiefs moins importants aux plus jeunes. Mais on ne peut satisfaire toutes les ambitions : même si une relative harmonie règne effectivement entre les frères, certains conflits ne peuvent être évités. Au Caire, de nombreux émirs profitent de l'absence d'al-Kamel pour tenter d'installer l'un de ses jeunes frères sur le trône. Le coup d'Etat est sur le point de réussir lorsque le maître de l'Egypte qui en a été informé, oubliant Damiette et les Franj, lève son camp et remonte vers sa capitale pour y rétablir l'ordre et châtier les hommes du complot. Les envahisseurs occupent sans tarder les positions qu'il vient d'abandonner. Damiette est désormais encerclée.

Bien qu'il ait reçu l'appui de son frère al-Moazzam, accouru de Damas avec son armée, al-Kamel n'est plus en mesure de sauver la cité, encore moins de mettre fin à l'invasion. Aussi ses ouvertures de paix sont-elles particulièrement généreuses. Après avoir demandé à al-Moazzam de démanteler les fortifications de Jérusalem, il envoie un message aux Franj leur assurant qu'il serait prêt à leur livrer la Ville sainte s'ils acceptaient de quitter l'Egypte. Mais, se sentant en position de force, les Franj refusent de négocier. En octobre 1219, al-Kamel précise son offre : il livrerait, non seulement Jérusalem, mais l'ensemble de la Palestine à l'ouest du

Jourdain, avec en prime la vraie croix. Cette fois, les envahisseurs prennent la peine d'étudier ses propositions. Jean de Brienne donne un avis favorable, ainsi que tous les Franj de Syrie. Mais la décision finale appartient à un certain Pélage, un cardinal espagnol, partisan de la guerre sainte à outrance, que le pape a nommé à la tête de l'expédition. Jamais, dit-il, il n'acceptera de traiter avec les Sarrasins. Et, pour bien marquer son refus, il ordonne de mener sans délai l'assaut contre Damiette. La garnison, décimée par les combats, la famine et une épidémie récente, n'oppose aucune résistance.

Pélage est maintenant décidé à s'emparer de l'Egypte tout entière. Si dans l'immédiat il ne marche pas sur Le Caire, c'est qu'on annonce l'arrivée imminente de Frédéric de Hohenstaufen, roi d'Allemagne et de Sicile, le monarque le plus puissant d'Occident, à la tête d'une importante expédition. Al-Kamel, qui bien entendu a eu vent de ces rumeurs, s'apprête à la guerre. Ses messagers parcourent les pays d'islam pour appeler frères, cousins et alliés à l'aide. Par ailleurs, il fait armer à l'ouest du delta, non loin d'Alexandrie, une flotte qui, pendant l'été de 1220, surprend les vaisseaux des Occidentaux au large de Chypre, leur infligeant une écrasante défaite. L'ennemi ainsi privé de la maîtrise des mers, al-Kamel s'empresse de renouveler son offre de paix, en y ajoutant la promesse de signer une trêve de trente ans. En vain. Pélage voit dans cette générosité excessive la preuve que le maître du Caire est aux abois. Ne vient-on pas d'apprendre que Frédéric II a été sacré empereur à Rome et qu'il a fait le serment de partir sans délai pour l'Egypte ? Au printemps de 1221, au plus tard, il devrait être là avec des centaines de vaisseaux et des dizaines de milliers de soldats. L'armée franque ne doit, en attendant, faire ni la guerre ni la paix.

Frédéric n'arrivera en fait que huit ans plus tard ! Pélage patiente jusqu'au début de l'été. En juillet 1221, l'armée franque quitte Damiette, s'engageant résolument sur la route du Caire. Dans la capitale égyptienne, les soldats d'al-Kamel doivent utiliser la force pour empêcher les habitants de prendre la fuite. Mais le sultan se montre confiant, car deux de ses frères sont venus à son aide : al-Achraf, qui, avec ses troupes de la Jézira, s'est joint à lui pour tenter d'empêcher les envahisseurs d'atteindre Le Caire, et al-Moazzam, qui se dirige avec son armée syrienne vers le nord, s'interposant hardiment entre l'ennemi et Damiette. Quant à al-Kamel lui-même, il observe de près, avec une joie à peine contenue, la crue du Nil. Car le niveau de l'eau commence à s'élever sans que les Occidentaux y prennent garde. A la mi-août, les terres sont devenues si boueuses et glissantes que les chevaliers sont obligés de s'arrêter et de retirer leur armée tout entière.

Le mouvement de retraite vient à peine de s'amorcer qu'un groupe de soldats égyptiens prend l'initiative de démolir les digues. On est le 26 août 1221. En quelques heures, et tandis que les troupes musulmanes lui coupent les issues, toute l'armée franque se retrouve enlisée dans une mer de boue. Deux jours plus tard, Pélage, désespérant de sauver son armée de l'anéantissement, envoie un messager à al-Kamel pour réclamer la paix. Le souverain ayyoubide dicte ses conditions : les Franj devront évacuer Damiette et signer une trêve de huit ans; en échange, leur armée pourra reprendre la mer sans être inquiétée. Evidemment, il n'est plus question de leur offrir Jérusalem.

En célébrant cette victoire aussi complète qu'inattendue, bien des Arabes se demandent si al-Kamel était vraiment sérieux en proposant de livrer la Ville sainte aux Franj. Ne s'agissait-il pas là d'un leurre visant à gagner du temps ? Ils ne tarderont pas à être fixés sur ce point.

Durant la pénible crise de Damiette, le maître de l'Egypte s'est souvent posé des questions à propos de ce fameux Frédéric, « al-enboror », dont les Franj attendaient la venue. Est-il vraiment aussi puissant qu'on le dit ? Est-il réellement déterminé à mener la guerre sainte contre les musulmans ? En interrogeant ses collaborateurs, en s'informant auprès des voyageurs venus de Sicile, cette île dont Frédéric est le roi, al-Kamel va de surprise en surprise. Lorsqu'il apprend en 1225 que l'empereur vient d'épouser Yolande, la fille de Jean de Brienne, devenant ainsi roi de Jérusalem, il décide de lui envoyer une ambassade présidée par un fin diplomate, l'émir Fakhreddin Ibn ach-Cheikh. Dès son arrivée à Palerme, celui-ci est émerveillé : oui, tout ce qu'on dit de Frédéric est exact ! Il parle et écrit parfaitement l'arabe, ne cache pas son admiration pour la civilisation musulmane, se montre méprisant à l'égard de l'Occident barbare et surtout du pape de Rome la Grande. Ses proches collaborateurs sont arabes, ainsi que les soldats de sa garde, qui, aux heures de prière, se prosternent en tournant leur regard vers La Mecque. Ayant passé toute sa jeunesse en Sicile, alors foyer privilégié des sciences arabes, cet esprit curieux ne se sent pas grand-chose de commun avec les Franj obtus et fanatiques. Dans son royaume, la voix du muezzin retentit sans entraves.

Fakhreddin devient bientôt l'ami et le confident de Frédéric. A travers lui, les liens se resserrent entre l'empereur germanique et le sultan du Caire. Les deux monarques échangent des lettres traitant de la logique d'Aristote, de l'immortalité de l'âme, de la genèse de l'univers. Al-Kamel, apprenant la passion de son correspondant pour l'observation des animaux, lui offre des ours, des singes, des dromadaires ainsi qu'un éléphant, que l'empereur confie aux responsables arabes de son jardin zoologique privé. Le sultan n'est pas peu content de trouver en Occident un dirigeant éclairé, capable de comprendre, comme lui, l'inutilité de ces interminables guerres religieuses. Aussi n'hésite-t-il pas à exprimer à Frédéric son désir de le voir venir en Orient dans un proche avenir, ajoutant qu'il serait heureux de le voir en possession de Jérusalem.

On comprend mieux cet accès de générosité quand on sait qu'au moment où cette offre est formulée, la Ville sainte appartient non à al-Kamel mais à son frère al-Moazzam avec qui il vient de se brouiller. Dans l'esprit d'al-Kamel, l'occupation de la Palestine par son allié Frédéric créerait un Etat tampon qui le protégerait contre les entreprises d'al-Moazzam. A plus long terme, le royaume de Jérusalem, revigoré, pourrait s'interposer efficacement entre l'Egypte et les peuples guerriers d'Asie dont la menace se précise. Un musulman fervent n'aurait jamais envisagé aussi froidement d'abandonner la Ville sainte, mais al-Kamel est bien différent de son oncle Saladin. Pour lui, la question de Jérusalem est avant tout politique et militaire; l'aspect religieux n'entre en ligne de compte que dans la mesure où il influe sur l'opinion publique. Ne se sentant pas plus proche du christianisme que de l'islam, Frédéric a un comportement identique. S'il désire prendre possession de la Ville sainte, ce n'est nullement pour se recueillir sur le tombeau du Christ, mais parce qu'un tel succès renforcerait sa position dans sa lutte contre le pape, qui vient de l'excommunier pour le punir d'avoir retardé son expédition en Orient.

Lorsque en septembre 1228 l'empereur débarque à Acre, il est convaincu qu'avec l'aide d'al-Kamel il va pouvoir entrer en triomphateur à Jérusalem, imposant ainsi le silence à ses ennemis. En fait, le maître du Caire est terriblement embarrassé, car des événements récents ont totalement bouleversé l'échiquier régional. Al-Moazzam est mort subitement en novembre 1227, laissant Damas à son fils an-Nasser, un jeune homme sans expérience. Pour al-Kamel, qui peut désormais songer à s'emparer lui-même de Damas et de la Palestine, il n'est plus question d'établir un Etat tampon entre l'Egypte et la Syrie. C'est dire si l'arrivée de Frédéric qui lui réclame en toute amitié Jérusalem et ses environs ne l'enchante guère. En homme d'honneur, il ne peut renier ses promesses, mais il essaie de tergiverser, expliquant à l'empereur que la situation a subitement changé.

Frédéric, venu avec seulement trois mille hommes, considérait que la prise de Jérusalem ne serait qu'une formalité. Aussi n'ose-t-il se lancer dans une politique d'intimidation et cherche-t-il à attendrir al-Kamel : *Je suis ton ami,* lui écrit-il. *C'est toi qui m'as incité à faire ce voyage. Maintenant, le pape et tous les rois d'Occident sont au courant de ma mission. Si je revenais les mains vides, je perdrais toute considération. De grâce, donne-moi Jérusalem pour que je puisse garder la tête haute!* Al-Kamel est touché, aussi envoie-t-il à Frédéric son ami Fakhreddin, chargé de cadeaux, avec une réponse à double sens. *Moi aussi,* lui explique-t-il, *je dois tenir compte de l'opinion. Si je te livrais Jérusalem, cela pourrait entraîner, non seulement une condamnation de mes actes de la part du calife, mais aussi une insurrection religieuse qui risque d'emporter mon trône.* Pour l'un comme pour l'autre, il s'agit, avant tout, de sauver la face. Frédéric en arrive à supplier Fakhreddin de lui trouver une issue honorable. Et celui-ci lui lance, avec l'accord préalable du sultan, une bouée de sauvetage. « Le peuple n'accepterait jamais que nous livrions Jérusalem, si chèrement conquise par Saladin, sans aucun combat. En revanche, si l'accord sur la Ville sainte pouvait éviter une guerre sanglante... » L'empereur a compris. Il sourit, remercie son ami du conseil, puis ordonne à ses maigres troupes d'être prêtes au combat. Fin novembre 1228, tandis qu'il marche en grande pompe vers le port de Jaffa, al-Kamel fait dire de par tout le pays qu'il faut s'apprêter à une longue et dure guerre contre le puissant souverain d'Occident.

Quelques semaines plus tard, sans qu'aucun combat ait été engagé, le texte de l'accord est prêt : Frédéric obtient Jérusalem, un corridor la reliant à la côte, ainsi que Bethléem, Nazareth, les environs de Saïda et la puissante forteresse de Tibnin, à l'est de Tyr. Les musulmans gardent, dans la Ville sainte, une présence dans le secteur du Haram ach-Charif, où sont groupés leurs principaux sanctuaires. Le traité est signé le 18 février 1229 par Frédéric et par l'ambassadeur Fakhreddin au nom du sultan. Un mois plus tard, l'empereur se rend à Jérusalem, dont la population musulmane a été évacuée par al-Kamel, à l'exception de quelques hommes de religion préposés aux lieux de culte de l'islam. Il est reçu par le cadi de Naplouse, Chamseddin, qui lui remet les clefs de la cité et lui sert en quelque sorte de guide. Le cadi raconte lui-même cette visite.

Quand l'empereur, roi des **Franj**, vint à Jérusalem, je restai avec lui comme me l'avait demandé al-Kamel. J'entrai avec lui dans le Haram ach-Charif, où il fit le tour des petites mosquées. Puis nous nous rendîmes à la mosquée al-Aqsa, dont il admira l'architecture, ainsi que celle du Dôme-du-Rocher. Il fut fasciné par la beauté de la chaire, en gravit les marches jusqu'en haut. Quand il descendit, il me prit par la main et m'entraîna à nouveau vers al-Aqsa. Là, il trouva un prêtre qui, l'Evangile à la main, voulait entrer dans la mosquée. Furieux, l'empereur se mit à le rudoyer. « Qu'est-ce qui t'a amené en ce lieu? Par Dieu, si l'un de vous osait encore mettre les pieds ici sans permission, je lui crèverais les yeux! » Le prêtre s'éloigna en tremblant. Cette nuit-là, je demandai au muezzin de ne pas appeler à la prière pour ne pas indisposer l'empereur. Mais celui-ci, lorsque je vins le voir le lendemain, m'interrogea : « O cadi, pourquoi les muezzins n'ont-ils pas appelé à la prière comme d'habitude? » Je répondis : « C'est moi qui les ai empêchés de le faire par égard pour ta majesté. — Tu n'aurais pas dû agir ainsi, dit l'empereur, car si j'ai passé cette nuit à Jérusalem, c'est surtout pour entendre l'appel du muezzin dans la nuit. »

Lors de sa visite au Dôme-du-Rocher, Frédéric lit une inscription disant : *Salaheddin a purifié cette ville sainte des mouchrikin.* Ce terme, qui signifie les « associationnistes » ou même les « polythéistes », se réfère à ceux qui associent d'autres divinités au culte du Dieu unique. Il désigne en particulier, dans ce contexte, les chrétiens, adeptes de la Trinité. Feignant de l'ignorer, l'empereur, avec un sourire amusé, demande à ses hôtes embarrassés qui pourraient bien être ces « mouchrikin ». Quelques minutes plus tard, voyant un grillage à l'entrée du Dôme, il s'interroge sur son utilité. « C'est pour empêcher les oiseaux d'entrer dans ce lieu », lui répond-on. Devant ses interlocuteurs sidérés, Frédéric commente l'allusion visant évidemment les Franj : « Et dire que Dieu a permis aux porcs d'y pénétrer ! » Le chroniqueur de Damas, Sibt Ibn al-Jawzi, qui est, en 1229, un brillant orateur de quarante-trois ans, voit dans ces réflexions la preuve que Frédéric n'est ni chrétien ni musulman, *mais très certainement athée.* Il ajoute, se fiant aux témoignages de ceux qui l'ont approché à Jérusalem, que l'empereur *était de poil roux, chauve et myope; s'il avait été un esclave, il n'aurait pas valu deux cents dirhams.*

L'hostilité de Sibt envers l'empereur reflète le sentiment de la grande majorité des Arabes. En d'autres circonstances, on aurait sans doute apprécié l'attitude amicale de l'empereur à l'égard de l'islam et de sa civilisation. Mais les termes du traité signé par al-Kamel scandalisent l'opinion. *Dès que la nouvelle de la livraison de la Ville sainte aux Franj fut connue,* dit le chroniqueur, *une véritable tempête secoua tous les pays d'islam. En raison de la gravité de l'événement, on organisa des manifestations publiques de deuil.* A Baghdad, à Mossoul, à Alep, on se réunit dans les mosquées pour dénoncer la trahison d'al-Kamel. C'est toutefois à Damas que la réaction est la plus violente. *Le roi an-Nasser me demanda de rassembler le peuple dans la grande mosquée de Damas,* raconte Sibt, *pour que je parle de ce qui était advenu à Jérusalem. Je ne pouvais qu'accepter, car mes devoirs envers la foi me le dictaient.*

C'est en présence d'une foule déchaînée que le chroniqueur-prédicateur monte en chaire, la tête ceinte d'un turban de soie noire : « La nouvelle désastreuse que nous avons reçue a brisé nos cœurs. Nos pèlerins ne pourront plus se rendre à Jérusalem, les versets du Coran ne seront plus récités dans ses écoles. Qu'elle est grande aujourd'hui la honte des dirigeants musulmans ! » An-Nasser assiste en personne à la manifestation. Entre lui et son oncle al-Kamel, une guerre ouverte est déclarée. D'autant qu'au moment où celui-ci livre Jérusalem à Frédéric l'armée égyptienne impose un sévère blocus à Damas. Pour la population de la métropole syrienne, solidement unie autour de son jeune souverain, la lutte contre la trahison du maître du Caire devient un thème de mobilisation. L'éloquence de Sibt ne suffira toutefois pas à sauver Damas. Disposant d'une écrasante supériorité numérique, al-Kamel sort vainqueur de cet affrontement, obtenant la capitulation de la ville et rétablissant à son profit l'unité de l'empire ayyoubide.

Dès juin 1229, an-Nasser devra abandonner sa capitale. Amer, mais nullement désespéré, il s'installe à l'est du Jourdain, dans la forteresse de Kerak, où il va apparaître, durant les années de trêve, comme le symbole de la fermeté face à l'ennemi. Beaucoup de Damascains restent attachés à sa personne, et de nombreux militants religieux, déçus par la politique exagérément conciliatrice des autres Ayyoubides, gardent l'espoir, grâce à ce jeune prince fougueux qui incite ses pairs à poursuivre le jihad contre les envahisseurs. *Qui d'autre que moi*, écrit-il, *déploie tous ses efforts pour protéger l'islam ? Qui d'autre se bat en toutes circonstances pour la cause de Dieu ?* En novembre 1239, cent jours après l'expiration de la trêve, an-Nasser, à la faveur d'un raid-surprise, s'empare de Jérusalem. C'est dans tout le monde arabe une explosion de joie. Les poètes comparent le vainqueur à son grand-oncle Saladin et le remercient d'avoir ainsi lavé l'affront causé par la trahison d'al-Kamel.

Ceux qui font son apologie omettent toutefois de dire qu'an-Nasser s'était réconcilié avec le maître du Caire peu avant la mort de ce dernier en 1238, espérant sans doute qu'il lui redonnerait ainsi le gouvernement de Damas. De même, les poètes évitent de relever que le prince ayyoubide n'a pas cherché à garder Jérusalem après sa reprise ; estimant la cité indéfendable, il s'est dépêché de détruire la tour de David ainsi que d'autres fortifications récemment bâties par les Franj, avant de se retirer avec ses troupes à Kerak. La ferveur n'exclut pas le réalisme politique ou militaire, pourrait-on dire. Le comportement ultérieur du dirigeant jusqu'au-boutiste ne manque pourtant pas d'intriguer. Au cours de l'inévitable guerre de succession qui suit la disparition d'al-Kamel, an-Nasser n'hésite pas à proposer aux Franj une alliance contre ses cousins. Afin d'appâter les Occidentaux, il reconnaît officiellement en 1243 leurs droits sur Jérusalem, offrant même de retirer les hommes de religion musulmane du Haram ach-Charif. Al-Kamel n'était jamais allé aussi loin dans la compromission !

SIXIÈME PARTIE

L'EXPULSION (1224-1291)

> *Attaqués par les Mongols — les Tatars — à l'est et par les Franj à l'ouest, les musulmans n'ont jamais été placés dans une position aussi critique. Seul Dieu peut encore leur porter secours.*
>
> Ibn AL-ATHIR.

CHAPITRE XIII

LE FOUET MONGOL

Les événements que je vais raconter sont si horribles que pendant des années j'ai évité d'y faire allusion. Il n'est pas facile d'annoncer que la mort s'est abattue sur l'islam et les musulmans. Ah! J'aurais voulu que ma mère ne me mette pas au monde, ou alors que je meure sans avoir été témoin de tous ces malheurs. Si l'on vous disait un jour que la Terre n'a jamais connu semblable calamité depuis que Dieu a créé Adam, n'hésitez pas à le croire, car telle est la stricte vérité. Parmi les drames les plus célèbres de l'Histoire, on cite généralement le massacre des fils d'Israël par Nabuchodonosor et la destruction de Jérusalem. Mais cela n'est rien en comparaison de ce qui vient de se produire. Non, jusqu'à la fin des temps, on ne verra sans doute jamais une catastrophe d'une telle ampleur.

A travers sa volumineuse *Histoire parfaite*, Ibn al-Athir n'adopte à aucun moment un ton aussi pathétique. Sa tristesse, son effroi et son incrédulité explosent page après page, retardant, comme par superstition, l'instant où doit enfin être prononcé le nom du fléau : Gengis Khan.

L'ascension du conquérant mongol a commencé peu après la mort de Saladin, mais c'est seulement un quart de siècle plus tard que les Arabes ont senti l'approche de la menace. Gengis Khan s'est d'abord employé à rassembler sous son autorité les diverses tribus turques et mongoles d'Asie centrale avant de se lancer à la conquête du monde. Dans trois directions : à l'est, où l'empire chinois a été vassalisé puis annexé; au nord-ouest, où la Russie puis l'Europe orientale ont été dévastées; à l'ouest, où la Perse a été envahie. « Il faut raser toutes les villes, disait Gengis Khan, pour que le monde entier redevienne une immense steppe où des mères mongoles allaiteront des enfants libres et heureux. » De fait, des cités prestigieuses telles que Boukhara, Samarcande ou Herat seront détruites, et leur population décimée.

La première poussée mongole en pays d'islam a de fait coïncidé avec l'invasion franque en Egypte de 1218 à 1221. Le monde arabe avait alors l'impression d'être pris entre deux feux, ce qui explique sans doute en partie l'attitude conciliante d'al-Kamel à propos de Jérusalem. Mais Gengis Khan avait renoncé à s'aventurer jusqu'à l'ouest de la Perse. Avec sa mort, en 1227, à l'âge de soixante-sept ans, la pression des cavaliers des steppes sur le monde arabe s'était relâchée pour quelques années.

En Syrie, le fléau se manifeste d'abord de manière indirecte. Parmi les nombreuses dynasties que les Mongols ont écrasées sur leur chemin il y a celle des Turcs khawarezmiens qui, au cours des années précédentes, et de l'Irak à l'Inde, ont supplanté les Seldjoukides. Le démantèlement de cet empire musulman, qui avait eu son heure de gloire, a contraint les débris de son armée à s'enfuir loin des terribles vainqueurs, et c'est ainsi que plus de dix mille cavaliers khawarezmiens arrivent un beau jour en Syrie, pillant et rançonnant les villes, participant comme mercenaires aux luttes internes des Ayyoubides. En juin 1244, s'estimant suffisamment forts pour instaurer leur propre Etat, les Khawarezmiens se lancent à l'assaut de Damas. Ils pillent les villages voisins et saccagent les vergers de la Ghouta, mais incapables face à la résistance de la ville de mener à bien un long siège, ils changent d'objectif et se dirigent subitement vers Jérusalem, qu'ils occupent sans peine le 11 juillet. Si la population franque est en grande partie épargnée, la cité est pillée et incendiée. Une nouvelle attaque contre Damas leur vaut néanmoins, au grand soulagement de toutes les villes de Syrie, d'être décimés quelques mois plus tard par une coalition des princes ayyoubides.

Cette fois, les chevaliers francs ne reprendront plus Jérusalem. Frédéric, dont l'habileté diplomatique avait permis aux Occidentaux de faire flotter le drapeau croisé sur les murs de la cité pendant quinze ans, se désintéresse de son sort. Renonçant à ses ambitions orientales, il préfère maintenir les rapports les plus amicaux avec les dirigeants du Caire. Lorsqu'en 1247 le roi de France Louis IX envisage d'organiser une expédition contre l'Egypte, l'empereur tente de l'en dissuader. Mieux, il informe régulièrement Ayyoub, fils d'al-Kamel, des préparatifs de l'expédition française.

C'est en septembre 1248 que Louis arrive en Orient, mais il ne se dirige pas tout de suite vers les côtes égyptiennes, estimant qu'il serait trop hasardeux d'entamer une campagne avant le printemps. Il s'installe donc à Chypre, s'efforçant, durant ces mois de répit, de réaliser le rêve qui hantera les Franj jusqu'à la fin du XIIIe siècle et même au-delà : conclure une alliance avec les Mongols pour prendre le monde arabe en tenailles. Des ambassadeurs circulent désormais régulièrement entre les envahisseurs de l'Est et ceux de l'Ouest. A la fin de 1248, Louis reçoit à Chypre une délégation qui lui fait même miroiter une possible conversion des Mongols au christianisme. Emu par ces perspectives, il s'empresse d'envoyer en retour de précieux et pieux cadeaux. Mais les successeurs de Gengis Khan ne comprennent pas le sens de son geste. Traitant le roi de France comme un simple vassal, ils lui demandent de leur faire chaque année des présents de même valeur. Cette équivoque va éviter au monde arabe, pour le moment du moins, une attaque concertée de ses deux ennemis.

C'est donc seuls que les Occidentaux se lancent à l'assaut de l'Egypte le 5 juin 1249, non sans que les deux monarques aient échangé, selon les traditions de l'époque, des déclarations de guerre tonitruantes. *Je t'ai déjà fait parvenir*, écrit Louis, *de nombreux avertissements dont tu n'as pas tenu compte. Désormais, ma décision est prise : je vais attaquer ton territoire, et même si tu faisais acte d'allégeance à la Croix, je ne changerais pas d'avis. Les armées qui m'obéissent couvrent les monts et les plaines, nombreuses comme les cailloux de la terre, et elles marchent vers toi avec les épées du destin.* A l'appui de ses menaces, le roi de France rappelle à son ennemi quelques succès remportés l'année précédente par les chrétiens contre les musulmans d'Espagne : *Nous avons chassé les vôtres devant nous comme des troupeaux de bovins, nous avons tué les hommes, rendu les femmes veuves et capturé filles et garçons. Cela ne vous sert-il pas de leçon ?* La réponse d'Ayyoub est de la même veine : *Insensé, as-tu oublié les terres que vous occupiez et que nous avons conquises par le passé, et même tout récemment ? As-tu oublié les dommages que nous vous avons causés ?* Apparemment conscient de son infériorité numérique, le sultan trouve dans le Coran la citation qui le rassure : *Que de fois une petite troupe en a vaincu une grande, avec la permission de Dieu, car Dieu est avec les braves.* Ce qui l'encourage à prédire à Louis : *Ta défaite est inéluctable. Dans quelque temps, tu regretteras amèrement l'aventure dans laquelle tu t'es engagé.*

Dès le début de leur offensive, les Franj remportent cependant un succès décisif. Damiette, qui avait courageusement résisté à la dernière expédition franque trente ans plus tôt, est abandonnée cette fois sans combat. Sa chute, qui sème le désarroi dans le monde arabe, révèle brutalement l'affaiblissement extrême des héritiers du grand Saladin. Le sultan Ayyoub, immobilisé par la tuberculose, incapable de prendre le commandement de ses troupes, préfère, plutôt que de perdre l'Egypte, renouer avec la politique de son père al-Kamel en proposant à Louis d'échanger Damiette contre Jérusalem. Mais le roi de France refuse de traiter avec un « infidèle » vaincu et moribond. Ayyoub décide alors de résister et se fait transporter en litière vers la ville de Mansourah, « la victorieuse » construite par al-Kamel sur le lieu même où avait été défaite la précédente invasion franque. Malheureusement la santé du sultan décline rapidement. Secoué par des accès de toux qui semblent ne jamais devoir s'arrêter, il tombe dans le coma, le 20 novembre, alors que les Franj, encouragés par la décrue du Nil, quittent Damiette en direction de Mansourah. Trois jours plus tard, au grand désarroi de son entourage, il meurt.

Comment annoncer à l'armée et au peuple que le sultan est mort alors que l'ennemi est aux portes de la ville et que le fils d'Ayyoub, Touranshah, se trouve quelque part au nord de l'Irak, à plusieurs semaines du retour ? C'est alors qu'intervient un personnage providentiel : Chajarat-ad-dorr, « l'arbre aux joyaux », une esclave d'origine arménienne, belle et rusée, qui est depuis des années l'épouse préférée d'Ayyoub. Rassemblant les familiers du sultan, elle leur ordonne de garder le silence jusqu'à l'arrivée de l'héritier et demande même au vieil émir Fakhreddin, l'ami de Frédéric, d'écrire une lettre au nom du sultan pour appeler les musulmans au jihad. Selon l'un des collaborateurs de Fakhreddin, le chroniqueur syrien Ibn Wassel, le roi de France aurait appris très tôt la mort d'Ayyoub, ce qui l'aurait encouragé à accentuer sa pression militaire. Mais, dans le camp égyptien, le secret est gardé suffisamment longtemps pour que soit évitée une démoralisation des troupes.

Si, tout au long des mois d'hiver, la bataille fait rage autour de Mansourah, le 10 février 1250, à la faveur d'une trahison, l'armée franque pénètre par surprise à l'intérieur de la ville. Ibn Wassel qui était alors au Caire raconte :

L'émir Fakhreddin était dans son bain quand on vint lui annoncer la nouvelle. Eberlué, il sauta immédiatement en selle sans armure, sans cotte de mailles, pour aller voir ce qu'il en était. Il fut attaqué par une troupe d'ennemis qui le tua. Le roi des Franj entra dans la ville, atteignant même le palais du sultan; ses soldats se répandirent dans les rues, tandis que les militaires musulmans et les habitants cherchaient le salut dans une fuite désordonnée. L'islam semblait mortellement atteint, et les Franj allaient cueillir le fruit de la victoire lorsque arrivèrent les Mamelouks turcs. Comme l'ennemi s'était dispersé dans les rues, ces cavaliers se lancèrent vaillamment à l'assaut. Partout les Franj étaient surpris et massacrés à coups d'épée ou de masse. Au début de la journée, les pigeons avaient porté au Caire un message qui annonçait l'attaque des Franj sans souffler mot de l'issue de la bataille, aussi étions-nous dans l'angoisse. Tout le monde demeura triste dans les quartiers de la cité jusqu'au lendemain, lorsque de nouveaux messages nous apprirent la victoire des lions turcs. Ce fut la fête dans les rues du Caire.

Durant les semaines suivantes, le chroniqueur va observer, à partir de la capitale égyptienne, deux séries d'événements parallèles qui vont changer le visage de l'Orient arabe : d'un côté, la lutte victorieuse contre la dernière grande invasion franque; de l'autre, une révolution unique dans l'Histoire, puisqu'elle va porter au pouvoir, pour près de trois siècles, une caste d'officiers-esclaves.

Après sa défaite à Mansourah, le roi de France réalise que sa position militaire devient intenable. Incapable de prendre la ville, harcelé de toutes parts par les Egyptiens dans un terrain boueux, traversé d'innombrables canaux, Louis décide de négocier. Début mars, il adresse à Touranshah, qui vient d'arriver en Egypte, un message conciliant où il se dit prêt à accepter la proposition faite par Ayyoub de rendre Damiette en échange de Jérusalem. La réponse du nouveau sultan ne se fait pas attendre : les offres généreuses faites par Ayyoub auraient dû être acceptées du temps d'Ayyoub! Désormais, il est trop tard. De fait, Louis peut espérer tout au plus sauver son armée et quitter l'Egypte sain et sauf, car la pression autour de lui s'accentue. A la mi-mars, plusieurs dizaines de galères égyptiennes sont parvenues à infliger une sévère défaite à la flotte franque, détruisant ou capturant près d'une centaine de bâtiments de toutes dimensions et coupant aux envahisseurs toute possibilité de retraite vers Damiette. Le 7 avril, l'armée d'invasion, qui tente de forcer le blocus, est assaillie par les bataillons mamelouks, auxquels se sont joints des milliers de volontaires. Au bout de quelques heures, les Franj sont aux abois. Pour arrêter le massacre de ses hommes, le roi de France capitule et demande la vie sauve. Il est conduit, enchaîné, vers Mansourah, où il est enfermé dans la maison d'un fonctionnaire ayyoubide.

Curieusement, cette éclatante victoire du nouveau sultan ayyoubide, loin de renforcer son pouvoir, va entraîner sa chute. Un conflit oppose en effet Touranshah aux principaux officiers mamelouks de son armée. Ces derniers, estimant non sans raison que c'est à eux que l'Egypte doit son salut, exigent de jouer un rôle déterminant dans la direction du pays, alors que le souverain veut profiter de son prestige nouvellement acquis pour installer ses propres hommes aux postes de responsabilité. Trois semaines après la victoire sur les Franj, un groupe de ces mamelouks, réunis à l'initiative d'un brillant officier turc de quarante ans, Baibars l'arbalétrier, décide de passer à l'action. Le 2 mai 1250, à l'issue d'un banquet organisé par le monarque, une révolte éclate. Touranshah, blessé à l'épaule par Baibars, court en direction du Nil dans l'espoir de s'enfuir sur une barque, quand ses assaillants le rattrapent. Il les supplie de lui laisser la vie sauve, promettant de quitter à jamais l'Egypte et de renoncer au pouvoir. Mais le dernier des sultans ayyoubides est achevé sans pitié. Un envoyé du calife devra même intervenir pour que les mamelouks acceptent de donner une sépulture à leur ancien maître.

Malgré la réussite de leur coup d'Etat, les officiers-esclaves hésitent à s'emparer directement du trône. Les plus sages d'entre eux s'ingénient à trouver un compromis qui permette de conférer à leur pouvoir naissant

273

un semblant de légitimité ayyoubide. La formule qu'ils mettent au point fera date dans l'histoire du monde musulman, comme le fait remarquer Ibn Wassel, témoin incrédule de ce singulier événement.

Après l'assassinat de Touranshah, *raconte-t-il*, les émirs et les mamelouks se réunirent près du pavillon du sultan et décidèrent de porter au pouvoir Chajarat-ad-dorr, une épouse du sultan ayyoub, qui devint reine et sultane. Elle prit en main les affaires de l'Etat, établit à son nom un sceau royal avec la formule « Oum Khalil », la mère de Khalil, un enfant qu'elle avait eu et qui était mort en bas âge. On prononça le sermon du vendredi dans toutes les mosquées au nom d'Oum Khalil, sultane du Caire et de toute l'Egypte. Ce fut là un fait sans précédent dans l'histoire de l'islam.

Peu après son intronisation, Chajarat-ad-dorr épouse un des chefs mamelouks, Aibek, et lui confère le titre de sultan.

Le remplacement des Ayyoubides par les mamelouks marque un net durcissement de l'attitude du monde musulman face aux envahisseurs. Les descendants de Saladin s'étaient montrés plus que conciliants à l'égard des Franj. Surtout leur pouvoir faiblissant n'était plus en mesure de faire face aux périls qui menaçaient l'islam à l'Est comme à l'Ouest. La révolution mamelouke apparaîtra très vite comme une entreprise de redressement militaire, politique et religieux.

Le coup d'Etat survenu au Caire ne change rien au sort du roi de France, au sujet duquel un accord de principe était intervenu du temps de Touranshah suivant lequel Louis devait être libéré en échange du retrait de toutes les troupes franques du territoire égyptien, notamment de Damiette, et du paiement d'une rançon d'un million de dinars. Quelques jours après l'accession au pouvoir d'Oum Khalil, le souverain français est effectivement relâché. Non sans avoir été sermonné par les négociateurs égyptiens : « Comment un homme de bon sens, sage et intelligent comme toi, peut-il s'embarquer ainsi sur un navire pour venir dans une contrée peuplée d'innombrables musulmans ?

Selon notre loi, un homme qui traverse ainsi la mer ne peut témoigner en justice. — Et pourquoi donc? interroge le roi. — Parce qu'on estime qu'il n'est pas en possession de toutes ses facultés. »

Le dernier soldat franc quittera l'Egypte avant la fin du mois de mai.

Plus jamais les Occidentaux ne tenteront d'envahir le pays du Nil. Le « péril blond » sera rapidement éclipsé par celui, bien plus effrayant, que représentent les descendants de Gengis Khan. Depuis la mort du grand conquérant, son empire a été quelque peu affaibli par les conflits de succession, et l'Orient musulman a bénéficié d'un répit inespéré. Dès 1251, toutefois, les cavaliers des steppes sont à nouveau unis sous l'autorité de trois frères, petit-fils de Gengis Khan : Mongka, Koubilaï et Houlagou. Le premier est désigné comme souverain incontesté de l'empire, avec pour capitale Karakorum, en Mongolie; le second règne à Pékin; le troisième, installé en Perse, a l'ambition de conquérir tout l'Orient musulman, jusqu'aux bords de la Méditerranée, peut-être jusqu'au Nil. Houlagou est un personnage complexe. Passionné de philosophie et de sciences, recherchant la société des gens de lettres, il se transforme durant ses campagnes en bête sanguinaire, assoiffée de sang et de destruction. Son attitude en matière de religion n'est pas moins contradictoire. Très influencé par le christianisme — sa mère, sa femme préférée et plusieurs de ses collaborateurs appartiennent à l'Eglise nestorienne — il n'a toutefois jamais renoncé au chamanisme, religion traditionnelle de son peuple. Dans les territoires qu'il gouverne, notamment en Perse, il se montre généralement tolérant à l'égard des musulmans, mais emporté par sa volonté de détruire toute entité politique capable de s'opposer à lui, il mène contre les métropoles les plus prestigieuses de l'islam une guerre de destruction totale.

Sa première cible sera Baghdad. Dans un premier temps, Houlagou demande au calife abbasside al-Moutassim, trente-septième de sa dynastie, de reconnaître la suzeraineté mongole comme ses prédécesseurs avaient accepté par le passé celle des Seldjoukides. Le prince des croyants, trop confiant dans son prestige, envoie dire au conquérant que toute attaque contre la capitale du califat provoquerait la mobilisation de la totalité du monde musulman, des Indes au Maghreb. Nullement impressionné, le petit-fils de Gengis Khan proclame son intention de prendre la ville par la force. Avec, semble-t-il, des centaines de milliers de cavaliers, il avance, fin 1257, en direction de la capitale abbasside, détruisant sur son passage le sanctuaire des Assassins à Alamout, où une bibliothèque d'une valeur inestimable est anéantie, rendant difficile à jamais toute connaissance approfondie de la doctrine et des activités de la secte. Prenant alors conscience de l'ampleur de la menace, le calife décide de négocier. Il propose à Houlagou de prononcer son nom dans les mosquées de Baghdad et de lui décerner le titre de sultan. Il est trop tard : le Mongol a définitivement opté pour la manière forte. Après quelques semaines de résistance courageuse, le prince des croyants est forcé de capituler. En personne, le 10 février 1258, il vient au camp du vainqueur et lui fait promettre de garder la vie sauve à tous les citadins s'ils acceptent de déposer les armes. En vain : dès qu'ils sont désarmés, les combattants musulmans sont exterminés. Puis la horde mongole se répand dans la prestigieuse cité, démolissant les bâtiments, incendiant les quartiers, massacrant sans pitié hommes, femmes et enfants, près de quatre-vingt mille personnes au total. Seule la communauté chrétienne de la cité est épargnée grâce à l'intercession de la femme du khan. Le prince des croyants lui-même sera exécuté par étouffement quelques jours après sa défaite. La fin tragique du califat abbasside plonge le monde musulman dans la stupeur. Il ne s'agit plus désormais d'un combat militaire pour le contrôle d'une ville ou d'un pays, mais d'une lutte désespérée pour la survie de l'islam.

D'autant que les Tatars poursuivent leur marche triomphale en direction de la Syrie. En janvier 1260, l'armée de Houlagou investit Alep, rapidement prise malgré une résistance héroïque. Comme à Baghdad, massacres et dévastations s'abattent sur cette ancienne cité, coupable d'avoir tenu tête au conquérant. Quelques semaines plus tard, les envahisseurs sont aux portes de Damas. Les roitelets ayyoubides qui gouvernent encore les diverses cités syriennes sont bien entendu incapables d'endiguer le flot. Certains d'entre eux décident de reconnaître la suzeraineté du Grand Khan, songeant même, comble d'inconscience, à s'allier aux envahisseurs contre les mamelouks d'Egypte, ennemis de leur dynastie. Chez les chrétiens, orientaux ou francs, les avis sont partagés. Les Arméniens, en la personne de leur roi Hethoum, prennent fait et cause pour les Mongols, ainsi que le prince Bohémond d'Antioche, son gendre. En revanche, les Franj d'Acre adoptent une position de neutralité plutôt favorable aux musulmans. Mais l'impression qui prévaut, aussi bien en Orient qu'en Occident, c'est que la campagne mongole est une sorte de guerre sainte menée contre l'islam, qui fait pendant aux expéditions franques. Cette impression est renforcée par le fait que le principal lieutenant de Houlagou en Syrie, le général Kitbouka, est un chrétien nestorien. Lorsque Damas est prise le 1er mars 1260, ce sont trois princes chrétiens, Bohémond, Hethoum et Kitbouka, qui y pénètrent en vainqueurs, au grand scandale des Arabes.

Jusqu'où iront les Tatars ? A La Mecque, assurent certains, pour porter le coup de grâce à la religion du Prophète. A Jérusalem, en tout cas, et sous peu. Toute la Syrie en est convaincue. Au lendemain de la chute de Damas, deux détachements mongols s'empressent d'occuper deux cités palestiniennes : Naplouse, dans le centre, et Gaza, au sud-ouest. Cette dernière ville étant située aux confins du Sinaï, il semble acquis, en ce tragique printemps de 1260, que l'Egypte elle-même n'échappera pas à la dévastation. Houlagou n'a d'ailleurs pas attendu la fin de sa campagne syrienne pour envoyer un ambassadeur au Caire demander la soumission inconditionnelle du pays du Nil. L'émissaire a été reçu, écouté, puis décapité. Les mamelouks ne plaisantent pas. Leurs méthodes ne ressemblent en rien à celles de Saladin. Les sultans-esclaves qui gouvernent au

Caire depuis dix ans reflètent le durcissement et l'intransigeance d'un monde arabe assailli de toutes parts. Ils se battent, par tous les moyens. Sans scrupules, sans gestes magnanimes, sans compromis. Mais avec courage et efficacité.

C'est en tout cas vers eux que se tournent les regards, car ils représentent le dernier espoir d'enrayer la progression de l'envahisseur. Au Caire, le pouvoir est, depuis quelques mois, aux mains d'un militaire d'origine turque, Qoutouz. Chajarat-ad-dorr et son mari Aïbek, après avoir gouverné ensemble pendant sept ans, avaient fini par s'entre-tuer. A ce sujet, de nombreuses versions ont longtemps circulé. Celle qui a la faveur des conteurs populaires mêle évidemment l'amour et la jalousie aux ambitions politiques. La sultane est en train de donner le bain à son époux, comme elle le fait d'habitude, quand, profitant de ce moment de détente et d'intimité, elle reproche au sultan d'avoir pris pour concubine une jolie esclave de quatorze ans. « Je ne te plais donc plus ? » demande-t-elle pour l'attendrir. Mais Aïbek répond brutalement : « Elle est jeune alors que toi tu ne l'es plus. » Chajarat-ad-dorr tremble de rage. Elle voile les yeux de son époux avec du savon, lui adresse quelques paroles conciliantes pour endormir sa méfiance, puis brusquement, saisissant un poignard, lui transperce le flanc. Aïbek s'écroule. La sultane reste quelques instants immobile, comme paralysée. Puis, se dirigeant vers la porte, appelle quelques esclaves fidèles afin qu'ils la débarrassent du corps. Mais, pour son malheur, un des fils d'Aïbek, âgé de quinze ans, qui a remarqué que l'eau du bain qui s'écoule vers l'extérieur est rouge, se précipite dans la chambre, aperçoit Chajarat-ad-door debout près de la porte, à moitié nue, tenant encore à la main un poignard rouge de sang. Déjà elle s'enfuit à travers les couloirs du palais, poursuivie par son beau-fils, qui alerte les gardes. Au moment d'être rattrapée, la sultane trébuche. Sa tête heurte violemment une dalle de marbre. Quand on la rejoint, elle ne respire plus.

Bien que fortement romancée, cette version présente un réel intérêt historique dans la mesure où, selon toute vraisemblance, elle reproduit ce qui s'est effectivement raconté dans les rues du Caire au lendemain du drame, en avril 1257.

Quoi qu'il en soit, après la disparition des deux souverains, le jeune fils d'Aïbek s'installe sur le trône. Pas pour longtemps. A mesure que la menace mongole se précise, les chefs de l'armée égyptienne réalisent qu'un adolescent ne peut assumer la responsabilité du combat décisif qui se prépare. En décembre 1259, au moment où les hordes de Houlagou commencent à déferler sur la Syrie, un coup d'Etat porte au pouvoir Qoutouz, un homme mûr, énergique, qui parle d'emblée le langage de la guerre sainte et appelle à la mobilisation générale contre l'envahisseur ennemi de l'islam.

Avec le recul historique, le nouveau coup d'Etat du Caire apparaît comme un véritable sursaut patriotique. Tout de suite, le pays se met sur le pied de guerre. Dès juillet 1260, une puissante armée égyptienne pénètre en Palestine pour affronter l'ennemi.

Qoutouz ne l'ignore pas, l'armée mongole a perdu l'essentiel de ses effectifs depuis que Mongka, Khan suprême des Mongols, étant mort, son frère Houlagou a dû repartir avec son armée pour participer à l'inévitable lutte de succession. Dès la prise de Damas, le petit-fils de Gengis Khan a quitté la Syrie, ne laissant dans ce pays que quelques milliers de cavaliers commandés par son lieutenant Kitbouka.

Le sultan Qoutouz sait que c'est le moment ou jamais d'assener un coup à l'envahisseur. L'armée égyptienne commence donc par attaquer la garnison mongole de Gaza qui, prise de court, résiste à peine. Puis les mamelouks avancent vers Acre, n'ignorant pas que les Franj de Palestine se montrent plus réticents que ceux d'Antioche à l'égard des Mongols. Si certains de leurs barons se réjouissent encore des défaites de l'islam, la plupart sont effrayés par la brutalité des conquérants asiatiques. Aussi, lorsque Qoutouz leur propose une alliance, leur réponse n'est pas négative : s'ils ne sont pas prêts à participer aux combats, ils ne sont pas opposés à laisser passer l'armée égyptienne sur leurs terres et à lui permettre de se ravitailler. Le sultan peut ainsi avancer vers l'intérieur de la Palestine, et même vers Damas, sans avoir à protéger ses arrières.

Kitbouka s'apprête à marcher à leur rencontre lorsque éclate une insurrection populaire à Damas. Les musulmans de la cité, excédés par les exactions des envahisseurs et encouragés par le départ de Houlagou, élèvent des barricades dans les rues et mettent le feu à des églises épargnées par les Mongols. Il faudra plusieurs jours à Kitbouka pour rétablir l'ordre, ce qui permet à Qoutouz de consolider ses positions en Galilée. C'est aux environs du village d'Aïn Jalout, « la fontaine de Goliath », que les deux armées se rencontrent le 3 septembre 1260. Qoutouz a eu le temps de cacher la plupart de ses troupes, ne laissant sur le champ de bataille qu'une avant-garde commandée par le plus brillant de ses officiers, Baibars. Kitbouka arrive précipitamment et, mal renseigné, tombe dans le piège. Avec toutes ses troupes, il se lance à l'attaque. Baibars recule, mais tandis qu'il le poursuit le Mongol se voit soudain entouré de toutes parts par des forces égyptiennes plus nombreuses que les siennes.

En quelques heures, la cavalerie mongole est exterminée. Kitbouka lui-même est capturé et aussitôt décapité.

Le 8 septembre au soir, les cavaliers mamelouks entrent en libérateurs dans Damas en liesse.

CHAPITRE XIV

*Fasse Dieu qu'ils n'y mettent plus
jamais les pieds.*

Bien moins spectaculaire que Hittin, moins inventive aussi sur le plan militaire, Ain Jalout apparaît néanmoins comme l'une des batailles les plus décisives de l'Histoire. Elle va en effet permettre aux musulmans, non seulement d'échapper à l'anéantissement, mais aussi de reconquérir toutes les terres que les Mongols leur avaient prises. Bientôt les descendants de Houlagou, installés en Perse, se convertiront eux-mêmes à l'islam pour mieux asseoir leur autorité.

Dans l'immédiat, le sursaut mamelouk va conduire à une série de règlements de comptes avec tous ceux qui ont soutenu l'envahisseur. L'alerte avait été chaude. Désormais, plus question d'accorder un sursis à l'ennemi, qu'il soit franj ou tatar.

Après avoir repris Alep début octobre 1260 et repoussé sans difficulté une contre-offensive d'Houlagou, les mamelouks envisagent d'organiser des raids punitifs contre Bohémond d'Antioche et Hethoum d'Arménie, principaux alliés des Mongols. Mais une lutte pour le pouvoir éclate au sein de l'armée égyptienne. Baibars voudrait s'établir à Alep en tant que gouverneur semi-indépendant; Qoutouz, qui redoute les ambitions de son lieutenant, refuse. Il ne veut pas d'un pouvoir concurrent en Syrie. Pour couper court à ce conflit, le sultan rassemble son armée et reprend la route de l'Egypte. Arrivé à trois jours de marche du Caire, il accorde à ses soldats une journée de repos, le

23 octobre, et décide de s'adonner lui-même à son sport favori, la chasse au lièvre, en compagnie des principaux chefs de l'armée. Il prend d'ailleurs soin de se faire accompagner de Baibars, de peur que ce dernier ne profite de son absence pour fomenter une rébellion. La petite troupe s'éloigne du camp au petit jour. Au bout de deux heures, elle s'arrête pour prendre un peu de repos. Un émir s'approche de Qoutouz et lui prend la main comme pour la baiser. Au même moment, Baibars dégaine son épée et la plante dans le dos du sultan, qui s'écroule. Sans perdre un instant, les deux conjurés sautent sur leurs montures et reviennent vers le camp à bride abattue. Ils se présentent devant l'émir Aqtaï, un vieil officier unanimement respecté dans l'armée, et lui annoncent : « Nous avons tué Qoutouz. » Aqtaï, qui n'en paraît pas autrement ému, demande : « Lequel d'entre vous l'a tué de sa propre main ? » Baibars n'hésite pas : « C'est moi ! » Le vieux mamelouk s'approche de lui, l'invite à s'installer dans la tente du sultan et se courbe devant lui pour lui rendre hommage. Bientôt, toute l'armée acclame le nouveau sultan.

Cette ingratitude envers le vainqueur d'Aïn Jalout, moins de deux mois après son brillant exploit, n'honore évidemment pas les mamelouks. Il faut toutefois préciser, à la décharge des officiers-esclaves, que la plupart d'entre eux considéraient Baibars, depuis de longues années, comme leur véritable chef. N'est-ce pas lui qui en 1250 a osé, le premier, frapper de son arme l'Ayyoubide Touranshah, exprimant ainsi la volonté des mamelouks de s'emparer eux-mêmes du pouvoir ? N'at-il pas joué un rôle déterminant dans la victoire contre les Mongols ? Aussi bien par sa perspicacité politique, par son habileté militaire que par son extraordinaire courage physique, il s'est imposé comme le premier des siens.

Né en 1223, le sultan mamelouk a commencé sa vie comme esclave en Syrie. Son premier maître, l'émir ayyoubide de Hama, l'avait vendu par superstition, car son regard l'inquiétait. Le jeune Baibars était en effet un géant très brun, à la voix enrouée, aux yeux bleus et clairs, avec, dans l'œil droit, une grande tache blanche. Le futur sultan fut acheté par un officier mamelouk qui l'incorpora dans la garde d'Ayyoub où, grâce à ses qualités personnelles, et surtout à son absence totale de scrupules, il se fraya rapidement un passage jusqu'au sommet de la hiérarchie.

Fin octobre 1260, Baibars entre en vainqueur au Caire, où son autorité est reconnue sans difficulté. Dans les villes syriennes, en revanche, d'autres officiers mamelouks profitent de la mort de Qoutouz pour proclamer leur indépendance. Mais, par une campagne éclair, le sultan s'empare de Damas et d'Alep, réunifiant sous son autorité l'ancien domaine ayyoubide. Très vite, cet officier sanguinaire et inculte se montre un grand homme d'Etat, artisan d'une véritable renaissance du monde arabe. Sous son règne, l'Egypte et, dans une moindre mesure, la Syrie, vont redevenir des centres de rayonnement culturel et artistique. Baibars, qui va consacrer sa vie à détruire toute forteresse franque capable de lui tenir tête, s'affirme par ailleurs un grand bâtisseur, embellissant Le Caire, construisant sur tout son domaine des ponts et des routes. Il va aussi rétablir un service postal, par pigeons ou par coursiers, encore plus efficace que ceux de Noureddin ou de Saladin. Son gouvernement sera sévère, parfois brutal, mais éclairé, et nullement arbitraire. A l'égard des Franj, il adopte, dès son accession au pouvoir, une attitude ferme, qui vise à réduire leur influence. Mais il fait la différence entre ceux d'Acre, qu'il veut simplement affaiblir, et ceux d'Antioche, coupables d'avoir fait cause commune avec les envahisseurs mongols.

Dès la fin de 1261, il envisage d'organiser une expédition punitive contre les terres du prince Bohémond et du roi arménien Hethoum. Mais il se heurte aux Tatars. Si Houlagou n'est plus en mesure d'envahir la Syrie, il dispose encore en Perse de forces suffisantes pour empêcher le châtiment de ses alliés. Sagement, Baibars décide d'attendre une meilleure occasion.

Elle se présente en 1265, à la mort de Houlagou. Alors Baibars profite des divisions qui se manifestent chez les Mongols pour envahir d'abord la Galilée et réduire plusieurs places fortes avec la complicité d'une partie de la population chrétienne locale. Puis il se dirige brusquement vers le nord, pénètre sur le territoire de Hethoum, détruit une à une toutes les villes, et notamment sa capitale Sis, dont il tue une grande partie de la population et ramène plus de quarante mille captifs. Le royaume arménien ne s'en relèvera jamais. Au printemps de 1268, Baibars repart en campagne. Il commence par attaquer les environs d'Acre, s'empare du château de Beaufort, puis, entraînant son armée vers le nord, se présente le 1er mai sous les murs de Tripoli. Il y trouve le maître de la cité qui n'est autre que Bohémond, également prince d'Antioche. Ce dernier, qui n'ignore rien du ressentiment du sultan à son égard, se prépare à un long siège. Mais Baibars a d'autres projets. Quelques jours plus tard, il reprend son chemin vers le nord pour arriver devant Antioche le 14 mai. La plus grande des cités franques, qui avait tenu tête pendant cent soixante-dix ans à tous les souverains musulmans, ne résistera pas plus de quatre jours. Dès le 18 mai au soir, une brèche est ouverte dans la muraille, non loin de la citadelle; les troupes de Baibars se répandent dans les rues. Cette conquête ne ressemble guère à celles de Saladin. La population en est entièrement massacrée ou réduite en esclavage, la ville elle-même est totalement ravagée. De la prestigieuse métropole, il ne restera qu'une bourgade désolée, parsemée de ruines, que le temps ensevelira sous la verdure.

Bohémond n'apprend la chute de sa ville que par une lettre mémorable que lui envoie Baibars, en réalité rédigée par le chroniqueur officiel du sultan, l'Egyptien Ibn Abd-el-Zaher :

Au noble et valeureux chevalier Bohémond, prince devenu simple comte grâce à la prise d'Antioche.

Le sarcasme ne s'arrête pas là :

Quand nous t'avons quitté à Tripoli, nous nous sommes dirigés tout de suite vers Antioche, où nous sommes arrivés au premier jour du mois vénéré du ramadan. A l'heure même de notre arrivée, tes troupes sont sorties pour nous offrir le combat, mais elles furent vaincues, car, si elles se prêtaient appui mutuellement, l'appui de Dieu leur manquait. Que n'as-tu vu tes chevaliers à terre sous les pieds des chevaux, tes palais soumis au pillage, tes dames que l'on vendait dans les quartiers de la ville et que l'on achetait pour un dinar seulement, pris, d'ailleurs, de ton propre argent !

Après une longue description, où aucun détail n'est épargné au destinataire du message, le sultan conclut, arrivant au fait :

Cette lettre te réjouira en t'annonçant que Dieu t'a fait la grâce de te garder sain et sauf et de prolonger ta vie, puisque tu ne te trouvais pas à Antioche. Car, si tu y avais été, tu serais maintenant mort, blessé ou prisonnier. Mais peut-être Dieu ne t'a-t-il épargné que pour que tu te soumettes et fasses acte d'obéissance.

En homme raisonnable, et surtout impuissant, Bohémond répond en proposant une trêve. Baibars l'accepte. Il sait que le comte, terrorisé, ne représente plus aucun danger, pas plus que Hethoum dont le royaume a pratiquement été rayé de la carte. Quant aux Franj de Palestine ils ne sont, eux aussi, que trop contents d'obtenir un répit. Le sultan leur envoie à Acre son chroniqueur Ibn Abd-el-Zaher pour sceller l'accord.

Leur roi cherchait à tergiverser pour obtenir les meilleures conditions, mais je me montrai inflexible, conformément aux directives du sultan. Irrité, le roi des Franj demanda à l'interprète : « Dis-lui de regarder derrière lui ! » Je me retournai et vis toute l'armée des Franj en formation de combat. L'interprète ajouta : « Le roi te dit de ne pas oublier l'existence de cette multitude de soldats. » Comme je ne répondais pas, le roi insista auprès de l'interprète. Je demandai alors : « Puis-je avoir l'assurance de conserver la vie sauve si je dis ce que je pense ? — Oui. — Eh bien, dites au roi qu'il y a moins de soldats dans son armée que de captifs francs dans les prisons du Caire ! » Le roi faillit s'étrangler, puis il mit fin à l'entretien, mais il nous reçut peu de temps après pour conclure la trêve.

De fait, les chevaliers francs n'inquiéteront plus Baibars. L'inévitable réaction à la prise d'Antioche, il le sait, ne viendra pas d'eux mais de leurs maîtres, les rois d'Occident.

L'an 1268 n'est pas achevé que des rumeurs persistantes annoncent le retour prochain en Orient du roi de France à la tête d'une puissante armée. Le sultan interroge fréquemment marchands ou voyageurs. Durant l'été 1270, un message parvient au Caire annonçant que Louis a débarqué avec six mille hommes sur la plage de Carthage, près de Tunis. Sans hésiter, Baibars rassemble les principaux émirs mamelouks pour leur annoncer son intention de partir, à la tête d'une puissante armée, vers la lointaine province d'Afrique pour aider les musulmans à repousser cette nouvelle invasion franque. Mais, quelques semaines plus tard, voici qu'un nouveau message parvient au sultan, signé d'al-Mustansir, émir de Tunis, annonçant que le roi de France a été retrouvé mort dans son camp et que son armée est repartie, non sans avoir été en grande partie décimée par la guerre ou la maladie. Ce danger écarté, il est temps pour Baibars de lancer une nouvelle offensive contre les Franj d'Orient. En mars 1271, il s'empare du redoutable « Hosn-el-Akrad », le Krak des chevaliers, que Saladin lui-même n'avait jamais pu réduire.

Dans les années qui suivent, les Franj et surtout les Mongols, dirigés par Abaga, fils et successeur de Houlagou, organiseront plusieurs incursions en Syrie; mais ils seront invariablement repoussés. Et lorsque Baibars meurt empoisonné, en juillet 1277, les possessions franques en Orient ne représentent plus qu'un chapelet de cités côtières entourées de toutes parts par l'empire mamelouk. Leur puissant réseau de forteresses a été totalement démantelé. Le sursis dont ils ont joui du temps des Ayyoubides est bel et bien terminé; leur expulsion est désormais inéluctable.

Pourtant rien ne presse. La trêve concédée par Baibars est reconduite en 1283 par Qalaoun, le nouveau sultan mamelouk. A l'égard des Franj, celui-ci ne fait preuve d'aucune hostilité. Il se dit prêt à garantir leur présence et leur sécurité en Orient à la condition qu'ils renoncent, lors de chaque invasion, à jouer les auxiliaires des ennemis de l'islam. Le texte du traité qu'il propose au royaume d'Acre constitue de la part de cet administrateur habile et éclairé une tentative unique de « régularisation » de la situation des Franj.

Si un roi franc partait d'Occident, *dit le texte*, pour venir s'attaquer aux terres du sultan ou de son fils, le régent du royaume et les grands maîtres d'Acre seraient tenus d'informer le sultan de sa venue deux mois avant son arrivée. S'il débarquait en Orient après que ces deux mois s'étaient écoulés, le régent du royaume et les grands maîtres d'Acre seraient déchargés de toute responsabilité en cette affaire.

Si un ennemi venait de chez les Mongols, ou d'ailleurs, celle des deux parties qui en aurait connaissance en premier devrait en avertir l'autre. Si un tel ennemi − à Dieu ne plaise ! − marchait contre la Syrie et que les troupes du sultan se retiraient devant lui, les dirigeants d'Acre auraient le droit d'entrer en pourparlers avec cet ennemi dans le but de sauver leurs sujets et leurs territoires.

Signée en mai 1283 *pour dix ans, dix mois, dix jours et dix heures*, la trêve couvre *tous les pays francs du littoral, c'est-à-dire la ville d'Acre, avec ses vergers, ses terrains, ses moulins, ses vignes et les soixante-treize villages qui en dépendent; la ville de Haïfa, ses vignes, ses vergers et les sept villages qui s'y rattachent... Pour ce qui est de Saïda, le château et la ville, les vignes et la banlieue sont aux Franj, ainsi que les quinze villages qui s'y rattachent, avec la plaine environnante, ses rivières, ses ruisseaux, ses sources, ses vergers, ses moulins, ses canaux et ses digues qui servent depuis longtemps à l'irrigation de ses terres.* Si l'énumération est longue et minutieuse, c'est pour éviter tout litige. L'ensemble du territoire franc apparaît toutefois dérisoire : une bande côtière, étroite et effilée, qui ne ressemble en rien à l'ancienne et redoutable puissance régionale constituée autrefois par les Franj. Il est vrai que les lieux mentionnés ne représentent pas l'ensemble des possessions franques. Tyr, qui s'est détachée du royaume d'Acre, conclut un accord séparé avec Qalaoun. Plus loin au nord, des villes comme Tripoli ou Lattaquieh sont exclues de la trêve.

C'est aussi le cas de la forteresse de Marqab, tenue par l'ordre des Hospitaliers, « al-osbitar ». Ces moines-chevaliers ont pris fait et cause pour les Mongols, allant même jusqu'à combattre à leurs côtés lors d'une nouvelle tentative d'invasion en 1281. Aussi Qalaoun est-il décidé à le leur faire payer. Au printemps de 1285, nous dit Ibn Abd-el-Zaher, *le sultan prépara à Damas des machines de siège. Il fit venir d'Egypte de grandes quantités de flèches et des armes de toutes sortes qu'il distribua aux émirs. Il fit préparer aussi des engins de fer et des tubes lance-flammes comme il n'en existe nulle part ailleurs que dans les « makhazen » — magasins — et « dar-al-sinaa », l'arsenal du sultan. On enrôla également des experts artificiers et on entoura Marqab d'une ceinture de catapultes dont trois de type « franc » et quatre de type « diable ». Le 25 mai, les ailes de la forteresse sont si profondément minées que les défenseurs capitulent. Qalaoun les autorise à partir sains et saufs vers Tripoli, en emportant leurs effets personnels.*

Une fois de plus, les alliés des Mongols auront été châtiés sans que ces derniers aient pu intervenir. Auraient-ils voulu réagir que les cinq semaines qu'a duré le siège auraient été insuffisantes pour organiser une expédition à partir de la Perse. Pourtant, en cette année 1285, les Tatars sont plus déterminés que jamais à reprendre leur offensive contre les musulmans. Leur nouveau chef, l'ilkhan Arghun, petit-fils de Houlagou, a repris à son compte le rêve le plus cher de ses prédécesseurs : réaliser une alliance avec les Occidentaux pour prendre le sultanat mamelouk en tenaille. Des contacts très réguliers sont alors établis entre Tabriz et Rome pour organiser une expédition commune, ou tout au moins concertée. En 1289, Qalaoun pressent un danger imminent, mais ses agents ne parviennent pas à lui fournir des informations précises. Il ignore, en particulier, qu'un plan de campagne minutieux, élaboré par Arghun, vient d'être proposé par écrit au pape et aux principaux rois d'Occident. L'une de ces lettres, adressée au souverain français, Philippe IV le Bel, a été conservée. Le chef mongol y propose de commencer l'invasion de la Syrie dans la première semaine de janvier 1291. Il prévoit que Damas tombera à la mi-février et que Jérusalem sera prise peu après.

Sans vraiment deviner ce qui se trame, Qalaoun est de plus en plus inquiet. Il craint que les envahisseurs de l'Est ou de l'Ouest ne puissent trouver dans les villes franques de Syrie une tête de pont qui facilite leur pénétration. Mais, bien qu'il soit désormais convaincu que la présence des Franj constitue une menace permanente pour la sécurité du monde musulman, il se refuse à confondre les gens d'Acre et ceux de la moitié nord de la Syrie, qui se sont montrés ouvertement favorables à l'envahisseur mongol. De toute manière, en homme d'honneur, le sultan ne peut s'attaquer à Acre, protégée par le traité de paix pour cinq ans encore, aussi décide-t-il de s'en prendre à Tripoli. C'est sous les murs de la cité, conquise cent quatre-vingts années plus tôt par le fils de Saint-Gilles, que sa puissante armée se rassemble en mars 1289.

Parmi les dizaines de milliers de combattants de l'armée musulmane se trouve Aboul-Fida, un jeune émir de seize ans. Issu de la dynastie ayyoubide mais devenu vassal des mamelouks, il régnera quelques années plus tard sur la petite cité de Hama, où il consacrera l'essentiel de son temps à lire et à écrire. L'œuvre de cet historien qui est aussi géographe et poète, est surtout intéressante pour le récit qu'elle nous donne des dernières années de la présence franque en Orient. Car Aboul-Fida est présent, l'œil attentif et l'épée à la main, sur tous les champs de bataille.

La ville de Tripoli, *observe-t-il*, est entourée par la mer et l'on ne peut l'attaquer par terre que du côté est, par un étroit passage. Après avoir mis le siège, le sultan dressa face à elle un grand nombre de catapultes de toutes dimensions, et lui imposa un blocus rigoureux.

Après plus d'un mois de combats, la ville tombe le 27 avril aux mains de Qalaoun.

Les troupes musulmanes y pénétrèrent de force, *ajoute Aboul-Fida, qui ne cherche nullement à masquer la vérité.* La population reflua vers le port. Là, quelques-uns s'échappèrent sur des navires, mais la majorité des hommes furent massacrés, les femmes et les enfants capturés, et les musulmans amassèrent un immense butin.

Quand les envahisseurs ont fini de tuer et de saccager, la ville, sur ordre du sultan, est démolie et rasée sol.

A peu de distance de Tripoli, il y avait, en pleine mer, un petit îlot avec une église. Quand la cité fut prise, beaucoup de Franj s'y réfugièrent avec leurs familles. Mais les troupes musulmanes se jetèrent à la mer, traversèrent à la nage jusqu'à cet îlot, massacrèrent tous les hommes qui s'y étaient réfugiés et emportèrent les femmes et les enfants avec le butin. Après le carnage, je passai moi-même jusqu'à l'îlot avec une barque, mais je ne pus pas y rester tant la puanteur des cadavres y était forte.

Le jeune Ayyoubide, imbu de la grandeur et de la magnanimité de ses ancêtres, ne peut s'empêcher de se scandaliser de ces massacres inutiles. Mais il le sait, les temps ont changé.

Curieusement, l'expulsion des Franj se passe dans une atmosphère qui rappelle celle qui avait caractérisé leur arrivée, près de deux siècles plus tôt. Les massacres d'Antioche de 1268 semblent reproduire ceux de 1098, et l'acharnement sur Tripoli sera présenté, par les historiens arabes des siècles à venir, comme une riposte tardive à la destruction, en 1109, de la cité des Banou Ammar. Pourtant, c'est lors de la bataille d'Acre, la dernière grande bataille des guerres franques, que la revanche va devenir réellement le thème majeur de la propagande mamelouk.

Au lendemain de sa victoire, Qalaoun est harcelé par ses officiers. Il est désormais clair, affirment-ils, qu'aucune cité franque ne peut tenir tête à l'armée mamelouk, qu'il faut attaquer sur-le-champ, sans attendre que l'Occident, alarmé par la chute de Tripoli, organise une nouvelle expédition en Syrie. Ne faudrait-il pas en finir une fois pour toutes avec ce qui reste du royaume franc ? Mais Qalaoun refuse : il a signé une trêve et jamais il ne trahira son serment. Ne pourrait-il pas alors, insiste son entourage, demander aux docteurs de la loi de proclamer la nullité du traité avec Acre, procédé si souvent utilisé par les Franj dans le passé ? Le sultan y répugne. Il rappelle à ses émirs qu'il a juré, dans le cadre de l'accord signé en 1283, de ne pas avoir recours à des consultations juridiques pour rompre la trêve. Non, confirme Qalaoun, il s'emparera de tous les territoires francs que le traité ne protège pas, mais rien de plus. Et il dépêche une ambassade à Acre pour réaffirmer au dernier des rois francs, Henry, « souverain de Chypre et de Jérusalem », qu'il respectera ses engagements. Mieux, il décide de renouveler cette fameuse trêve pour dix nouvelles années à partir de juillet 1289 et encourage les musulmans à profiter d'Acre pour leurs échanges commerciaux avec l'Occident. Dans les mois qui suivent, le port palestinien connaît, de fait, une intense activité. Par centaines, des marchands damascains viennent s'installer dans les nombreuses auberges proches des souks, effectuant de fructueuses transactions avec les commerçants vénitiens ou avec les riches Templiers, devenus les principaux banquiers de la Syrie. Par ailleurs, des milliers de paysans arabes, venus notamment de Galilée, affluent vers la métropole franque pour y écouler leurs récoltes. Cette prospérité profite à tous les Etats de la région, et en particulier aux mamelouks. Depuis de nombreuses années, les courants d'échanges avec l'Est ayant été perturbés par la présence mongole, le manque à gagner ne peut être compensé que par un développement du commerce méditerranéen.

Pour les plus réalistes des dirigeants francs, le nouveau rôle dévolu à leur capitale, celui d'un grand comptoir effectuant la liaison entre deux mondes, représente une chance inespérée de survie dans une région où ils n'ont plus aucune chance de jouer un rôle hégémonique. Toutefois, ce n'est pas l'opinion de tous. Certains espèrent encore susciter en Occident une mobilisation religieuse suffisante pour organiser de nouvelles expéditions militaires contre les musulmans. Au lendemain de la chute de Tripoli, le roi Henry a dépêché des messagers à Rome pour demander des renforts, tant et si bien qu'au milieu de l'été de 1290 une imposante flotte arrive au port d'Acre, déversant des milliers de combattants francs fanatisés sur la cité. Les habitants observent avec méfiance ces Occidentaux titubant d'ivresse qui ont des allures de pillards et n'obéissent à aucun chef.

A peine quelques heures, et les incidents commencent. Des marchands damascains sont assaillis dans la rue, dévalisés et laissés pour morts. Les autorités parviennent tant bien que mal à rétablir l'ordre, mais, vers la fin août, la situation se détériore. A la suite d'un banquet copieusement arrosé, les nouveaux venus se répandent dans les rues. Toute personne portant la barbe est traquée, puis égorgée sans pitié. De nombreux Arabes, paisibles marchands ou paysans, aussi bien chrétiens que musulmans, périssent ainsi. Les autres s'enfuient, pour aller raconter ce qui vient de se produire.

Qalaoun est fou de rage. Est-ce pour en arriver là qu'il a renouvelé la trêve avec les Franj ? Ses émirs le poussent à agir sur-le-champ. Mais en homme d'Etat responsable il ne veut pas se laisser dominer par la colère. Il envoie à Acre une ambassade pour demander des explications et exiger, surtout, que les assassins lui soient remis pour être châtiés. Les Franj sont partagés. Une minorité recommande d'accepter les conditions du sultan pour éviter une nouvelle guerre. Les autres refusent, allant jusqu'à répondre aux émissaires de Qalaoun que les marchands musulmans sont eux-mêmes responsables de la tuerie, l'un d'eux ayant cherché à séduire une femme franque.

Alors Qalaoun n'hésite plus. Il rassemble ses émirs et leur annonce sa décision de mettre fin, une fois pour toutes, à une occupation franque qui a trop duré.

Immédiatement les préparatifs commencent. Les vassaux sont convoqués, aux quatre coins du sultanat, pour prendre part à cette ultime bataille de la guerre sainte

Avant que l'armée ne quitte Le Caire, Qalaoun jure sur le Coran de ne plus lâcher son arme avant que le dernier Franc ne soit expulsé. Le serment est d'autant plus impressionnant que le sultan est alors un vieillard affaibli. Bien qu'on ne connaisse pas son âge avec précision, il semble qu'il ait alors largement dépassé sa soixante-dixième année. Le 4 novembre 1290, l'impressionnante armée mamelouk s'ébranle. Le lendemain même, le sultan tombe malade. Il appelle ses émirs à son chevet, leur fait jurer obéissance à son fils Khalil et demande à celui-ci de s'engager, comme lui, à mener à son terme la campagne contre les Franj. Qalaoun meurt moins d'une semaine plus tard, vénéré par ses sujets, comme un grand souverain.

La disparition du sultan ne retardera que de quelques mois l'ultime offensive contre les Franj. Dès mars 1291, Khalil reprend, à la tête de son armée, la route de la Palestine. De nombreux contingents syriens le rejoignent début mai dans la plaine qui entoure Acre. Aboul-Fida, alors âgé de dix-huit ans, participe à la bataille avec son père; il est même investi d'une responsabilité puisqu'il a la charge d'une redoutable catapulte, surnommée « la Victorieuse », qu'il a fallu transporter en pièces détachées de Hosn-el-Akrad jusqu'au voisinage de la cité franque.

Les chariots étaient si lourds que le déplacement nous prit plus d'un mois, alors qu'en temps normal huit jours auraient suffi. A l'arrivée, les bœufs qui tiraient les chariots étaient presque tous morts d'épuisement et de froid.

Le combat s'engagea tout de suite, *poursuit notre chroniqueur*. Nous, gens de Hama, étions postés comme d'habitude à l'extrême droite de l'armée. Nous étions en bordure de la mer, d'où nous attaquions des embarcations franques surmontées de tourelles couvertes de bois et tapissées de peaux de buffles, d'où l'ennemi tirait sur nous avec des arcs et des arbalètes. Il nous fallait donc nous battre sur deux fronts, contre les gens d'Acre qui étaient en face de nous, et contre leur flotte. Nous avions subi de lourdes pertes lorsqu'un vaisseau franc, transportant une catapulte, commença à lancer des quartiers de rocs sur nos tentes. Mais, une nuit, des vents violents se levèrent. Le vaisseau se mit à tanguer sur les flots, secoué par les vagues, si bien que la catapulte se brisa en morceaux. Une autre nuit, un groupe de Franj fit une sortie inattendue et avança jusqu'à notre camp; mais, dans l'obscurité, certains d'entre eux trébuchèrent sur les cordes qui retiennent les tentes; un chevalier tomba même dans la fosse des latrines et fut tué. Nos troupes se reprirent, attaquèrent les Franj de toutes parts, les obligeant à se retirer vers la ville après avoir laissé plusieurs morts sur le terrain. Le lendemain matin, mon cousin al-Malik al-Muzaffar, seigneur de Hama, fit attacher les têtes des Franj tués au cou des chevaux que nous avions capturés et les présenta au sultan.

C'est le vendredi 17 juin 1291 que, disposant d'une supériorité militaire écrasante, l'armée musulmane pénètre enfin de force dans la cité assiégée. Le roi Henry et la plupart des notables s'embarquent à la hâte pour se réfugier à Chypre. Les autres Franj sont tous capturés et tués. La ville est entièrement rasée.

La ville d'Acre avait été reconquise, *précise Aboul-Fida*, à midi le dix-septième jour du second mois de jumada de l'année 690. Or c'est très exactement le même jour, à la même heure, en l'an 587, que les Franj avaient pris Acre à Salaheddin, capturant puis massacrant tous les musulmans qui s'y trouvaient. N'y a-t-il pas là une curieuse coïncidence?

Selon le calendrier chrétien, cette coïncidence n'est pas moins étonnante, puisque la victoire des Franj à Acre avait eu lieu en 1191, cent ans, presque jour pour jour, avant leur défaite finale.

Après la conquête d'Acre, *poursuit Aboul-Fida*, Dieu jeta l'épouvante dans le cœur des Franj qui restaient encore sur le littoral syrien. Ils évacuèrent donc précipitamment Saïda, Beyrouth, Tyr et toutes les autres villes. Le sultan eut ainsi l'heureux destin, qui n'avait été celui d'aucun autre, de conquérir sans difficulté toutes ces places qu'il fit aussitôt démanteler.

De fait, dans la foulée de son triomphe, Khalil décide de détruire, le long de la côte, toute forteresse qui pourrait un jour servir aux Franj s'ils cherchaient encore à revenir en Orient.

Par ces conquêtes, *conclut Aboul-Fida*, toutes les terres du littoral revinrent intégralement aux musulmans, résultat inespéré. Ainsi les Franj, qui avaient été autrefois sur le point de conquérir Damas, l'Egypte et bien d'autres contrées, furent-ils expulsés de toute la Syrie et des zones côtières. Fasse Dieu qu'ils n'y mettent plus jamais les pieds !

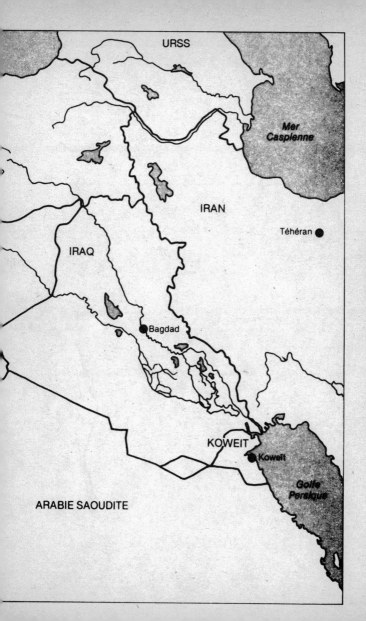

ÉPILOGUE

En apparence, le monde arabe venait de remporter une victoire éclatante. Si l'Occident cherchait, par ses invasions successives, à contenir la poussée de l'islam, le résultat fut exactement inverse. Non seulement les Etats francs d'Orient se retrouvaient déracinés après deux siècles de colonisation, mais les musulmans s'étaient si bien repris qu'ils allaient repartir, sous le drapeau des Turcs ottomans, à la conquête de l'Europe même. En 1453, Constantinople tombait entre leurs mains. En 1529, leurs cavaliers campaient sous les murs de Vienne.

Ce n'est, disions-nous, que l'apparence. Car, avec le recul historique, une constatation s'impose : à l'époque des croisades, le monde arabe, de l'Espagne à l'Irak, est encore intellectuellement et matériellement le dépositaire de la civilisation la plus avancée de la planète. Après, le centre du monde se déplace résolument vers l'ouest. Y a-t-il là relation de cause à effet ? Peut-on aller jusqu'à affirmer que les croisades ont donné le signal de l'essor de l'Europe occidentale — qui allait progressivement dominer le monde — et sonné le glas de la civilisation arabe ?

Sans être faux, un tel jugement doit être nuancé. Les Arabes souffraient, dès avant les croisades, de certaines « infirmités » que la présence franque a mises en lumière et peut-être aggravées, mais qu'elle n'a pas créées de toutes pièces.

Le peuple du Prophète avait perdu, dès le IXe siècle, le contrôle de sa destinée. Ses dirigeants étaient pratiquement tous des étrangers. De cette multitude de personnages que nous avons vus défiler au cours de deux siècles d'occupation franque, lesquels étaient arabes ?

Les chroniqueurs, les cadis, quelques roitelets locaux — Ibn Ammar, Ibn Mouqidh — et les impuissants califes ? Mais les détenteurs réels du pouvoir, et même les principaux héros de la lutte contre les Franj — Zinki, Noureddin, Qoutouz, Baibars, Qalaoun — étaient turcs; al-Afdal, lui, était arménien; Chirkouh, Saladin, al-Adel, al-Kamel étaient kurdes. Bien entendu, la plupart de ces hommes d'Etat étaient arabisés culturellement et affectivement; mais n'oublions pas que nous avons vu en 1134 le sultan Massoud discuter avec le calife al-Moustarchid par l'intermédiaire d'un interprète, parce que le Seldjoukide, quatre-vingts ans après la prise de Baghdad par son clan, ne parlait toujours pas un mot d'arabe. Plus grave encore : un nombre considérable de guerriers des steppes, sans aucun lien avec les civilisations arabes ou méditerranéennes, venaient régulièrement s'intégrer à la caste militaire dirigeante. Dominés, opprimés, bafoués, étrangers sur leur propre terre, les Arabes ne pouvaient poursuivre leur épanouissement culturel amorcé au VIIe siècle. Au moment de l'arrivée des Franj, ils piétinaient déjà, se contentant de vivre sur les acquis du passé. Et s'ils étaient encore nettement en avance sur ces nouveaux envahisseurs dans la plupart des domaines, leur déclin était amorcé.

Seconde « infirmité » des Arabes, qui n'est pas sans lien avec la première, c'est leur incapacité à bâtir des institutions stables. Les Franj, dès leur arrivée en Orient, ont réussi à créer de véritables Etats. A Jérusalem, la succession se passait généralement sans heurts; un conseil du royaume exerçait un contrôle effectif sur la politique du monarque et le clergé avait un rôle reconnu dans le jeu du pouvoir. Dans les Etats musulmans, rien de tel. Toute monarchie était menacée à la mort du monarque, toute transmission du pouvoir provoquait une guerre civile. Faut-il rejeter l'entière responsabilité de ce phénomène sur les invasions successives, qui remettaient constamment en cause l'existence même des Etats ? Faut-il incriminer les origines nomades des peuples qui ont dominé cette région, qu'il s'agisse des Arabes eux-mêmes, des Turcs ou des Mongols ? On ne peut, dans le cadre de cet épilogue, trancher une telle question. Contentons-nous de préciser qu'elle se pose toujours, en des termes à peine différents, dans le monde arabe de la fin du xxᵉ siècle.

L'absence d'institutions stables et reconnues ne pouvait être sans conséquences pour les libertés. Chez les Occidentaux, le pouvoir des monarques est régi, à l'époque des croisades, par des principes qu'il est difficile de transgresser. Oussama a remarqué, lors d'une visite au royaume de Jérusalem, que « lorsque les chevaliers rendent une sentence, celle-ci ne peut être modifiée ni cassée par le roi ». Encore plus significatif est ce témoignage d'Ibn Jobair aux derniers jours de son voyage en Orient :

> En quittant Tibnin (près de Tyr), nous avons traversé une suite ininterrompue de fermes et de villages aux terres efficacement exploitées. Leurs habitants sont tous musulmans, mais ils vivent dans le bien-être avec les Franj — que Dieu nous préserve contre les tentations ! Leurs habitations leur appartiennent et tous leurs biens leur sont laissés. Toutes les régions contrôlées par les Franj en Syrie sont soumises à ce même régime : les domaines fonciers, villages et fermes sont restés aux mains des musulmans. Or le doute pénètre dans le cœur d'un grand nombre de ces hommes quand ils comparent leur sort à celui de leurs frères qui vivent en territoire musulman. Ces derniers souffrent, en effet, de l'injustice de leurs coreligionnaires alors que les Franj agissent avec équité.

Ibn Jobair a raison de s'inquiéter, car il vient de découvrir, sur les routes de l'actuel Liban Sud, une réalité lourde de conséquences : même si la conception de la justice chez les Franj présente certains aspects qu'on pourrait qualifier de « barbares », ainsi qu'Oussama l'a souligné, leur société a l'avantage d'être « distributrice de droits ». La notion de citoyen n'existe certes pas encore, mais les féodaux, les chevaliers, le clergé, l'université, les bourgeois et même les paysans « infidèles » ont tous des droits bien établis. Dans l'Orient arabe, la procédure des tribunaux est plus rationnelle; néanmoins, il n'y a aucune limite au pouvoir arbitraire du prince. Le développement des cités marchandes, comme l'évolution des idées, ne pouvait qu'en être retardé.

La réaction d'Ibn Jobair mérite même un examen plus attentif. S'il a l'honnêteté de reconnaître des qualités à « l'ennemi maudit », il se confond ensuite en imprécations, estimant que l'équité des Franj et leur bonne administration constituent un danger mortel pour les musulmans. Ceux-ci ne risquent-ils pas en effet de tourner le dos à leurs coreligionnaires — et à leur religion — s'ils trouvaient le bien-être dans la société franque ? Pour compréhensible qu'elle soit, l'attitude du voyageur n'en est pas moins symptomatique d'un mal dont souffrent ses congénères : tout au long des croisades, les Arabes ont refusé de s'ouvrir aux idées venues d'Occident. Et c'est là, probablement, l'effet le plus désastreux des agressions dont ils ont été les victimes. Pour l'envahisseur, apprendre la langue du peuple conquis est une habileté; pour ce dernier, apprendre la langue du conquérant est une compromission, voire une trahison. De fait, les Franj ont été nombreux à apprendre l'arabe alors que les habitants du pays, à l'exception de quelques chrétiens, sont demeurés imperméables aux langues des Occidentaux.

On pourrait multiplier les exemples, car, dans tous les domaines, les Franj se sont mis à l'école arabe, aussi bien en Syrie qu'en Espagne ou en Sicile. Et ce qu'ils y ont appris était indispensable à leur expansion ultérieure. L'héritage de la civilisation grecque n'aura été transmis à l'Europe occidentale que par l'intermédiaire des Arabes, traducteurs et continuateurs. En médecine, en astronomie, en chimie, en géographie, en mathématiques, en architecture, les Franj ont tiré leurs connaissances des livres arabes qu'ils ont assimilés, imités, puis dépassés. Que de mots en portent encore le témoignage : zénith, nadir, azimut, algèbre, algorithme, ou plus simplement « chiffre ». S'agissant de l'industrie, les Européens ont repris, avant de les améliorer, les procédés utilisés par les Arabes pour la fabrication du papier, le travail du cuir, le textile, la distillation de l'alcool et du sucre — encore deux mots empruntés à l'arabe. On ne peut non plus oublier à quel point l'agriculture européenne s'est elle aussi enrichie au contact de l'Orient : abricots, aubergines, échalotes, oranges, pastèques... La liste des mots « arabes » est interminable.

Alors que pour l'Europe occidentale l'époque des croisades était l'amorce d'une véritable révolution, à la fois économique et culturelle, en Orient, ces guerres saintes allaient déboucher sur de longs siècles de décadence et d'obscurantisme. Assailli de toutes parts, le monde musulman se recroqueville sur lui-même. Il est devenu frileux, défensif, intolérant, stérile, autant d'attitudes qui s'aggravent à mesure que se poursuit l'évolution planétaire, par rapport à laquelle il se sent marginalisé. Le progrès, c'est désormais l'autre. Le modernisme, c'est l'autre. Fallait-il affirmer son identité culturelle et religieuse en rejetant ce modernisme que symbolisait l'Occident ? Fallait-il, au contraire, s'engager résolument sur la voie de la modernisation en prenant le risque de perdre son identité ? Ni l'Iran, ni la Turquie, ni le monde arabe n'ont réussi à résoudre ce dilemme ; et c'est pourquoi aujourd'hui encore on continue d'assister à une alternance souvent brutale entre des phases d'occidentalisation forcée et des phases d'intégrisme outrancier, fortement xénophobe.

A la fois fasciné et effrayé par ces Franj qu'il a connus barbares, qu'il a vaincus mais qui, depuis, ont réussi à dominer la Terre, le monde arabe ne peut se résoudre à considérer les croisades comme un simple épisode d'un passé révolu. On est souvent surpris de découvrir à quel point l'attitude des Arabes, et des musulmans en général, à l'égard de l'Occident, reste influencée, aujourd'hui encore, par des événements qui sont censés avoir trouvé leur terme il y a sept siècles.

Or, à la veille du troisième millénaire, les responsables politiques et religieux du monde arabe se réfèrent constamment à Saladin, à la chute de Jérusalem et à sa reprise. Israël est assimilé, dans l'acception populaire comme dans certains discours officiels, à un nouvel Etat croisé. Des trois divisions de l'Armée de libération palestinienne, l'une porte encore le nom de Hittin et une autre celui d'Ain Jalout. Le président Nasser, du temps de sa gloire, était régulièrement comparé à Saladin qui, comme lui, avait réuni la Syrie et l'Égypte — et même le Yémen! Quant à l'expédition de Suez de 1956, elle fut perçue, à l'égal de celle de 1191, comme une croisade menée par les Français et les Anglais.

Il est vrai que les similitudes sont troublantes. Comment ne pas penser au président Sadate en écoutant Sibt Ibn al-Jawzi dénoncer, devant le peuple de Damas, la « trahison » du maître du Caire, al-Kamel, qui a osé reconnaître la souveraineté de l'ennemi sur la Ville sainte? Comment distinguer le passé du présent quand il s'agit de la lutte entre Damas et Jérusalem pour le contrôle du Golan ou de la Bekaa? Comment ne pas demeurer songeur en lisant les réflexions d'Oussama sur la supériorité militaire des envahisseurs?

Dans un monde musulman perpétuellement agressé, on ne peut empêcher l'émergence d'un sentiment de persécution, qui prend, chez certains fanatiques, la forme d'une dangereuse obsession : n'a-t-on pas vu, le 13 mai 1981, le Turc Mehemet Ali Agca tirer sur le pape après avoir expliqué dans une lettre : *J'ai décidé de tuer Jean-Paul II, commandant suprême des croisés.* Au-delà de cet acte individuel, il est clair que l'Orient arabe voit toujours dans l'Occident un ennemi naturel. Contre lui, tout acte hostile, qu'il soit politique, militaire ou pétrolier, n'est que revanche légitime. Et l'on ne peut douter que la cassure entre ces deux mondes date des croisades, ressenties par les Arabes, aujourd'hui encore, comme un viol.

NOTES ET SOURCES

En deux années de recherches sur les croisades, on côtoie de très nombreux ouvrages et auteurs qui, rencontre brève ou fréquentation assidue, exercent chacun une influence sur le travail qu'on effectue. S'ils méritent tous d'être mentionnés, l'optique de ce livre impose une sélection. Nous estimons en effet que le lecteur cherche ici, non une bibliographie exhaustive des croisades, mais des références permettant d'aller plus loin dans la connaissance de cette « autre vision ».

Trois types d'ouvrages figureront dans ces notes. D'abord, bien entendu, ceux des historiens et chroniqueurs arabes qui nous ont laissé un témoignage sur les invasions franques. Nous en parlerons, chapitre après chapitre, à mesure que leurs noms apparaîtront dans notre récit, donnant les références de l'œuvre originale, sur laquelle nous nous sommes généralement fondé, ainsi que celles des traductions françaises disponibles. Citons toutefois, dès cette introduction, l'excellent recueil de textes rassemblés par l'orientaliste italien Francesco Gabrieli, publié en français sous le titre : *Chroniques arabes des croisades*, Sindbad, Paris, 1977.

Un second type d'ouvrages traite de l'histoire médiévale arabe et musulmane dans ses rapports avec l'Occident. Citons notamment :

E. ASHTOR : *A social and economic history of the near east in the middle ages*, London, 1976.

C. CAHEN : *Les Peuples musulmans dans l'histoire médiévale*, Institut français de Damas, 1977.

M. HODGSON : *The venture of islam*, University of Chicago, 1974.

R. PALM : *Les Etendards du Prophète*, J.-C. Lattès, Paris, 1981.

J.J. SAUNDERS : *A history of medieval islam*, RKP, London, 1965.

J. SAUVAGET : *Introduction à l'histoire de l'Orient musulman*, Adrien-Maisonneuve, Paris, 1961.

J. SCHACHT : *The legacy of islam*, Oxford university, 1974.

E. SIVAN : *L'Islam et la croisade*, Adrien-Maisonneuve, Paris, 1968.

H. Montgomery Watt : *L'Influence de l'islam sur l'Europe médiévale*, Geuthner, Paris, 1974.

Un troisième type d'ouvrages concerne les récits historiques, globaux ou partiels, des croisades. Il va de soi que leur consultation nous était indispensable pour rassembler les témoignages arabes, nécessairement fragmentaires, en un récit continu couvrant les deux siècles d'invasions franques. Nous les évoquerons plus d'une fois dans ces notes. Citons d'ores et déjà deux ouvrages classiques : *Histoire des croisades et du royaume franc de Jérusalem*, de René Grousset, en trois volumes, Plon. Paris, 1934-1936; *A history of the crusades*, de Stephen Runciman, également en trois volumes, Cambridge university, 1951-1954.

Prologue

Les historiens arabes ne sont pas tous d'accord pour attribuer à al-Harawi le discours que nous citons. Selon le chroniqueur damascain Sibt Ibn al-Jawzi (voir chapitre XII), c'est bien le cadi qui aurait prononcé ces mots. L'historien Ibn al-Athir (voir chapitre II) affirme que l'auteur en est le poète al-Abiwardi, apparemment inspiré par les lamentations d'al-Harawi. De toute manière, aucun doute n'est possible quant au fond : les propos cités correspondent bien au message que la délégation conduite par le cadi a voulu transmettre à la cour du calife.

Parti de Valence, dans l'Espagne musulmane, Ibn Jobair (1144-1217) a effectué son voyage en Orient entre 1182 et 1185. Il a consigné ses observations dans un livre disponible en français (Geuthner, Paris, 1953-1956). Le texte original a été réédité en arabe (Sader, Beyrouth, 1980).

Né et mort à Damas, Ibn al-Qalanissi (1073-1160) a occupé de hautes fonctions administratives dans sa ville. Il a laissé une chronique intitulée *Zayl tarikh Dimachq*, dont le texte original n'est disponible que dans une édition de 1908. Une édition française partielle, sous le titre *Damas de 1075 à 1154*, a été publiée en 1952 par l'Institut français de Damas et les Editions Adrien-Maisonneuve, Paris.

Chapitre premier

« Cette année-là », dans la citation d'Ibn al-Qalanissi, est l'année 490 de l'hégire. Tous les chroniqueurs et historiens arabes de l'époque utilisent, à peu de chose près, la même méthode d'exposition : ils énumèrent, souvent dans le désordre, les événements de chaque année, avant de passer à la suivante.

Le terme de Roum − singulier : Roumi − est parfois utilisé au XXᵉ siècle dans certaines parties du monde arabe pour désigner, non pas les Grecs, mais les Occidentaux en général.

L'émir − al-amir − est, à l'origine, « celui qui assume un commandement ». « Amir al-mouminin » est le prince ou le commandeur des croyants. Les émirs de l'armée sont en quelque sorte les officiers supérieurs. « Amir al-jouyouch » est le chef suprême des armées et « amir al-bahr » est le commandant de la flotte, un mot emprunté par les Occidentaux sous une forme concise : « amiral ».

Un mystère entoure l'origine des Seldjoukides. L'éponyme du clan, Seldjouk, avait deux fils prénommés Mikael et Israel, ce qui laisse supposer que la dynastie qui a unifié l'Orient musulman avait des origines chrétiennes ou juives. Après leur islamisation, les Seldjoukides ont changé certains de leurs noms. En particulier, « Israel » a été turquisé en « Arslan ».

La Geste du roi Danishmend a été publiée en 1960, original et traduction, par l'Institut français d'archéologie d'Istanbul.

Chapitre II

La principale œuvre d'Ibn al-Athir (1160-1233), *L'Histoire parfaite (Al-Kamel fit-Tarikh)*, n'existe en français que dans des traductions fragmentaires, notamment dans le *Recueil des historiens des croisades*, publié à Paris, entre 1841 et 1906, par l'Académie des Inscriptions et Belles-Lettres. Le texte arabe d'*Al-Kamel fit-Tarikh*, en 13 volumes, a été réédité en 1979 (Sader, Beyrouth). Ce sont les volumes X, XI et XII qui évoquent, entre bien d'autres choses, les invasions franques.

Sur la secte des Assassins, voir chapitre V.

Référence de la citation d'Ibn Jobair sur le pétrole : *Voyages*, édition française, p. 268; édition arabe, p. 209.

Pour en savoir plus sur Antioche et sa région, lire, de C. CAHEN : *La Syrie du Nord à l'époque des croisades et la principauté franque d'Antioche*, Geuthner, Paris, 1940.

Chapitre III

Les récits concernant les actes de cannibalisme commis par les armées franques à Maara en 1098 sont nombreux − et concordants − dans les chroniques franques de l'époque. Jusqu'au XIXᵉ siècle, on les trouve encore détaillés chez les historiens européens. C'est par exemple le cas de *L'Histoire des croisades*, de MICHAUD, publiée en 1817-1822. Voir tome I, pages 357 et 577, et *Bibliographie des croisades*, pages 48, 76, 183, 248. Au XXᵉ siècle, en revanche, ces récits — mission civilisatrice oblige? — sont généralement occultés. Grousset, dans les trois volumes de son *Histoire*, n'en fait même pas mention; Runciman se contente d'une allusion : « la famine régnait..., le cannibalisme semblait la seule solution » (*op. cit.*, tome I, p. 261).

Sur les Tafurs, voir J. PRAWER : *Histoire du royaume franc de Jérusalem.* C.N.R.S., Paris, 1975 (tome I, p. 216).

Pour Oussama Ibn Mounqidh, voir chapitre VII.

Sur l'origine du nom krak des chevaliers, voir Paul DESCHAMPS : *La Toponomastique en Terre sainte au temps des croisades*, in Recueil de travaux... Geuthner, Paris, 1955.

Les Franj trouveront la lettre du basileus dans la tente d'al-Afdal après la bataille d'Ascalon en août 1099.

Chapitre IV

Sur l'étonnant passé de Nahr-el-Kalb, voir P. HITTI, *Tarikh Loubnan*, Assaqafa, Beyrouth, 1978.

Après son retour en Europe, Bohémond tentera d'envahir l'empire byzantin. Pour repousser l'attaque, Alexis demandera à Kilij Arslan de lui envoyer des troupes. Vaincu et capturé, Bohémond sera forcé de reconnaître par traité les droits des Roum sur Antioche. Cette humiliation l'obligera à ne plus jamais revenir en Orient.

Edesse se trouve aujourd'hui en Turquie. Son nom est Urfa.

Chapitre V

Sur la bataille de Tyr et tout ce qui concerne cette ville, voir M. CHEHAB, *Tyr à l'époque des croisades*, Adrien-Maisonneuve, Paris, 1975.

L'Alépin Kamaleddin Ibn al-Adim (1192-1262) n'a consacré que la première partie de sa vie à écrire l'histoire de sa ville. Accaparé par son activité politique et diplomatique et ses nombreux voyages à travers la Syrie, l'Irak et l'Egypte, il interrompra sa chronique en 1223. Le texte original de son *Histoire d'Alep* a été publié par l'Institut français de Damas en 1968. Il n'existe, à ce jour, aucune édition française.

Le lieu où se déroule la bataille entre Ilghazi et l'armée

d'Antioche est appelé différemment selon les sources : Sarmada, Darb Sarmada, Tel Aqibrin... Les Franj l'ont surnommé « Ager sanguinis », le champ du sang.

Sur les Assassins, lire M. HODGSON, *The order of Assassins*, Mouton, La Haye, 1955.

Chapitre VI

L'hôpital fondé à Damas en 1154 continuera à fonctionner jusqu'en... 1899, date à laquelle il sera transformé en école.

Le père de Zinki, Aq Sonqor, avait été gouverneur d'Alep jusqu'en 1094. Accusé de trahison par Tutuch, le père de Redwan, il avait été décapité. Le jeune Zinki avait alors été recueilli par Karbouqa de Mossoul, qui l'avait élevé et qui l'avait fait participer à toutes ses batailles.

La princesse Zomorrod était la fille de l'émir Jawali, l'ancien gouverneur de Mossoul.

Chapitre VII

Né en 1095, deux ans avant l'arrivée des Franj en Syrie, mort en 1188, un an après la reprise de Jérusalem, l'émir Oussama Ibn Mounqidh occupe une place à part parmi les témoins arabes des croisades. Ecrivain, diplomate, politicien, il a personnellement connu Noureddin, Saladin, Moinuddin Ounar, le roi Foulque et bien d'autres. Ambitieux, intrigant, comploteur, il a été accusé d'avoir fait assassiner un calife fatimide et un vizir égyptien, d'avoir voulu renverser son oncle Soultan et même son ami Moinuddin. C'est toutefois l'image du fin lettré, de l'observateur perspicace et plein d'humour qui est restée. La principale œuvre d'Oussama, son autobiographie, a été publiée à Paris en 1893 par les soins de H. Derenbourg. Il s'agit d'une édition originale groupant le texte arabe, une version française qui mêle paraphrases et citations, ainsi qu'une foule d'observations sur Oussama, son époque, ses rapports avec les Franj.

Pour le récit de la bataille d'Edesse, voir J.-B. CHABOT, *Un épisode de l'histoire des croisades*, in Mélanges... Geuthner, Paris, 1924.

Chapitre VIII

Pour en savoir plus sur le fils de Zinki et son époque, voir N. ELISSEEFF, *Nur-ad-Din, un grand prince musulman de Syrie au temps des croisades*, Institut français de Damas, 1967. La différence d'orthographe entre Noureddin et Nur-ad-Din nous amène à préciser ici, s'il en est besoin, que nous n'avons pas adopté dans ce livre, destiné à un public non nécessairement spécialisé, une transcription académique de l'arabe.

La première source légale de revenu pour les princes — y compris Noureddin — était leur part du butin gagné sur l'ennemi : or, argent, chevaux, captifs vendus comme esclaves. Le prix de ces derniers diminuait sensiblement quand ils étaient trop nombreux, précisent les chroniqueurs; on en arrivait même à échanger un homme contre une paire de savates !

Tout au long des croisades, de violents tremblements de terre viendront dévaster la Syrie. Si celui de 1157 est le plus spectaculaire, pas une décennie ne s'écoulait sans un cataclysme majeur.

Chapitre IX

La branche orientale du Nil, aujourd'hui desséchée, est appelée « branche pélusiaque », car elle traversait l'antique cité de Péluse. Elle se jetait dans la mer à proximité de Sabkhat al-Bardawil, la lagune de Baudouin.

La famille d'Ayyoub avait dû quitter Tikrit en 1138, peu après la naissance de Saladin dans cette ville, Chirkouh ayant dû tuer un homme pour venger, selon ses dires, l'honneur bafoué d'une femme.

Originaires d'Afrique du Nord, les Fatimides ont gouverné l'Egypte de 966 à 1171, où ils ont fondé Le Caire, al-Qahira, la Victorieuse. Ils se réclamaient de Fatima, fille du Prophète et épouse d'Ali, inspirateur du chiisme.

Sur les péripéties de l'étonnante bataille d'Egypte, lire G. SCHLUMBERGER, *Campagnes du roi Amaury Ier de Jérusalem en Egypte*, Plon, Paris, 1906.

Chapitre X

La lettre des Alépins, comme la plupart des messages de Saladin, se trouve dans le *Livre des deux jardins*, œuvre du chroniqueur damascain Abou Chama (1203-1267). Il contient une compilation précieuse d'un grand nombre de documents officiels introuvables ailleurs.

Bahaeddin Ibn Chaddad (1145-1234) est entré au service de Saladin peu avant la bataille de Hittin. Il a été, jusqu'à la mort du sultan, un confident et un conseiller. Sa biographie de Saladin a été récemment rééditée, original et traduction, à Beyrouth et Paris (Méditerranée, 1981).

Aux noces de Kérak, les bonnes manières n'étaient pas uniquement du côté de Saladin. La mère du jeune marié a tenu à envoyer à l'assiégeant des plats soigneusement préparés afin qu'il puisse participer lui aussi aux festivités.

Le témoignage du fils de Saladin sur la bataille de Hittin a été cité par Ibn al-Athir, vol. IX, année 583 de l'hégire.

Collaborateur de Noureddin avant d'entrer au service de Saladin, Imadeddin al-Asfahani (1125-1201) a publié de nombreux ouvrages d'histoire et de littérature, notamment une précieuse anthologie poétique. Son style extraordinairement ampoulé a quelque peu réduit la valeur de son témoignage sur les événements qu'il a vécus. Son récit de la *Conquête de la Syrie et de la Palestine par Saladin* a été publié par l'Académie des Inscriptions et Belles-Lettres, Paris, 1972.

Chapitre XI

Selon la foi musulmane, Dieu a conduit le Prophète une nuit en un voyage miraculeux de La Mecque vers la mosquée al-Aqsa, puis vers les cieux. Une rencontre a eu lieu avec Jésus et Moïse, symbole de la continuité des « religions du Livre ».

Pour les Orientaux, Arabes, Arméniens ou Grecs, la barbe était un signe de virilité. Les visages glabres de la plupart des chevaliers francs amusaient, et parfois scandalisaient.

Parmi les nombreux ouvrages occidentaux consacrés à Saladin, il faut rappeler celui de S. Lane-Pool, publié à Londres en 1898 sous le titre de *Saladin and the fall of the kingdom of Jerusalem*, et qui a malheureusement sombré dans l'oubli depuis quelques années. Il a été réédité à Beyrouth (Khayat, 1964).

Chapitre XII

Il semble qu'al-Kamel ait reçu en 1219 saint François d'Assise, venu en Orient dans le vain espoir de rétablir la paix. Il l'aurait écouté avec sympathie et lui aurait proposé des cadeaux avant de le faire reconduire, avec escorte, au camp des Franj. A notre connaissance, aucune source arabe ne relate cet événement.

Orateur et chroniqueur damascain, Sibt al-Jawzi (1186-1256) a publié une volumineuse histoire universelle intitulée *Miraat az-zaman, (Le Miroir du temps)*, dont quelques fragments seulement ont été publiés.

Sur l'étonnant personnage qu'est l'empereur, lire, de BENOIST-MÉCHIN, *Frédéric de Hohenstaufen ou le rêve excommunié*, Perrin, Paris, 1980.

Chapitre XIII

Pour une histoire des Mongols, voir R. GROUSSET, *L'Empire des steppes*, Payot, Paris, 1939. L'échange de lettres entre Louis IX et Ayyoub est rapporté par le chroniqueur égyptien al-Maqrizi (1364-1442).

Diplomate et homme de loi, Jamaleddin Ibn Wassel (1207-1298) a laissé une chronique de la période ayyoubide et du début de l'ère mamelouk. A notre connaissance, son œuvre n'a jamais été éditée, bien que des citations et des traductions fragmentaires existent dans Michaud et Gabrieli, *op. cit.*

Après la destruction d'Alamout, la secte des Assassins s'est perpétuée sous une forme on ne peut plus pacifique : les ismaéliens, adeptes de l'Aga Khan, dont on oublie parfois qu'il est le successeur en droite ligne de Hassan as-Sabbah.

La version rapportée ici de la mort d'Aibek et de Chajarat-ad-dorr est celle d'une épopée populaire médiévale, *Sirat al-malek az-zaher Baibars*, As-sakafiya, Beyrouth.

Chapitre XIV

Secrétaire des sultans Baibars et Qalaoun, le chroniqueur égyptien Ibn Adb el-Zaher (1233-1293) a eu la mauvaise fortune de voir son principal ouvrage, *La Vie de Baibars*, résumé par un neveu ignorant qui ne nous a laissé qu'un texte tronqué et insipide. Les quelques fragments qui nous sont parvenus de l'œuvre originale révèlent un réel talent d'écrivain et d'historien.

Parmi tous les chroniqueurs et historiens arabes que nous citons, Aboul-Fida (1273-1331) est le seul à avoir gouverné un Etat : il est vrai que celui-ci, l'émirat de Hama, était minuscule, ce qui permettait à cet émir ayyoubide de consacrer l'essentiel de son temps à ses nombreux ouvrages, dont *Moukhtassar tarikh al-bachar (Résumé de l'histoire de l'humanité)*.

Son texte, original et traduction, peut être consulté dans le *Recueil des historiens des croisades*, déjà cité.

Bien que la domination occidentale sur Tripoli ait trouvé un terme en 1289, de nombreux noms d'origine franque ont subsisté, dans la ville et les régions voisines, jusqu'à nos jours : Anjoul (Anjou), Doueihy (de Douai), Dekiz (de Guise), Dabliz (de Blise), Chanbour (Chambord), Chanfour (Chamfort), Franjieh (Franque)...

Avant de clore ce survol des sources, citons encore :

Z. OLDENBOURG : *Les Croisades*, Gallimard, Paris, 1965. Un récit de sensibilité chrétienne orientale.

R. PERNOUD : *Les Hommes des croisades*, Tallandier, Paris, 1977.

J. SAUVAGET : *Historiens arabes*, Adrien-Maisonneuve, Paris, 1946.

CHRONOLOGIE

AVANT L'INVASION

622 : Emigration — « hégire » — du prophète Mohammed de La Mecque à Médine; début de l'ère musulmane.

638 : Le calife Omar prend Jérusalem.

VIIᵉ et VIIIᵉ siècle : Les Arabes bâtissent un immense empire, s'étendant de l'Indus aux Pyrénées.

809 : Mort du calife Haroun al-Rachid; l'empire arabe à son apogée.

Xᵉ siècle : Bien que leur civilisation soit toujours florissante, les Arabes connaissent une décadence politique. Leurs califes ont perdu le pouvoir au profit des militaires perses et turcs.

1055 : Les Turcs Seldjoukides sont maîtres de Baghdad.

1071 : Les seldjoukides écrasent les Byzantins à Malazgerd et s'emparent de l'Asie Mineure. Ils contrôlent bientôt tout l'Orient musulman à l'exception de l'Egypte.

L'INVASION

1096 : Kilij Arslan, sultan de Nicée, écrase une armée d'invasion franque conduite par Pierre l'Ermite.

1097 : Première grande expédition franque. Nicée est prise et Kilij Arslan est vaincu à Dorylée.

1098 : Les Franj prennent Edesse puis Antioche, et triomphent d'une armée de secours musulmane commandée par Karbouka, maître de Mossoul. Cas de cannibalisme à Maara.

1099 : Chute de Jérusalem, suivie de massacres et de pillages. Débâcle d'une armée de secours égyptienne. Le cadi de Damas, al-Harawi, se rend à Baghdad à la tête d'une délégation de réfugiés pour dénoncer l'inaction des dirigeants musulmans face à l'invasion.

L'OCCUPATION

1100 : Baudouin, comte d'Edesse, échappe à une embuscade près de Beyrouth et se proclame roi de Jérusalem.

1104 : Victoire musulmane à Harran, qui enraie la progression franque vers l'est.

1108 : Curieuse bataille près de Tel-Bacher : deux coalitions islamo-franques s'affrontent.

1109 : Chute de Tripoli après deux mille jours de siège.

1110 : Chute de Beyrouth et de Saïda.

1111 : Le cadi d'Alep, Ibn al-Khachab, organise une émeute contre le calife à Baghdad pour exiger une intervention contre l'occupation franque.

1112 : Résistance victorieuse des Tyriens.

1115 : Alliance des princes musulmans et francs de Syrie contre une armée dépêchée par le sultan.

1119 : Ilghazi, maître d'Alep, écrase les Franj à Sarmada.

1124 : Les Franj s'emparent de Tyr : ils occupent désormais toute la côte, à l'exception d'Ascalon.

1125 : Ibn al-Khachab est tué par les Assassins.

LA RIPOSTE

1128 : Echec d'un coup de force des Franj contre Damas. Zinki maître d'Alep.

1135 : Zinki tente, sans succès, de s'emparer de Damas.

1137 : Zinki capture Foulque, roi de Jérusalem, puis le relâche.

1138 : Zinki tient en échec une coalition franco-byzantine; bataille de Chayzar.

1140 : Alliance de Damas et de Jérusalem contre Zinki.

1144 : Zinki s'empare d'Edesse, détruisant le premier des quatre Etats francs d'Orient.

1146 : Meurtre de Zinki. Son fils Noureddin le remplace à Alep.

LA VICTOIRE

1148 : Débâcle devant Damas d'une nouvelle expédition franque conduite par l'empereur d'Allemagne Conrad et le roi de France Louis VII.

1154 : Noureddin prend le contrôle de Damas, unifiant la Syrie musulmane sous son autorité.

1163-1169 : La lutte pour l'Egypte. Chirkouh, lieutenant de Noureddin, finit par l'emporter. Proclamé vizir, il meurt au bout de deux mois. Son neveu le remplace.

1171 : Saladin proclame la déchéance du califat fatimide. Seul maître de l'Egypte, il entre en conflit avec Noureddin.

1174 : Mort de Noureddin. Saladin s'empare de Damas.

1183 : Saladin s'empare d'Alep. L'Egypte et la Syrie sont désormais réunies sous son égide.

1187 : Année de la victoire. Saladin écrase les armées franques à Hittin, près du lac de Tibériade. Il reconquiert Jérusalem et la majeure partie des territoires francs. Les occupants ne conservent bientôt plus que Tyr, Tripoli, et Antioche.

LE SURSIS

1190-1192 : Echec de Saladin devant Acre. L'intervention du roi d'Angleterre Richard Cœur de Lion permet aux Franj de reprendre au sultan plusieurs villes, mais pas Jérusalem.

1193 : Saladin meurt à Damas, à l'âge de cinquante-cinq ans. Au bout de quelques années de guerre civile, son empire est réunifié sous l'autorité de son frère al-Adel.

1204 : Les Franj s'emparent de Constantinople. Sac de la ville.

1218-1221 : Invasion de l'Egypte par les Franj. Ils prennent Damiette et se dirigent vers Le Caire, mais le sultan al-Kamel, fils d'al-Adel, finit par les repousser.

1229 : Al-Kamel livre Jérusalem à l'empereur Frédéric II de Hohenstaufen, soulevant une tempête d'indignation dans le monde arabe.

L'EXPULSION

1244 : Les Franj perdent Jérusalem pour la dernière fois.

1248-1250 : Invasion de l'Egypte par le roi de France Louis IX, qui est vaincu et capturé. Chute de la dynastie ayyoubide, remplacée par les mamelouks.

1258 : Le chef mongol Houlagou, petit-fils de Gengis Khan, saccage Baghdad, massacrant la population et tuant le dernier calife abbasside.

1260 : L'armée mongole, qui vient d'occuper Alep puis Damas, est vaincue à la bataille d'Aïn Jalout, en Palestine. Baibars à la tête du sultanat mamelouk.

1268 : Baibars s'empare d'Antioche, qui s'était alliée aux Mongols. Destructions et massacres.

1270 : Louis IX meurt près de Tunis au cours d'une invasion manquée.

1289 : Le sultan mamelouk Qalaoun s'empare de Tripoli.

1291 : Le sultan Khalil, fils de Qalaoun, prend Acre, mettant fin à deux siècles de présence franque en Orient.

TABLE DES MATIÈRES

1916

Impression Brodard et Taupin
à La Flèche (Sarthe) le 10 juillet 1990
6564C-5 Dépôt légal juillet 1990
ISBN 2-277-21916-9
1er dépôt légal dans la collection : nov. 1985
Imprimé en France
Editions J'ai lu
27, rue Cassette, 75006 Paris
diffusion France et étranger : Flammarion